ACRO
POLIS
衛城
出版

ACRO
POLIS
衛城
出版

全球化矛盾

民主與世界經濟的未來

The Globalization Paradox:

Democracy and the Future of the World Economy

Dani Rodrik

丹尼・羅德里克——著　　陳信宏——譯

目　次

引言

重新框架全球化論述

我在一九九七年初出版了一本小書，叫做《全球化走得太遠了嗎？》（*Has Globalization Gone Too Far?*）。幾個月後，泰國、印尼、南韓，以及東南亞其他國家的經濟就陷入殘破不堪的境地，成為一場巨大國際金融變動的受害者。在此之前，這些國家都享有長達數十年的快速成長，也成了國際金融界與發展專家心目中的寵兒。不過，國際銀行與投資人卻突然間認定這些國家不再是存放資金的安全地點。資金因此急促撤離，貨幣劇貶，企業與銀行破產，這個區域的經濟也隨之崩潰。亞洲金融危機就此而生，首先擴散到俄國，接著到巴西，最後達到阿根廷，連帶也導致長期資本管理公司（Long-Term Capital Management）這個勢力龐大而且備受仰慕的避險基金不支倒閉。

我也許可以為自己的先見之明以及時機掌握精準而沾沾自喜。我那本書之所以終究成為其出版機構（位於華府的國際經濟研究所〔Institute for International Economics〕）的銷售冠軍，我猜想部分原因是國際經濟研究所向來以堅定倡導全球化著稱。這有點像是反共的尼克森訪問中國所造成的矚目效果。對於全球化的疑慮來自一個出乎意料的角落，自然比較容易吸引目光。「支持全球化的智庫出版了一位哈佛教授的研究著作，警告全球化其實沒有一般宣稱的那麼美好」——啊哈，這可值得注意了！

可嘆的是，我的眼光其實一點都不準確。我那本書對於金融市場正在醞釀的危機根本視而不見。實際上，我不僅沒有預見到即將來臨的金融風暴，甚至還決定把金融全球化——每天於全球市場交易的那些價值高達數兆美元的貨幣、證券、衍生性金融商品及其他金融資產——徹底排除於那本書的探討範圍之外，而把焦點聚集於國際商品交易對勞動市場與社會政策造成的難題。我擔心國際貿易與外包的興盛將會導致不平等現象惡化、提高勞動市場的風險，並且侵蝕各國內部的社會契約。我指出，這些衝突必須藉由更廣泛的社會計畫與更好的國際規範予以管理。我之所以決定寫那本書，原因是我在經濟學界當中的同事都對這種擔憂嗤之以鼻，以致錯失了以具有建設性的方式參與公共辯論的機會。我相信我當時的看法是正確的，而且整體經濟學界在那之後也已大幅趨近我當時表達的觀點。可是**金融**全球化的缺點？那時候我根本沒有意識到這個問題。

在亞洲金融危機發生後的幾年間，我的研究愈來愈轉向理解金融全球化的運作方式（以及失能之處）。因此，國際貨幣基金在十年後邀請我針對這項主題提出研究，我覺得自己已經做好準備。我在二〇〇七年與薩勃拉曼尼亞（Arvind Subramanian）合寫的論文，標題是〈金融全球化為何令人失望？〉。[1]金融全球化承諾能夠協助企業家募集資金，並將風險轉移給經驗深厚且較具承擔能力的投資人。開發中國家受益可望最大，因為這些國家缺乏現金，容易受到各種衝擊，也比較無力分散風險。結果卻不是如此。表現比較好的國家（例如中國）不是獲得資本流入的國家，而是**借款**給富國的那些國家。仰賴國際金融的國家通常表現得相當糟糕。我們的論文試圖解釋為什麼解除全球金融束縛的做法沒有為開發中國家帶來好處。

那篇文章才剛付印，次級房貸危機隨即爆發，席捲整個美國。房市泡沫破裂，以房貸支撐的資產出現價格崩跌現象，信貸市場枯竭，華爾街的金融公司在短短幾個月內集體自殺。政府不得不介入，首先是美國，接著其他先進經濟體也紛紛跟進，做法包括實施巨大規模的紓困方案以及接管金融機構。金融全球化是這場危機的核心因素。房市泡沫以及因此興起的高風險衍生性金融商品，受到亞洲國家與石油國家的超額儲蓄添柴加火。這場危機能夠從華爾街輕易擴散到世界各地的其他金融中心，就是金融全球化促成資產負債表摻和成一團所導致的結果。再一次，我又忽略了即將在不久之後爆發的更大事件。

當然，不是只有我這樣。除了極少數的例外，經濟學家都忙著讚譽金融創新，而不是強調各種未受規範的金融活動、所謂「影子銀行系統」的成長所帶來的危險。如同在亞洲金融危機當中，他們也忽略了危險徵象，對相關風險置之不理。

這兩場危機都不該讓人覺得完全出乎意外。亞洲金融危機之後出現了許許多多的分析研究，歸根究柢的結果是：在金融資本能夠自由流出流入一個國家的情況下，政府如果試圖掌控幣值，將會導致危險的後果。只要是稍有聲譽的經濟學家，都不可能不懂得這一點，不用等到泰銖於一九九七年八月劇貶。次貸危機也產生了大量文獻，而鑒諸其龐大規模與造成的重大影響，未來無疑還會有更多文獻出現。不過，有些關鍵結論並不難預見：市場很容易趨於泡沫化，不受規範的資金槓桿會導致體系風險，欠缺透明性會削弱信心，早期干預在金融市場衰敗之際是至關緊要的事情。我們不是早自十七世紀著名的鬱金香狂熱以來就已經知道這一切了嗎？

這些危機之所以會發生，不是因為不可預料，而是**沒有預料到**。經濟學家（以及那些聽從他們意見的人）對於他們當時偏好的論述太過自信：認為市場是有效率的，金融創新能夠將風險轉移給最有能力承擔的對象，自律的效果最佳，政府干預是缺乏效率且有害的做法。他們忘了還有其他許多方向極為不同的論述。傲慢造成盲點。我雖是金融全球化的批判者，卻也免不了落入這種陷阱。跟經濟學界的其他人一樣，我也太輕易認定謹慎的規範與中央銀行政策已在先進經濟體當中樹立了足以抵擋金融恐慌與崩潰的屏障，剩下的問題僅在於將類似的安排帶入開發中國家而已。我的論述細節也許有些不同，但仍遵循同樣的大方向。

疑慮四起

處於全球體系邊緣的國家（例如泰國與印尼）一旦被捲入金融危機，我們就把問題歸咎於那些國家本身，指責它們未能適應體系的嚴格規定。但身在體系中心的國家也一樣遭到危機吞沒之後，我們就怪罪體系，聲稱已到了修正體系的時刻。二〇〇八年擊倒華爾街並且令美國與其他工業大國屈膝的金融海嘯，已經帶來一股追求改革的新狂熱。那場危機引發了對於全球資本主義（至少是我們在過去二十五年所經歷的那種全球資本主義）是否能夠長久存續的強烈質疑。

當初有什麼作為可以防止金融危機發生？問題出在哪裡？是肆無忌憚的房貸放貸者，揮霍無度的借款人，信用評等機構的缺失，金融機構槓桿操作過頭，全球儲蓄過剩，聯準會的貨幣政策太過寬鬆，房利美（Fannie Mae）與房地美（Freddie Mac）獲得的政府保證，美國財政部對於貝爾斯登公司（Bear Sterns）與美國國際集團（AIG）的解救，還是美國財政部拒絕為雷曼兄弟（Lehman Brothers）紓困，抑或是貪婪、道德風險、管制太少、管制太多？這些問題的辯論目前仍然相當激烈，而且無疑也將會持續很長一段時間。

宏觀來看，這些問題針對的不過是細節而已。更根本的問題是，我們的基礎論述已經喪失了可信度與吸引力。現在恐怕沒有一個決策人士會相信金融創新是一股促成社會福祉的強大力量，也不會相信金融市場的最佳管理方式是透過自律，或是政府可以任由大型金融機構為自己犯的錯誤付出代價。我們需要一套新的論述，來形塑全球化的下一個階段。這套新論述愈是思慮完善，我們的經濟就會愈健康。

全球金融不是論述失去說服力的唯一領域。二〇〇八年七月，在次貸風暴醞釀期間，為了減少國際貿易壁壘而舉行的全球談判就在各方的憤怒與指責之下陷入破裂。由世界貿易組織（WTO）舉行的這些談判稱為「杜哈回合談判」，自從二〇〇一年就已展開。在許多反全球化團體眼中，這些談判已成為跨國企業剝削勞工、貧農與環境的象徵。這些談判雖然經常成為攻擊目標，最後卻是失敗於比較平庸的原因。以印度與中國為首的開發中國家認為，美國與歐盟提供的誘因不足以讓他們取消自家的工業與農業關稅。重啟談判的努力雖然持續不斷，世貿組織卻似乎已不曉得該怎麼強化其正當性，也不曉得該怎麼讓自己再度獲得國際社會的重視。

這個世界的貿易制度與金融制度在一個重要面向上有所不同。貿易關係體系的衰敗不會在第二天就造成一場大風暴。國家一旦覺得貿易規則太過束縛，不再合乎它們的需求，就會找尋方法違抗那些規則。由此造成的效應通常比較細膩，在從多邊主義與無差別待遇等基石原則逐漸退縮的過程中，這些效應才會慢慢隨著時間顯現出來。

開發中國家向來抱怨這個體系有損它們的利益，因為規則都是由大國制定。無政府主義者、環保人士、工會支持者與進步派人士偶爾也會因為明顯的理由而結合起來共同反對全球化。不過，近年來真正的大新聞是富裕國家對這些規則也不再感到滿意。經濟大國的民眾（例如美國）

對於經濟全球化的支持度遽然下滑就反映了這種新趨勢。在國家廣播公司（NBC）與《華爾街日報》共同舉行的調查當中，認為全球化對美國經濟有利的人數比例大幅下滑，從二〇〇七年六月的四二%降到二〇〇八年三月的二五%。令人訝異的是，這種擔憂也開始出現在愈來愈多的主流經濟學家身上，他們現在都紛紛對全球化號稱有益無害的優點提出質疑。

於是，戰後時期代表性經濟學教科書的作者、已故的薩繆爾森（Paul Samuelson）就對他的經濟學家同僚提醒指出，中國在全球化上的得利很可能會由美國付出代價；二〇〇八年諾貝爾經濟學獎得主克魯曼（Paul Krugman）表示，與低所得國家的貿易不再是規模小到不足以對富國內部的貧富差距產生影響；前美國聯準會副主席布蘭德（Alan Blinder）擔心，國際外包的做法將會對美國造成前所未有的勞動力失調；《金融時報》專欄作家沃夫（Martin Wolf）原是全球化最口才便給的倡議者，卻也對金融全球化的發展結果表示失望；至於柯林頓政府的「全球化先生」，後來又為歐巴馬總統擔任經濟顧問的桑默斯（Larry Summers），則是認真思考各國競相解除國家法規所可能帶來的危險，以及設立國際勞動標準的必要性。

這些擔憂雖然比不上得過諾貝爾獎的經濟學家史迪格里茲（Joseph Stiglitz）提出的正面攻擊，卻還是構成智識氣氛的重大轉變。此外，即便是尚未失去信心的人士，對於他們心目中理想的全球化發展方向也還是經常出現嚴重歧見。舉例而言，著名的自由貿易倡導者巴格沃蒂（Jagdish Bhagwati）以及在支持全球化的彼德森國際經濟研究所（Peterson Institute for International

Economics）擔任所長的伯格斯登（Fred Bergsten），都挺身指稱批評者過度誇大了全球化的壞處，並且未能充分欣賞其好處。不過，他們針對區域貿易協定的優點所進行的辯論（伯格斯登支持，巴格沃蒂反對），也和全球化的支持者與反對者之間的爭論一樣激烈。

當然，這些經濟學家都不反對全球化。他們無意逆轉全球化，而是要創造新的制度與補償機制——不論在美國國內還是在國際上——讓全球化變得更有效、更公平，也更具永續性。他們的政策提議通常模糊不清（甚至根本不予闡釋），也得不到共識。不過，全球化的爭論顯然已從街頭轉移到金融媒體的專欄以及主流智庫的講壇上了。

維繫當前這種全球化模型的學術共識，早在世界經濟於二〇〇八年遭到金融風暴席捲之前就已開始消散。今天，全球化支持者那種充滿自信的態度已幾乎消逝無蹤，取而代之的是憂慮、疑問與不信任。

不同的論述

世人早已目睹全球化崩潰過一次。以自由貿易與資本自由流動為特色的黃金本位時代在一九一四年戛然而止，在第一次世界大戰之後也無法復興。我們在來年有沒有可能看見類似的全球經濟瓦解？

這個問題並非天馬行空的奇想。經濟全球化雖在先進國家促成了史無前例的繁榮，也為中國及亞洲其他地區數以億計的貧窮勞工帶來利益，其基礎卻毫不穩固。國內市場通常受到國家的法規與政治制度所支持，但全球市場卻只有「薄弱的規範」。我們沒有全球反壟斷機構，沒有全球最後貸款者，沒有全球監管機構，沒有全球安全網，當然也沒有全球民主。換句話說，全球市場存在管控薄弱的問題，因此極易陷入不穩定、缺乏效率，以及欠缺民意合法性的窘境。

由於政府的管控範圍僅及於國家，但市場卻具有全球性質，因此這兩者的不平衡就形成了全球化的致命弱點。健全的全球經濟體系需要這兩者之間的微妙妥協。賦予政府太多權力，會導致保護主義與鎖國政策。給予市場太多自由，會導致不穩定的世界經濟，而且此種經濟理當協助的人也不會提供他們的社會與政治支持。

一九四五年之後的頭三十年由布列頓森林妥協所支配，這個名稱取自新罕布夏州的一座度假村，原因是美國、英國與其他同盟國的決策人士在一九四四年齊聚此地，共同設計第二次世界大戰後的經濟體系。布列頓森林體制是一套粗淺的多邊主義，在促使全球貿易復甦興盛的同時，也允許決策人士將注意力集中在國內的社會與就業需求。這套體系的高明之處在於達成一項平衡，充分滿足了多重目的。這套體系取消了對於貿易流動最嚴苛的部分限制，同時也任由各國政府自行實施它們各自的經濟政策，建立它們各自偏好的福利國家版本。開發中國家則是得以在有限的外部約束下追求各自的成長策略。另一方面，國際資本流動仍然受到嚴格限制。布列頓森林妥協大獲成功：工業國家得以復興並成就繁榮，大多數的開發中國家也經歷了前所未有的經濟成長。世界經濟的興盛達到前所未見的程度。

隨著資本在國際上的流動性愈來愈高，先進經濟體又在一九七〇年代遭到石油危機重擊之後，布列頓森林貨幣體制終於無法存續下去。這套體制在一九八〇與九〇年代受到一套更具雄心的經濟自由化與深度整合計畫所取代，目的在於建立所謂的超全球化。現在，貿易協定開始擴張範圍，不再如傳統上只聚焦於進口限制，而是進一步干預國內政策；國際資本市場的控制受到解除；開發中國家也開始遭受龐大壓力，要求它們開放市場接受國外的貿易與投資。於是，經濟全球化本身成了目的。

在推促戰後全球化模型超越極限的過程中，經濟學家與決策人士卻忽略了當初全球化得以成功的祕訣。由此帶來的是一連串令人失望的結果。金融全球化最後促成的是不穩定，而非更高的投資與更快速的成長。在各個國家內部，全球化造成了不平等與不安穩，而不是讓所有人都受益。這段時期仍然有驚人的成功案例，尤其是中國與印度。不過，我們後續將會看到，這些國家其實不是在遵循新規則的情況下參與全球化的遊戲，而是選擇採取布列頓森林體制的規則。這些國家並沒有無條件開放國際貿易與國際金融，而是採取帶有重度國家干預的混合策略，使其經濟多元化。另一方面，遵循標準做法的國家（例如拉丁美洲國家）則是備受煎熬。於是，全球化在先前獲致的成功反倒在後來害了自己。

如果要把我們的經濟世界安置在穩定的基礎上，就必須更清楚理解市場與治理之間的脆弱平衡。我在本書中將會依據兩項簡單的觀念而提出另一套不同的論述。第一，市場與政府是彼此互補，而不是互為替代。你如果想要更多更好的市場，就必須要有更多（而且更好）的治理。市場要良好運作，國家就不能孱弱無能，而必須強而有力。第二，資本主義沒有單一的獨特模型。以勞動市場、金融、企業治理、社會福利及其他領域的制度安排進行各式各樣的不同組合，都有可能達成經濟的繁榮與穩定。國家通常會依據各自的需求與價值觀而選擇各種不同的安排，而且也確實有權這麼做。

這麼說也許聽起來像是陳腔濫調，不過這兩項觀念對於全球化與民主確實帶有重大影響，也將決定這兩者能否相輔相成。你一旦理解市場需要治理與規範的公共制度才能運作良好，並且接受每個國家對於那些制度與規範應該採取什麼形態可能有不同偏好，那麼你由此展開的論述就會通往非常不同的結局。

尤其是，你會開始瞭解我所謂的世界經濟的基本政治三難困境：我們無法同時追求民主、國家自決與經濟全球化。我們如果要推動全球化進一步發展，就必須放棄民族國家或者民主政治。我們如果要維持並且深化民主，就必須在民族國家與國際經濟整合之間做出選擇。而我們如果想要保有民族國家與自決權，就必須在深化民主與深化全球化這兩者之間做出選擇。我們的問題正是源自我們不願意面對這些無可迴避的抉擇。

儘管我們有可能同時追求民主與全球化，但前述的三難困境顯示，要做到這一點，就必須創造出一個全球政治社群，其雄心遠遠超越我們至今為止見過或是在近期有可能目睹到的組織。那樣一個政治社群將會要求以民主方式制定全球規章，並且由遠勝於目前的問責機制來支撐。這類民主全球治理絕對是癡心妄想。我將會指出，民族國家之間存在著太多差異，其需求與偏好絕不可能納入一套共同的規則與制度當中。不論我們能夠促成什麼樣的全球治理，一定都只能支撐有限的經濟全球化。我們當今這個世界的龐大多樣性使得超全球化無法與民主相容。

所以，我們必須做出一些選擇。且讓我明白提出自己的抉擇：民主與國家自決應當放在超全球化之上。**民主國家有權保護自己的社會安排，而這項權利一旦與全球經濟的要求出現衝突，必須讓步的應該是後者。**

你也許會認為這項原則將會導致全球化的終結。其實不然。我希望能夠以本書說服你，重新將權力賦予民族民主國家，實際上可為世界經濟提供更安全也更健康的基礎。這正是全球化的終極矛盾所在。一套稀疏的國際規則，為國家政府留下充分的操作空間，才是比較好的全球化。這樣的制度能夠應付全球化的缺點，同時又保有其重要的經濟效益。我們需要聰明的全球化，不是最大程度的全球化。

經濟學家也是人

長久以來，經濟學家與政策顧問對於經濟全球化產生的緊張與脆弱一直極為短視。他們把一切的障礙都歸咎於無知或甚至是各式各樣的保護主義者只圖自利的遊說行為。一心一意追求全球化，不免會凸顯出各種相互競爭的價值觀與理想之間的衝突，但他們對這些正當的衝突並未投以足夠的關注。他們忽略了運作良好的市場與目的性的國家行動之間的關聯。因此，他們開出的藥方有時候也就不免弊多於利。此外，他們也錯失了無數機會，未能以自己行業裡的工具發揮更好的效果。

因此，本書也無可避免地必須探討經濟學家與他們的觀念，探討他們告訴自己與別人的論述。本書將說明這些論述如何形塑了我們的世界，如何差點終結那個世界，以及如何能夠運用其中許多經濟觀念在當下建立一個更好的全球經濟體系。像我這樣的經濟學家，會認為觀念極其重要（尤其是經濟學家的觀念）大概是很自然的事情。不過，我認為這些觀念造成的影響再怎麼強調也不為過，因為這些觀念形塑了我們對世界的理解，形塑了政治人物及其他決策人士之間的對話，並且一方面限制同時又擴展了我們的選擇。政治學家、社會學家、歷史學家及其他人無疑也會認為他們的專業具有同樣的影響力。政策選擇必然會受限於特殊利益及其政治組織，受限於更深層的社會趨勢以及歷史條件。不過，由於經濟科學在技術上的高度發展以及確定無疑的外表，因此至少從第二次世界大戰結束以來就一直占上風。經濟科學提供了我們討論公共政策的詞彙，也形塑了我們的集體思考方式。凱因斯說過這句名言：「就算是最務實的決策人士，通常也掙脫不了過世很久的經濟學家所提出的觀念。」不過我覺得他這句話說得還不夠有力。造就過去五十年來種種政策的觀念，正是源自經濟學家，而且那些經濟學家（大多數）都仍然健在。

經濟學家經常受到不公正的評價。他們被視為市場基本教義派，對於效率和經濟成長以外的事物，例如社群、社會價值或公共目標都置之不理。據說他們提倡物質消費、貪婪與自私，而不理會其他道德規範與社會合作行為。大多數人心目中的經濟學家，就是傅利曼（Milton Friedman）的模樣，無窮無盡地宣導自由市場的優點與政府干預的危險，無論在住宅、教育、健康、就業、貿易或其他領域都是如此。這樣的形象一點都不合乎事實。經濟學家使用各種架構分析世界，其中有些架構偏好自由市場，有些則不然。大部分的經濟研究其實都致力於理解能夠改善經濟表現的政府干預類型。非經濟動機與社會合作行為已愈來愈成為經濟學家研究對象的一部分。

問題不在於經濟學家是自由市場基本教義派的大祭司，而在於他們與一般人一樣免不了相同的捷徑式思考偏誤。他們經常展現出團體迷思與過度自信，過於仰賴那些能夠為他們當下偏好的論述提供支持的證據，對於那些不合乎這項論述的證據則是置之不理。他們也會跟隨熱潮與流行，在不同時刻提倡不同觀念。他們太注重近期的經驗，又過於忽略遙遠的歷史。他們經常太把目光集中於能夠因應最近一場危機的藥方，卻不注意可能導致下一場危機的緊張關係。他們經常認為異議觀點是出於無知或自利，而不是真的對潛在狀況有不同看法。他們也具有強烈的排他性，對於自己人與外人畫出明確界線（你要不然就是這一行的正式成員，要不然就是其他人）。如同所有具備專門知識的人士，他們一旦發現外人侵入自己的領域，就會展現出傲慢的態度。換句話說，經濟學家也是人。他們的行為和一般人一樣，而不是想像中那種追求社會福祉最大化的超理性規劃者，問題是他們本身的模型有時候必須仰賴那樣的超理性人物。

不過，經濟學家不只是隨便一個群體。國內與國際政策的制定，正是出自於他們建構的智識環境。他們備受敬重，提出的意見也總是受到認真聆聽；諷刺的是，經濟情勢愈糟，他們的意見就愈是受到重視。經濟學家一旦誤判形勢（他們偶爾會這樣）就可能造成嚴重的損害。

不過，他們的判斷一旦正確，就會對人類福祉帶來巨大貢獻。我們這個時代最了不起的部分經濟成就，包括戰後時期全球貿易的復甦，以及中國與印度的崛起，背後都有著經濟學家持續不斷倡議的簡單但有力的觀念：貿易優於自給自足，誘因非常重要，市場是成長的引擎。我後續將會提出例證，經濟學當中的確有許多能夠而且應當受到讚揚的東西。

所以，本書不是一部簡單的道德劇，只呈現出黑白分明的好人與壞人。我對於將世界上各種問題都歸咎於經濟學家的說法不屑一顧，也沒有工夫理會市場基本教義派沾沾自喜的自吹自擂。我不會詆毀經濟學家的觀念，也不會加以鼓吹，而會呈現出那些觀念在不同時刻如何受到善用與誤用，以及我們如何能夠在這些觀念的基礎上建構一種比較好的全球化——不但比較合乎不同國家的價值觀與追求目標，而且也比較具有耐久性。截至目前為止，經濟學一直利弊交參，雖然通常是靈丹妙藥，但有時又是蒙古大夫。希望本書能夠幫助讀者針對這兩者做出明智的判斷。

1 市場與國家：歷史映照下的全球化

一六七一年十一月十七日，備受倫敦的船東、股票經紀人與商人喜愛的蓋拉威咖啡館（Garraway's Coffeehouse）裡面，常客們看見一份不尋常的布告：

> 在即將來臨的十二月五日，本館大廳將拍賣三千單位重量的海貍毛皮，分為三十批貨，屬於專司哈德遜灣買賣的商人暨探險家之長官及合夥人所有。

對於蓋拉威咖啡館的客人而言，這場海貍毛皮的拍賣會相當引人注意。海貍毛皮被視為最高品質的毛皮，在十七世紀期間需求量非常大。海貍在當時有多麼受重視呢？英王查理一世甚至在一六三八年禁止使用海貍毛皮以外的材料製作帽子。

令倫敦的商人、金融家與貴族感到震驚的是，這座城市在毛皮貿易方面竟是極度落後。大多數來自俄羅斯的海狸毛皮都經由波羅的海與黑海港口賣給巴黎、維也納與阿姆斯特丹等歐陸大城的商人。此外，過度獵捕也導致海狸數量大幅減少以及價格飆高。倫敦的富人只能購買少數由歐陸流到英國的較低品質毛皮，不然就是必須砸下重金直接從那些城市購買。在蓋拉威咖啡館舉行的公開拍賣預示了一個新時代：倫敦從此以後將會有數量豐足的高品質毛皮。[1]

那些海狸毛皮怎麼會來到蓋拉威咖啡館呢？「專司哈德遜灣買賣的商人暨探險家之長官及合夥人」又是什麼？這正是另一個時代引人入勝的全球化故事。[2]那是一種非常不一樣的全球化，但只要仔細檢視，就可從中學到許多教訓，包括哪些因素能夠促成全球化，又有哪些因素會對全球化造成限制。

特許貿易公司的時代

在促成那些海狸毛皮來到蓋拉威咖啡館的一連串事件當中，有三位意想不到的主角。其中兩人是擁有法國血統的連襟，姓名都頗具特色，一個叫皮耶埃斯布里·瑞狄生（Pierre-Esprit Radisson），另一個則是叫做格羅塞里耶先生梅達·舒瓦爾（Médard Chouart, sieur des Groseilliers）。瑞狄生與格羅塞里耶是沒有執照的探險家暨毛皮貿易商，當時稱為「coureurs des bois」（按：字義是森林的奔跑者），活躍於當今加拿大的魁北克北部。在那個當時所謂的「新法蘭西」當中，法國殖民政權建立了一門有利可圖的生意，向美洲原住民購買海貍毛皮。那些原住民把他們獵到的海貍毛皮帶到殖民者設置的交易站販售，藉此換取火器與白蘭地。依循當時的重商主義經濟哲學，這一切乃是採取獨占做法，以便為法國國王及其代表帶來最大的利潤。

瑞狄生與格羅塞里耶數度進入當地北部接近哈德遜灣的森林之後，認為他們可以藉由深入大部分都尚未探索過的美洲原住民領域，而大幅提高既有的海貍毛皮供應量。不過，墨守成規的法國殖民政權完全不贊同這樣的做法。這兩名探險家因為無照買賣而遭到罰款，格羅塞里耶更因此短暫入獄服刑。

受到同胞的阻撓，這兩名連襟於是決定改投明主。為了找尋其他贊助者，他們來到倫敦，而得以覲見查理二世。最重要的是，他們吸引了魯珀特親王（Prince Rupert）的注意，也就是這則故事的第三位主角。出生於波希米亞的魯珀特親王是查理二世的姪子，是另一種類型的探險家。他在英格蘭、歐洲大陸和加勒比海打過仗，也是業餘發明家暨藝術家。瑞狄生與格羅塞里耶的計畫是建立一條航線，從英格蘭橫越北大西洋，再透過哈德遜海峽進入哈德遜灣。這麼一來即可繞過法國當局，從北方直接抵達印地安人的部落：那裡是尚未受到歐洲各國政府主張所有權的區域。這項計畫風險極高，成本也非常昂貴，所以他們需要王室的保護與財務支持，而魯珀特親王的地位正可提供這兩項條件。

一六六八年六月三日上午，格羅塞里耶乘著一艘經過特別挑選，能夠在內陸航行的小型船隻無雙號（Nonsuch）從倫敦啟航，展開一場由魯珀特親王及其隨員資助的旅程。四個月+後，他在哈德遜灣的海岸登陸。（瑞狄生搭乘的第二艘船隻因為在途中遭遇強烈風暴而不得不返回英國。）格羅塞里耶與船員在那裡過冬，與克里族印地安人（Cree Indians）建立聯繫，然後在一六六九年十月以無雙號載運為數不少的海貍返回英國。[3]

證明他們的商業計畫確實可行之後，我們這三位主角於是進行了當時任何一個從事長途貿易的明智生意人都會採取的做法：遊說國王授予他們獨占權。魯珀特親王身為查理二世的親人，當然提供了不少助力。一六七〇年五月二日，英王授予魯珀特親王和他的合夥人一項特許權，成立了「專司哈德遜灣買賣的商人暨探險家之長官及合夥人」。這家公司後來稱為哈德遜灣公司，一直存續至今，現在簡稱為HBC，是加拿大最大的一般零售商，也是全世界最古老的合股公司。

查理二世授予哈德遜灣公司的特許狀是一份非凡的文件，賦予那家公司龐大的權力。查理二世先是讚許他「親愛的親戚」魯珀特親王及其夥伴「自付高昂成本」從事了前往哈德遜灣的探險之旅，並且發現「為數眾多的商品」，將會「為寡人以及寡人的王國帶來極大的利益」。接著，他授予他們專屬貿易與商業權，範圍涵蓋哈德遜海峽入口以內「不論位於何許緯度的所有海洋、海峽、海灣、河流、湖泊、溪流與水道」，以及所有不屬於其他「基督教君主或國家」的鄰接區域。不僅如此，查理二世接著又把這家公司任命為前述所有區域「獨一無二的正式統治者暨所有人」。[4]

由於感謝魯珀特親王及其合夥人（也就是冒著風險為這項事業投入資本的「商人暨探險家」）所付出的心力，也預期這項事業在未來將會為英國帶來龐大利益，這家公司因此不但取得獨占貿易特權，還獲得哈德遜灣的完整所有權。該公司於是擁有「魯珀特地」這片地區，範圍涵蓋了所有流入哈德遜灣的河流。當時由於這片區域尚未完全受到探索，因此連總面積有多大也不知道。結果顯示，查理二世竟然將當今加拿大的一大部分——相當於該國面積的四〇%，超過法國領土的六倍[5]——劃給了一家私人公司！

英國國王的特許狀使得哈德遜灣公司成為一個有實無名的政府，管理一片龐大的區域，並且對當地那些毫無選擇餘地的印地安人握有統治權。這家公司可以發動戰爭、訂立法律，也可以主持正義。不消說，這家公司也是魯珀特地毛皮買賣唯一的仲裁者，設定了與當地土著交易的條件與價格。十九世紀期間，這家公司甚至還發行了自己的紙幣，在其掌控的區域內成為法定貨幣。該公司的領土支配權延續了兩百年左右，直到一八七〇年才以三十萬英鎊的代價（相當於今天的三千四百萬美元）將魯珀特地的所有權轉移給加拿大自治領。[6]

加拿大毛皮貿易的規模相對而言其實相當小，哈德遜灣公司在十七與十八世紀龐大的長途貿易商業體系當中也只不過是個小小的注腳。主要的貿易航線位於其他地方。當然，那時候有惡名昭彰的大西洋三角貿易，將奴隸運到美洲換取糖、棉花和菸草（歐洲與非洲之間的航線是其中的重要環節）。還有向來一直非常重要的與印度和東南亞的貿易，自從達伽馬於一四九七至九八年間航行繞過好望角之後，就再也不必仰賴威尼斯人與穆斯林的中介。哥倫布與達伽馬獲致地理發現之後的三百年間，世界經歷了長途貿易不折不扣的大興盛。根據一項估計，這段時期的國際貿易成長率是世界所得成長率的兩倍以上。[7]

促成這種貿易的公司，大多數都是特許貿易獨占企業，組織形態類似於哈德遜灣公司。這些公司有許多都廣為人知，例如英國東印度公司與荷蘭東印度公司，這些公司有許多都對歷史留下重大影響。

其中最著名的英國東印度公司是在一六〇〇年獲得特許而成立為一家合股公司，原名為「專司東印度群島買賣的倫敦商人之長官及合夥人」。其獨占權涵蓋了與中國及印度次大陸的貿易（包括鴉片貿易）。如同哈德遜灣公司，英國東印度公司的權力也遠遠超出貿易之外，擁有一支常設軍隊，能夠發動戰爭、簽訂合約、鑄造貨幣，以及主持正義。藉著對蒙兀兒帝國發動一系列武裝衝突以及與地方統治者結盟，英國東印度公司因而擴展了在印度的掌控區域。這家公司掌管眾多公共職責，包括投資交通運輸、水利灌溉與公共教育，後來還成為徵稅主體，對當地人口課徵土地稅以補充其貿易利潤。儘管英國東印度公司在一八一三年喪失了在印度的貿易獨占權，卻還是繼續統治印度達數十年之久。最後，這家公司終於因為一八五八年的印度反英暴動而受到廢止，印度的控制權於是直接交給英國國王。

這些公司都擁有自己的旗幟、軍隊、法官與貨幣。另一方面，它們也向家鄉的股東給付紅利。

貿易與統治如此緊密交纏，看在現代的觀察者眼中也許像是時代錯置——一項奇特的特徵，存在於一個對經濟學懷有許多錯誤觀念的時代，而那些觀念早在許久以前就已受到矯正。十七世紀的首要經濟哲學是重商主義，倡導君主與商業利益的緊密結合。事後回顧起來，重商主義者實在持有不少極為怪異的想法，例如認為經濟福祉來自於積聚白銀以及其他貴金屬。他們認為自由貿易應該局限於原物料，至於工業則應當藉由高進口關稅來保護國內生產者。不過，他們也相信我們今天所謂的資本主義與出口貿易，因此在這方面的思想遠遠超越同時代的許多人士。在荷蘭與英國踏遍世界各地找尋原物料與市場之際，鄂圖曼帝國與中國這兩個遠遠強大得多的國家，卻雙雙選擇了退縮，採取注定失敗的鎖國政策。[8] 重商主義者的資本主義論述所奠基的觀點，認為國家與商業活動應當迎合彼此的需求。經濟學是政治的工具，反之亦然。國際貿易尤其必須獨占化，以排除外國勢力，將利益保留給本國。

今天，我們可能比較會採取亞當·斯密的觀點，他的《國富論》（出版於一七七六年）乃是對重商主義思想與實踐的正面抨擊。以亞當·斯密為創始者的經濟自由主義者另有一項不同的論述。他們相信，市場一旦不受國家控制，經濟即可繁榮發展。競爭才能把經濟效益提升到最大，而不是獨占。針對貿易所樹立的保護壁壘（諸如進口關稅與禁令）會減少競爭，因此等於是搬石頭砸自己的腳。國家與企業合作只是貪汙腐敗的代名詞。亞當·斯密沒有否認政府的角色，但他心目中的國家政府應當局限於國防、保護財產權，以及主持正義。在他的觀點當中，重商主義與特許獨占企業只會對國家經濟與全球商業的發展造成扯後腿的效果。根據這項論述，快速經濟成長與真正的全球化必須等到十九世紀才得以實現，也就是亞當．斯密的觀念終於勝出之後。

這種將市場與國家對立二分、將貿易與規範對立二分的看法並不正確，因此隱藏的真相比揭露的還多。市場交易，尤其是長途貿易，不可能在沒有規範的情況下存在。哈德遜灣公司的故事赤裸裸揭示了權力與經濟交換之間緊密的連結。我要和你交易，所以你最好遵守我的規則！我們也許會認為後續世代的全球化比較不受國家法規與權力的支配，所以比較「純粹」。不過，這種想法絕對是錯誤的。權力還是受到行使，只是方式不同，而且沒那麼明顯而已。只要有全球化，就一定有規範。那些規範是什麼，由什麼人執行，又是如何執行——這些才是真正重要的問題。

不是說市場與全球化背後一定都有滿懷惡意的力量。我們可能有比較好的規範，也可能有比較差的規範。可是我們必須拋棄市場完全不受干預才會達到最佳運作的想法。市場必然需要非市場的制度才能運作。套用諾貝爾獎得主諾斯（Doug North）的簡潔定義，這些制度為市場提供了「遊戲規則」。當然，我們接下來也不免要問這些制度是怎麼設計出來的，又是迎合什麼人的利益。我們一旦正面面對這些問題，而不是憑著想當然爾的假設將之拋在一旁，就會更懂得如何設計支持市場的制度。另一方面，我們也會因此對經濟全球化的局限獲得若干令人不安的理解。

不過，且讓我們先回到那些特許公司，以便瞭解如同國家一般的權力體在扶植長途貿易當中扮演了什麼角色。

從貿易獲取利益必須付出什麼代價

這是一項簡單的原理，每個人從小就知道，然後在大學經濟課又會重新學到一次：當你有一件東西，在我眼中的價值比在你眼中還高，那麼我們就可以從交易中獲利。把這項原理套用在世界不同地區的交易，就會成為比較利益的論述。一個國家如果擁有大量的某種東西，就可以用來換取自己欠缺的東西。住在哈德遜灣沿岸的克里族印地安人無疑擁有許多海貍。不過他們欠缺毛毯與水壺──當然，還有他們在遇到白人之前根本不曉得自己需要的來福槍與白蘭地。由於海貍毛皮在歐洲具有高度需求，因此洲際貿易的潛在利益極為龐大。

在教科書對於貿易的描述當中，故事大概到這裡就結束了。然而在現實世界裡，事情卻沒有那麼簡單。看看先前那則故事裡的三位主角以及他們的夥伴所必須克服的障礙。他們必須從事危險的冒險活動──不論對他們的錢包或性命都深具風險──才能藉由一條海上的新航線抵達那群印地安人。他們必須冒著嚴酷的天氣狀況在哈德遜灣沿岸建立交易站並且派人駐守。他們必須探索內陸區域，接觸印地安人。他們必須開闢和維繫通訊管道、建立信任，並且說服印地安人相信他們懷著和平的意圖。他們必須進行「市場調查」，以便瞭解印地安人會為了什麼東西而出售手上的毛皮。更重要的是，他們必須提供一個安全而有保障的環境，讓交易得以進行。而這點就需要法律和規範，並且以武力為後盾（在必要的情況下）。

換句話說，他們必須先投資貿易的基礎建設，包括交通運輸、物流、通訊、信任、法律和秩序、契約執行等等，貿易才有可能真正開始進行。我們故事裡的「商人暨探險家」必須發揮國家般的功能，因為如果沒有那些功能，貿易就不可能發生。

君主和私人公司在重商主義之下談成的協議基本上是這樣：你（也就是公司）花費成本建立制度性的基礎建設，然後我就會允許你們從由此造成的貿易當中賺取獨占利潤。這種交換條件在當時是一種心照不宣的共識，有時候也表達得相當明確。早在一四六八年，葡萄牙就授予戈麥斯（Fernão Gomes）五年和非洲貿易的獨占權利，條件是「他對海岸的探索必須每年往南延伸一百里格（略多於三百英里）」。[9]一六八〇年，皇家非洲公司在英國奴隸販賣當中的獨占權受到質疑，該公司的支持者就在辯護中明確指出它所發揮的「公共」功能：奴隸販賣事業必須在西非沿岸建立眾多要塞，成本高出私人貿易商的負擔能力；這門事業必須抵禦其他國家的攻擊；維護要塞與戰艦都需要專屬的控制權；私人貿易商因為企圖奴役「所有黑人，甚至包括地位崇高者」而得罪了當地的統治者；以及其他林林總總的理由。[10]不幸的是，這些論點並沒有阻止該公司的獨占權在一六九八年遭到撤銷。由於奴隸販賣的利潤太過龐大，不可能由單一家公司長期獨享。

哈德遜灣公司後來遭到反對者指控他們向美洲印地安人購買海貍毛皮所支付的價格過低，該公司反駁指出，由於在北美洲的荒野地區從事商業活動極為艱困，因此那樣的低價其實相當合理。該公司坦承，印地安人確實必須高價購買英國商品，他們提供的毛皮只能換取很低的報償；

不過，「世界各地的文明貿易商與無知而且缺乏獨立性的部落打交道」都是採取這樣的做法。畢竟，「人身安全與商品財貨在偏遠地區所冒的風險非常大，因此必須由龐大利潤予以補償。」[11]

歸根究柢，總是有人必須負責維繫和平、安全，以及法律和規範的架構，使貿易能夠進行。重商主義之所以和後來的資本主義不同，就在於這項工作主要落在私人企業頭上。私人公司一旦無法再執行這些職務，不論是因為公司的勢力衰落還是因為其他國家的競爭削減了它們的租費收入，那麼國王就必須出面干預。一八五七年，英國下議院的一個委員會詢及撤銷哈德遜灣公司的特權所可能帶來的後果，被詢問的那名重要政治人物暨哈德遜灣公司前董事於是直言不諱地指出：「只要加拿大能夠負擔治理該區域的開銷、維持良好的治安，並且盡力防止競爭勢力插手毛皮買賣，」那麼撤銷該公司的特權根本毫無影響。[12]哈德遜灣公司也許不樂見其獨占權遭到剝奪，但只要從事買賣的必要條件自此以後都由加拿大政府提供（並且負擔成本），那麼該公司就可以接受這樣的結果。

東印度公司在一八五八年的印度反英暴動之後遭到廢止，改由倫敦當局直接統治印度殖民地，此事也為這種轉變提供了另一項絕佳案例。私人公司及其軍隊一旦無法繼續承擔必要的工作，君主就必須以他本身更有效的說服力量插手干預。

克服交易成本

當代經濟學家想必會對以上的論述總結指出，哈德遜灣公司、東印度公司，以及其他特許貿易公司所扮演的角色就是減少國際貿易的「交易成本」，以促成一定程度的經濟全球化。這項概念值得我們花點時間思考，因為其中帶有瞭解全球化的關鍵——哪些因素會限制全球化，又有哪些因素能夠深化全球化——而且在我們後續的探討中也會一再提起。

經濟學家經常認為，「交易、買賣和以物易物」的傾向——借用亞當・斯密措辭生動（但精確）[13]的話語——是人性中根深柢固的元素，因此「自由貿易」乃是這個世界的自然秩序。他們甚至創造了一個泛稱性的字眼，用於指涉各種妨礙互利交易或提高這種交易難度的不同阻力：「交易成本」。交易成本在現實世界裡其實無所不在，我們要是沒有感受到這一點，純粹是因為現代經濟已發展出許多有效的制度因應方式，能夠予以克服。

想想看，我們雖然早已視為理所當然，但交易其實有許多不可或缺的必要條件。一定要有某種方式讓交易的雙方互相接觸，不論是市場、商店街、商展還是電子交易。一定要有基本程度的和平與保障，才能讓他們安心進行交易，而不必擔心自己的生命與自由遭受威脅，或是害怕遭到偷竊。一定要有共同的語言，交易雙方才能互相理解。除了直接以物易物之外，其他任何形式的交易都必須要有雙方共同信任的交易媒介（貨幣）。交易的商品或服務的所有相關性質（例如耐用性與品質）都必須可以受到觀察。交易雙方一定對彼此具有充分的信任。賣家必須對商品擁有明確的財產權（而且必須能夠證明這一點），也必須有能力將此一財產權移轉給買家。雙方簽訂的契約一定要能夠受到法院或其他安排的強制執行。交易雙方必須能夠提出未來的承諾（「我會在交貨後付款」），而且這樣的承諾必須具有可信度。必須要有保護機制，避免第三方試圖阻擋或者妨礙交易。我還可以繼續列出其他條件，不過以上這些應已足夠讓讀者瞭解我的意思。

有時候這些條件不會對交易造成重大障礙。如果你有兩片餅乾，我有兩杯檸檬汁，我們輕易就能進行一項對我們雙方都有利的交易。在其他情況下，交易則要仰賴一套制度先決條件的龐大網絡。蘋果公司及其在中國的代工廠商必然得在一個充滿契約的環境中互動，其中涉及許許多多特定的雙邊承諾。花旗集團若要在一個開發中國家貸款給一家公司，那麼它們同意這項交易的前提要件就包括借貸者的信譽、地主國法律的效力，以及國際仲裁的可能性。這類關係一旦出了問題——例如一家中國代工廠把iPhone的專利設計洩漏給競爭對手，或是花旗集團的借貸者拒絕履行償債義務——受害的一方很可能會陷入無能為力的處境。擔憂這類事情可能而且必然會出錯，即是導致交易難以發生的一大嚇阻力量。以經濟學家的用語來說，這些交易都帶有潛在的龐大交易成本。

制度，至少是支持市場的制度，就是為了減低這類交易成本而設計的社會安排。這類制度共有三種形態：奠基於互惠與信任之上的長期關係；信念系統；以及第三方強制執行。

其中第一種形態是透過長期的反覆互動而促成合作。舉例而言，一家供應商之所以不敢欺騙顧客，原因是他擔心這麼一來將會導致自己未來沒有生意可做。顧客也會選擇不欺騙供應商，因為更換供應商並與新廠商建立長期關係乃是一件成本高昂的事情。隨著關係穩固，信任也會加深，於是雙方就有可能考慮合作更大的事業。這種自我支撐的過程不仰賴任何正式法律結構或者組織安全網。這種關係在相關結構薄弱的開發中國家裡占絕大多數。

第二，交易可以受到信念系統或意識形態的支持。水果商之所以不把爛掉的水果賣給遊客，原因是「這麼做是不對的行為」。一個國家之所以選擇不提高關稅或者限制資本流動，也許是因為「這不是一般的行事方式」。這些行為者也許是真正內化了他們的行為理由，也可能是害怕自己違反良好行為常規的做法一旦被人發現，將會遭到他們所屬的社群排斥，那樣的社群可以是部落、種姓、宗教團體、族群，也可能是「國際社會」。對於不同行為是否合宜的公認觀點無論來自何處，都可能對一項交易中的各方產生規制效果，並且促成以其他方式難以達到的誠實與合作。

反覆互動與社群常規最能發揮效果的情境，就是市場局限於地方上而且規模不大，人口移動不頻繁，交易的商品與服務又都簡單而標準化，也不必長途運送。不過，隨著經濟逐漸成長，地域流動性開始提高，明確而廣泛的規則以及更加可靠的強制力就會成為最重要的需求。在資本主義下能夠致富的國家，都建立了廣泛的正式制度管理市場：為國防與基礎建設提供資金來源的租稅制度、建立並且保護財產權的法律制度、強制執行契約的法庭、制裁違規者的警力、設計並執行經濟法規的官僚，以及確保貨幣與金融穩定的中央銀行等等。以經濟學家的用語來說，這些都是「第三方強制執行」的制度。遊戲規則由一個正式機構執行，通常是政府機關。你之所以會繳稅，部分原因是你想要享有比較好的道路與學校，但我猜如果沒有稅務人員，你繳的稅恐怕會少得多。

只要看看不同社會的政府規模，即可發現一件相當驚人的事實。除了極少數的例外，愈是先進的經濟體，公部門消耗的資源比例就愈高。比較大而且比較有力的政府不是存在於世界上最貧窮的經濟體，而是最先進的經濟體。政府大小與人均所得之間具有緊密的相關性。相較於窮國，富國的市場運作較佳，而且政府規模也比較大。這一切乍看之下也許令人吃驚，但前述的探討有助於我們瞭解究竟是怎麼一回事。市場一旦受到堅實的政府機構所支持，就會發展得最為完善，也最能有效產生財富。**市場與政府是彼此互補**，不像過於簡化的經濟論述經常指稱的那樣是互為替代。

貿易與政府

我是幾年前在頗為意外的情況下清楚意識到了這一點。政府在現代社會裡扮演的角色如此無孔不入，因此包括我自己在內的許多社會科學家都無法不對政府感到著迷。有一天，我坐在研究室裡納悶著這個問題：儘管保守派政治人物將「小政府」喊得震天價響，但縮小公部門為什麼如此困難？就在這時候，我恰巧在桌上看到耶魯大學政治學者卡梅倫（David Cameron）的一篇文章。[14]

卡梅倫對於這個問題深感興趣：第二次世界大戰後，各大先進經濟體的公部門為何擴張得如此迅速？卡梅倫雖然只聚焦於一九四五年後的發展，這種趨勢其實存在已久。一八七〇年左右，今天這些先進經濟體的政府支出占比約為一一％。到了一九二〇年，政府支出占比將近倍增，達到二〇％。這項占比在一九六〇年又進一步升高到二八％。到了卡梅倫從事那項研究之際，這項占比已超過四〇％，此後也持續不斷攀升。[15]上升幅度在不同國家並不一致。今天，美國、日本與澳大利亞（政府支出低於三五％）的政府遠小於瑞典或荷蘭（五五％至六〇％），其他大多數歐洲國家則是介於其間。卡梅倫想要瞭解這種差異究竟從何而來。

他研究了十八個先進國家之後，得到的結論認為對於國際貿易的開放度是一大貢獻因素。國家暴露於國際市場的程度愈高，政府的規模就成長得愈大。有些國家先天就比較不受國際競爭的力量影響，原因可能是它們比較大，不然就是它們和主要貿易夥伴距離比較遠。前述那幾個小政府經濟體的狀況正是如此（美國、日本與澳大利亞）。相對之下，鄰近於貿易夥伴的小型經濟體則是會從事比較多的貿易，因此擁有比較大的公部門（瑞典與荷蘭的狀況就是如此）。

你如果習於認為市場只有在不受國家干預的情況下才能繁榮發展，那麼這項論點就會顯得非常違反直覺。我當然知道比較先進的經濟體擁有比較大的公部門，但卡梅倫主張的是另外一點：他指出，在同樣富裕的經濟體當中，公部門的大小差異可由貿易對其經濟的重要性來解釋。

我必須承認我對卡梅倫的結論頗感懷疑。經濟學家通常是疑心很重的傢伙，面對其他社會科學家統計出來的結果更是如此。我對那篇文章的第一個反應是：這不可能是真的。樣本太少（只有十八個國家）。那些國家的公部門規模和國家大小有關，而不是暴露於國際貿易的程度。這項分析並沒有考慮到其他許多會造成混淆的作用力。如此等等。

我決定自行檢驗看看。我下載了一些資料，開始檢視政府大小與經濟開放度的關係。我先檢驗了卡梅倫所聚焦的那些先進國家。我使用不同的資料來源以及不同時期，但令我訝異的是，卡梅倫的結論竟然沒有遭到推翻。接著我擴大分析範圍，把開發中國家也含括進來，檢視我找得到資料的一百多個國家。再一次，得到的結果仍然相同。最後，我藉著控制我能夠想到的一切條件，像是國家大小、地理環境、人口組成、所得水準、都市化程度以及其他許多因素，試圖消除卡梅倫所得出的結果。不過，無論我怎麼切割那些資料，都發現國家暴露於國際貿易的程度和政府大小之間具有強烈的正相關。

這種相關性來自何處？我考慮了許多可能的解釋，但沒有一項通得過我的一系列檢驗。最後，證據似乎強烈指向社會保險動機。經濟體受到國際經濟力量的影響一旦比較大，人民就會要求風險補償，而政府的回應則是建立範圍更廣的安全網，不論是透過社會方案還是公共就業（這種做法在貧窮國家比較常見）。基本上這就是卡梅倫提出的主張，而且這種現象明顯不僅限於他所研究的那一小群富裕國家。我無意間發現了經濟學的一項基本真理，但是讀研究所的時候卻沒有人告訴過我這一點：市場如果要擴張，那麼政府也必須擴張。[16]

這種對於擴張的需求，不只是因為和平與保障的建構、財產權的保護、合約的強制執行以及總體經濟的管理都需要政府，同時也因為政府藉著保護人民免於市場帶來的風險與不穩定，從而維繫了市場的正當性。

近期的次貸危機與深度衰退正是很好的例子。世界經濟為什麼沒有像一九三〇年代經濟大蕭條期間那樣陷入保護主義的深淵當中？在經濟大蕭條之後的數十年，現代工業社會已建立了眾多社會保護方案，例如失業救濟、調整協助以及其他勞動市場干預措施、健康保險、家庭支持等等，因而減輕了以關稅高牆保護經濟這類粗陋保護形式的要求。福利國家與開放經濟是一枚銅板的兩面。市場與國家在許多面向上都彼此互補。

全球化與國家政府的愛恨關係

如此一來，我們即可開始理解到國際商業活動與國內經濟交易的差別有多麼大。你和我如果是同一個國家的公民，我們就運作於同一套法律規範之下，也受益於我們的政府所提供的公共財。我們如果是不同國家的公民，這兩點就不必然成立。當前沒有國際組織能夠保障和平與安全、通過法律並執行法律、提供公共財或者確保經濟的穩定與安全。由於國家之間存在著文化差異和距離，因此互惠和常規等非正式制度通常也無法促成多少合作。確實存在的市場支持制度都是區域性的，而且隨著國家而異。因此，**國際貿易與金融先天就帶有比國內交易更高的交易成本**。

還不僅如此，造成更高交易成本的原因不只是缺乏必要的國際制度。依據國內市場的需求所設計的國內制度安排也經常對全球商業活動造成阻礙。國家規範抑制了全球化的發展。最明顯可見的例子包括政府對貿易課徵的關稅，以及限制國際借放貸的法規。無論這類限制是為了滿足哪種國內目的，不管是社會與政治穩定、鼓勵國內創業活動、或是純粹的裙帶主義，都會對國際貿易構成明顯的交易成本。為社會安全網以及其他公共投資提供資金的稅收，也可能迫使政府對國際貿易加諸限制，以預防滑溜的專業人士或資本家設法避稅。

此外，許多國內法規與標準就算主要目的不在於樹立貿易障礙，卻也不免對跨國交易造成障礙。國家貨幣、法律慣例、銀行法規、勞動市場規則、食品安全標準，以及其他許多領域的差異，都會提高從事國際商業活動的成本。「我們如果要保有競爭力，」奇異公司執行長伊梅特（Jeffrey Immelt）在二〇〇五年埋怨道：「就不能身陷在法規迷宮當中，被迫隨著個別規管機制的一時興起而調整改變每一項產品與流程。」[17]在國界之內，政府能夠協助減少交易成本；但在國家之間，政府卻是貿易摩擦的來源。

國際市場是在主權實體的正式體制架構之外運作，因此在沒有特殊安排的情況下，也就失去那些架構的支持。同樣重要的是，國際市場跨越了劃分國家及其管轄權的體制界線。這兩項事實——全球市場欠缺全面性的體制架構，以及全球市場在地方體制之間造成的緊張關係——是理解經濟全球化的基本要素。這兩點有助於我們思索全球化的挑戰，也有助於我們體認全球化的局限。本書會一再回到這兩點上。

因此，哈德遜灣公司以及那個時代的其他人士在從事長距離交易當中所面臨的困難，並不是十七世紀所獨有，也不是毛皮、香料以及當時其他熱門商品所獨有。國際貿易確實不同，需要特殊的制度安排。特許貿易獨占權雖有種種缺點，卻是一項適合當時政治與經濟環境的成功制度創新，克服了洲際貿易特有的許多交易成本。這種做法激勵了私營機構對知識、安全保障與合約強制執行進行投資，從而使貿易活動得以持續下去。

當然，不是所有的貿易參與者都獲得相同的利益。舉例而言，哈德遜灣公司收購克里族印地安人的海貍所支付的價格就低得極不道德[18]，奴隸販賣更是令人不齒。經過一段時間之後，公司愈來愈致力於維繫其獨占利潤而不是擴張貿易網絡。長期之下，國家與私人公司之間的互賴關係對於治理品質與經濟表現都沒有幫助。亞當・斯密提出的質疑確實有理，特許獨占公司終究沒有對國家的資產負債表做出正面貢獻。不過，隨著亞當・斯密的觀念逐漸普及，英國及其他主要大國也紛紛解除獨占權之後，這個基本問題卻沒有因此消失：該怎麼做才能降低國際貿易與金融的成本並且提高其安全性？國際經濟必定帶有的交易成本仍然繼續糾纏著貿易商、金融業者與政治人物。

全球化面對的難題

市場有相當嚴苛的前提要件，全球市場更是如此。舉例而言，基本食品和其他必需品的市場，在眾人互相認識而且一再反覆互動的小型社群裡能夠自行運作得相當好。一小群商人與金融業者如果擁有相同的信念系統，即可執行貿易與匯兌。至於規模更大、範圍更廣而且終究要能持續存在的商業活動，則需要眾多的支持體制：建立所有權的財產規則，強制執行契約的法庭，保護買家與賣家的貿易法規，懲罰詐騙者的警力，管理並減緩景氣循環的總體政策架構，維繫金融穩定的審慎標準與監督，預防金融恐慌的最後貸款者，確保遵從公共常規的健康、安全、勞動與環境標準，安撫輸家的補償機制（在市場冷落某些人的時候，因為市場經常如此），為市場風險提供屏障的社會保險，以及為這一切功能提供資金的稅收。

簡言之，市場不會自我造成、自我規範、自我穩定，也不會自我正當化。每一個運作良好的市場經濟體都融合了國家與市場、自由放任與干預。實際上的混合情形依照每個國家的偏好、國際地位與歷史進程而有所不同，但沒有一個國家能夠在不讓公部門負擔重大責任的情況下發展。

政府雖是國內市場運作不可或缺的要素，卻也是建立全球市場的主要障礙。我們後續將會看到，政府的作為正是全球化必須克服的那些交易成本的來源。這就是全球化的核心難題：沒有政府不行，有政府也一樣不行！

因此，全球市場乃是加倍麻煩：全球市場缺乏國內市場的制度基礎，而且處於既有制度的界線**之間**。這種雙重詛咒導致經濟全球化極為脆弱又充滿交易成本，就算貿易與跨國金融沒有受到直接限制也是一樣。這種雙重詛咒導致對於完美全球化的追求淪為徒勞之舉。

重商主義者的特許貿易公司為這些兩難狀況提供了一種解決方式。由於那些公司擁有如同國家一般的強制執行力，因此也就能夠將它們自己的規則加諸於遙遠土地上的外國人民。不過，隨著時間過去，由於它們無力處理躁動不安的當地人民，而且重商主義的論述也逐漸流失其吸引力，那些公司也就不再那麼有力。十九世紀——第一個真正全球化的時代——必須仰賴不同的機制。

2 第一波大全球化的興衰

在十七與十八世紀期間，世界貿易以每年一％左右的穩定步伐持續擴張，成長幅度雖然高於世界所得，但差別不大。到了十九世紀初期，世界貿易開始出現跳躍式成長，在那整整一百年間的成長率達到史無前例的每年將近四％。[1]阻礙長途貿易的交易成本——來自於交通運輸與通訊方面的困難、政府限制，以及人員性命與財產所受到的威脅——開始大幅下降。資本流動大為興盛，世界大多數的經濟體也達成遠高於以往的金融整合。這也是一個人口在洲際之間大量流動的時代，勞動階級的歐洲人口成批遷徙至美洲以及其他近期受到墾殖的地區。由於這些原因，大多數的經濟史學家都認為一九一四年之前那個漫長的世紀是第一個全球化的時代。的確，從許多面向來看，世界經濟的貿易與金融全球化直到最近才超越了一九一三年的水準。就勞動力的流動性而言，當今的世界還比不上那個時代。

十九世紀的貿易與體制

這個全球化的時代為什麼能夠發生？一般的標準論述指向這個時期的三項重要改變。第一，汽船、鐵路、運河與電報等新科技在十九世紀初期為國際運輸與通訊帶來革命性的變化，並且大幅降低了貿易成本。第二，隨著亞當・斯密與李嘉圖（David Ricardo）等自由市場經濟學家的觀念終於開始受到重視，經濟論述也因此出現改變。這種現象促使世界各大經濟體的政府對進口稅（關稅）與明文禁令等貿易限制大幅鬆綁。此外，自從一八七〇年以後，黃金本位制的廣泛採用使得資本得以在國際間流動，而不必害怕幣值的恣意變化或其他金融意外。

然而，故事不可能就到此為止。如同我們在上一章看到的，世界經濟的交易成本不僅限於運輸、關稅與貨幣不穩定性。一般的標準論述遺漏了十九世紀特有的兩項極度重要的體制。這些體制使得一種比過往更加深化的全球化得以發生，也呼應了我們稍早見過的那些支持市場的安排。

其中第一種體制是那個時期的關鍵經濟決策者在信念系統上的聚合。經濟自由主義以及黃金本位制的規則將不同國家的決策者連結起來，促使他們紛紛採用相同的作為，將貿易與金融的交易成本最小化。在受到這種論述支配的地區（例如英國以及這個時期的世界各大中央銀行），全球化就安然無恙。不過，在這種論述不存在或者隨著時間過去而消失的地區（例如歐洲大陸在一八七〇年代之後的貿易政策），全球化就不免失勢。

第二種體制是帝國主義。不論正式或者非正式的帝國主義都是一種機制，能夠推行有利貿易的規則，是一種「第三方強制執行」，由先進國家的政府擔任強制執行者。帝國主義政策藉著部署大國的政治與軍事力量而在可能的範圍內促使世界其他地區遵守規矩。因此，帝國主義政策在世界經濟的邊緣地帶——拉丁美洲、亞洲與中東——為脫軌的全球化提供了重要支撐，並可用來促使這些地方能夠安全從事國際貿易與金融活動。

本章說明十九世紀的全球化如何興起，又如何因為國內政治而瓦解。我們的旅程從貿易政策展開，接著再轉向黃金本位制。

自由貿易的（有限）勝利

自由貿易的信念之所以會在整個十九世紀期間愈來愈盛行，必須歸功於李嘉圖與彌爾（John Stuart Mill）這樣的經濟學家。他們以亞當·斯密的洞見為基礎，進一步闡明不受限制的貿易如何對所有參與其中的國家都有益。我們在下一章將會看到，這些觀念非常簡潔有力，陳述起來也具有邏輯精確性。不過，這些觀念的影響力隨國家與時間而異。儘管我們把十九世紀視為自由貿易的時代，英國卻是唯一長時間維持開放貿易政策的大經濟體。美國在南北戰爭期間對進口製造品課徵極高的關稅，並且在十九世紀期間一直將關稅保持在相當高的程度。歐陸大國只有在一八六〇與七〇年代期間懷著猶疑不決的態度短暫投入自由貿易的陣營。

十九世紀關稅史的關鍵時刻是一八四六年，也就是英國撤銷了拿破崙戰爭時代的進口穀物關稅。這些所謂的「穀物法」（Corn Laws）是十九世紀初期英國政治傾軋的焦點，因為這些法律造成了鄉下利益與都市利益的衝突。這裡的「corn」是穀物的泛稱，相關的關稅涵蓋了所有的進口糧食與穀類植物。地主想要高關稅，因為這樣可以擡升糧食價格，提高他們的收入。都市製造商（他們的勢力隨著工業革命散播至倫敦、曼徹斯特及其他城市而愈來愈大）則是希望撤銷那些關稅以降低生活成本。如同馬克思與其他人想必會主張的，生活成本降低將會使得資本家能夠支付勞工更低的工資。這項辯論掀起了英國社會與政界的激烈爭執，支持與反對穀物法的勢力在表面上似乎只是為了幾項進口稅而爭鬥不休，但實際上的重點卻是誰將在往後統治英國並且興旺發達。知名雜誌《經濟學人》就是這個時代的產物，由穀物法反對派創辦，藉此散播與推廣自由貿易觀點，這本雜誌直到今天仍繼續扮演這個角色。最後，處於上升趨勢的製造業利益贏得勝利：智識論述與工業革命的勢力都站在他們這一邊。

當時居於主導地位的經濟大國英國廢止了穀物法之後，其他歐洲國家就感受到跟進的壓力。許多人都認為這項改革是英國的一項政治與經濟成就。歐洲大陸的經濟評論家以充滿敬畏的姿態指出，英國的商業活動與輸出在廢除穀物法之後大幅增加——不過，主要的功勞實際上當然應該歸屬於工業革命。英國明白可見的成功並不必然使得自由貿易在其他國家更容易推行。如同法國皇帝拿破崙三世對英國國會議員暨自由貿易倡議者科布登（Richard Cobden）所說的：「我滿心想要在我的國家採行類似的做法，可是在法國推動改革是非常困難的事情；法國人只會革命，不會改革。」[2]不過，有一種政治上的權宜之計，卻是抱持自由貿易思想的領導人自此以後一再採用的：藉著降低貿易壁壘換取別的國家採行同樣做法，然後在反對陣營面前再把自由化呈現為促使貿易對象開放市場的必要「讓步」措施。

由此帶來的結果就是一八六〇年的《科布登－切維利爾條約》（Cobden-Chevalier treaty），英國在其中承諾降低對法國烈酒課徵的進口稅，法國的回報則是對英國製造品降低關稅。接著，英國又和其他歐陸國家簽訂了一連串類似的條約。《科布登－切維利爾條約》當中的一項重要創新，就是最惠國待遇條款。這項條款規定，原始簽約國如果在簽約後對其他國家給予關稅減免的優惠，那麼同樣的待遇也必須適用於原始簽約國。這套貿易條約的網絡，在一八六〇與七〇年代期間的歐洲各地成為降低關稅的一件重要工具。到了一八七〇年代中期，大多數的貿易禁令都已消失，而且製造品的平均關稅稅率在英國、德國、荷蘭、瑞典與瑞士都僅有個位數，在法國與義大利也只有十出頭，比起先前都有倍數幅度的下降。[3]

自由貿易不是在每個地方都獲得勝利。穀物法的鬥爭明白展示了一項我們後續還會一再反覆提到的主題：由於貿易政策對所得分配的影響極為重要，因此也就與更廣泛的政治競爭牽扯在一起。對於政府樹立的貿易壁壘所造成的交易成本，經濟學家雖然可能會加以非難並認為這種做法毫無意義，但這種論點一旦遇到強烈的政治利益，或是方向相反的經濟論點，就不一定能夠勝出。你如果認為這些政治壓力與經濟論點總是源自狹隘自利與蒙昧主義的信條（穀物法受到廢止的故事經常被標舉為進步觀念與自由主義勝過傳統貴族與威權體制的例子），那麼請看看美國的經驗。

在十九世紀初期，美國的政治構成雖與英國天差地遠，這兩國卻有一項共通之處：關稅爭議是國家政治的焦點。如同一位氣急敗壞的賓州國會議員在後來經過省思所說的：「人是發表關稅論述的動物。」[4]貿易政策直接擴大了美國最重要的社會與政治裂縫，也就是南方與北方的歧見。蓄奴的南方仰賴的是菸草與棉花的出口經濟；北方的自由州仰賴的是新興的製造業基礎，不但生產力落後於英國，也難以和價格低廉的進口商品競爭。南方的繁榮仰賴國際貿易，北方則是希望受到保護而免於和進口商品競爭，至少保護到他們能夠趕上進口商品的腳步為止。[5]

一八六一至六六年的南北戰爭不但是為了奴隸制度而戰，也是為了未來的美國貿易政策而戰。南北戰爭一開打，林肯就立刻提高美國關稅；北方戰勝之後，貿易保護又進一步增加。在一八六六年之後的十年間，對製造品課徵的進口關稅平均稅率為四五％，而且一直到第一次世界大戰之前都不曾下降太多。不論按照什麼標準來看，美國在十九世紀後期都是個高度保護主義的國家。不曉得是不是巧合——這方面的辯論直到今天仍然持續不休——美國也就是在這段時期趕上英國的工業實力，接著又予以超越。

我們後續會再回頭談論貿易政策與經濟成長的關係。就目前而言，美國經驗的引人注意之處在於，這是一個自由貿易絕非用來服務「進步」政治理念的例子。如同著名政治學家基歐漢（Robert Keohane）所寫的：「追求市場的邏輯長期下來造成了悲劇性的後果。在沒有多元化或工業化的情況下成長，對南方造成的經濟衝擊就已相當有害。更嚴重的是以棉花為王所帶來的社會與政治後果：奴隸制根深柢固，內戰發生的可能性因此愈來愈高。」[6]在十九世紀的美國，自由貿易不論會帶來其他哪些經濟後果，總之一定會進一步鞏固並且強化奴隸制這種社會與政治制度。那種現象對美國的政治制度發展所可能造成的傷害雖然只能猜想，但一定不可能太輕微。[7]

由此得到的教訓非常明確：依據一個國家在世界經濟當中居於什麼位置，以及貿易政策和那個國家的社會與政治裂縫有什麼樣的關係，自由貿易有可能是一股進步的力量，也有可能是一股退化的力量。在十九世紀中葉，英國是世界工業大國，自由貿易政策對製造業的利益以及中產階級正好有所幫助。美國則是工業上的落後國家，奠基於奴隸制度上的農場活動具有成本優勢，因此自由貿易政策將會助長壓迫性的農業利益。自由貿易與「高尚的政治」不必然互相一致。

另一方面，在歐洲大陸，對於自由貿易的疑慮不久就浮上了檯面。如同經常可見的狀況，當時促成這種疑慮出現的一個重要因素，就是始於一八七〇年代的一場長期經濟衰退，其中農民受到的打擊尤其嚴重。運輸革命與關稅削減造成新大陸的穀物大量湧入，因而大幅壓低了價格。歐洲大陸各地的農業利益團體都強烈要求保護，並且經常與工業家聯手抗爭，原因是那些工業家競爭不過較為先進的英國生產商（還有競爭力愈來愈強的美國出口商）。在俾斯麥時代的德國，這種現象造成了著名的「鋼鐵與黑麥的聯姻」，也就是農業界與工業界的結盟，自從一八七〇年代末期開始造就了大幅高漲的關稅。政治手腕高明的俾斯麥隨即為這項新政策找到合理化的藉口，埋怨指稱德國已然成為其他國家過度生產的傾倒場。法國及其他歐陸大國紛紛跟著提高關稅，於是加強貿易限制的整體趨勢一路持續到第一次世界大戰展開。到了一九一三年，歐洲大陸對製造商課徵的平均進口關稅已倍增至將近二〇%。[8]

從自由經濟論述的觀點來看，歐洲在十九世紀末的這種保護情形增加帶有一個矛盾的面向。如同經濟史學家貝羅赫（Paul Bairoch）指出的，一八九〇年以後不僅貿易量迅速增加，所得也隨之上升，那些樹立貿易壁壘的國家尤其如此。[9]這種經驗就像美國在南北戰爭後經歷的狀況一樣，使得自由貿易政策與經濟成長之間的簡單關係變得更加可疑。我們後續談到布列頓森林體制以及全球化對當今的開發中國家所造成的影響，將會再回頭探討這項主題。

第一次世界大戰前的數十年間，只有英國抗拒了保護主義的誘惑，儘管「公平貿易人士」一再施壓，希望報復歐洲其他國家對英國出口商品課徵的高關稅。[10]之所以會如此，不只是因為自由貿易意識形態在英國支配公共論述的程度遠高於其他國家，以致「保護主義」成為用來貶抑對手的負面字眼；也是因為英國在製造業的強大貿易地位使得關稅淪為毫無意義而且多此一舉的政策。英國首相格萊斯頓（William Gladstone）後來嘲諷那些想要以貿易政策尋求報復的人士，就訴諸於這兩項因素。「公平貿易」到底是什麼意思?他問道。「這個嘛,各位,」他接著提出回答,採用的論點後來一直不斷受到自由貿易支持者的引用:「我必須說公平貿易看起來有點可疑,長得很像我們那個叫做保護主義的老朋友。」[11]公平貿易純粹就是保護主義想要換個名稱自我美化而已。

格萊斯頓指出,英國從報復行為當中根本得不到好處,因為英國的製造商品進口量遠少於出口量。對為數如此之小的商品課徵關稅根本沒有什麼懲罰力。他斷言,由於英國的貿易順差極大,因此自由貿易對於該國而言是比較好的政策。格萊斯頓這種重商主義的論述,認為貿易只有在帶來貿易順差的情況下才會對國家有益,聽在現代經濟學家的耳中想必顯得荒謬不已。[12]不過沒有關係,英國在製造業的主宰地位使其得以避免滑落保護主義的深淵。

如果說自由貿易在先進國家當中仰賴於一項困難而且脆弱的平衡——一端是眾人共同抱持的意識形態,另一端是國內各式各樣的政治利益——那麼在世界其他地區,自由貿易則主要是由外力強制推行。在亞洲,歐洲帝國主義確保外國人的權益得以受到保護、合約能夠履行、爭端依照歐洲國家的規定裁決、出口商與投資人獲得歡迎、債務得以償還、基礎建設投資確實施行、當地人受到安撫、新興的民族主義抱負受到遏制等等,從而消除了一長串足以妨礙國際商業活動的交易成本。回想看看,東印度公司一旦無力應付當地暴動,就隨即受到英國殖民政府所取代;還有哈德遜灣公司的警察權如何交給加拿大自治領。哈佛史學家弗格森(Niall Ferguson)認為,大英帝國為欠缺法律與秩序的社會帶來了法律與秩序。「十九世紀與二十世紀初的大英帝國，」他寫道：「在促進商品、資本與勞動力的自由流動上所做的努力，歷史上沒有其他組織能出其右。」[13]

我們就算不同意弗格森對於大英帝國的讚賞態度，也還是能夠同意他的主張：帝國主義的確是促成經濟全球化的一股極度強大的力量。近來的一項統計研究，在這類量化研究的可行範圍內將盡可能多的因素控制不變的情況下，發現同一個帝國裡的兩個成員國之間的貿易量是它們和帝國外的其他國家相互貿易的兩倍。原因呢？「帝國增加貿易活動的方法是降低交易成本，以及建立能夠在帝國內部促進貿易活動的貿易政策。」至於受到降低的交易成本具體而言究竟有哪些，該項研究的作者所能夠量化的項目包括使用共同語言、採取共同貨幣、讓新取得的殖民地改採貨幣交易體制，以及優惠貿易措施。[14]

如果以為這類效果僅限於宗主國直接行使帝國統治的地區，那可就錯了。帝國主義有正式與非正式兩種類型。英國、法國、美國（美國經過一段時間之後終於也加入了帝國主義的行列）以及其他強國，不一定必須行使直接統治才能迫使其他地區服從聽命。武力威脅與政治壓力通常就已足夠。在〈自由貿易帝國主義〉（The Imperialism of Free Trade）這篇經典論文裡，蓋勒格（John Gallagher）與羅賓遜（Ronald Robinson）說明了非正式影響與正式統治之間沒有明確的界線，而且正式統治通常是在情勢太過動盪不安，因而無法透過當地統治者達到希望的效果之時，才不得不採用的最後手段。[15]

非正式影響的一件首要工具是貿易條約。當地人如果不夠崇敬亞當・斯密與李嘉圖的觀念，在旁待命的戰艦即可提供必要的說服力。於是英國在一八三八年與鄂圖曼土耳其簽訂了一項條約，迫使該國將進口稅限制在五%以下，並且廢除進口禁令與獨占事業。英國並且在一八三九至四二年間與中國打了所謂的「鴉片戰爭」，迫使中國對鴉片以及大英帝國的其他出口商品開放進口。美國海軍准將培理（Matthew C. Perry）在一八五四年代表美國與日本簽訂一項條約，促使日本開放外國航運與貿易。這些條約以及其他類似的條約為進口稅設定上限（當然是由單方設定）、限制弱勢國家獨自管理貿易政策、賦予外國貿易商合法特權，並且強制確保外國人的港口通行權。

因此，當時雖然出現了毫無疑問的貿易大爆發，十九世紀的全球化卻不是像一般描繪的那樣完全奠基於自由貿易上。不論是正式或者非正式的帝國，其政策雖然都明白提倡貿易，卻是以宗主國赤裸裸的勢力為基礎，而不是奠基於真正的「自由貿易」之上。如果不談英國，那麼自由主義在各大經濟體的國內貿易政策也只獲致了有限的勝利。有些國家（例如美國）從不曾真正擁護自由貿易政策，另外有些國家（例如歐陸大國）則是在幾十年之後就又回歸了高度保護的做法。國內政治極少能夠長期有利自由貿易，除非該國的經濟優勢得以讓它們在相當程度上對進口競爭免疫。由於運輸革命與所得提高，當時因此出現了高度全球化——除了最近的幾十年之外，當時的全球化程度也許比歷史上的其他時期都還要高。不過，這種全球化卻是構築在古怪而脆弱的制度基礎上，而且那套先決條件不太可能再度出現。

黃金本位制與金融全球化

貿易體制如此，支配十九世紀全球化的金融與貨幣體制——黃金本位制——更是如此。透過帝國主義手段強制推行的紀律，再一次成為支撐資本自由流動的關鍵因素。在一八七〇至一九一四年間支持黃金本位制並且維繫金融全球化的信念系統，終究抵不住經濟大蕭條以及凱因斯帶來的經濟思想革命所造成的致命打擊。

黃金本位制奠基於幾項簡單的規則。每一國的貨幣都各自具有金平價，將其幣值緊盯於黃金。舉例而言，英鎊被定義為一百一十三喱的純金，美元則是二十三．二二喱。[16]每個國家的中央銀行都隨時能夠按照金平價將本國貨幣轉換為黃金。因此，各國貨幣的匯率也具有無可改變的固定值；一英鎊等於一一三除以二三．二二（約為四．八七）美元。金錢可以自由流動於各國之間，依照金平價決定的固定匯率互相兌換。

這些規則表示國內貨幣供給量與黃金儲備緊密相關。國際收支逆差的國家會因為黃金流向貿易夥伴而導致貨幣供給量減少。這些黃金流動又會引發經濟情勢的矯正，經濟學家稱之為「自動調節機制」。在逆差國家，貨幣與信用的緊縮將會導致利率上升與國內物價下跌。這麼一來又會造成支出減少以及貿易競爭力提高，從而促使國際收支重獲平衡。

在黃金本位制之下，政府沒有能力調整貨幣政策以改變國內信用狀況，原因是國內貨幣供給完全取決於黃金與資本在國界間的流動。原則上，中央銀行根本做不了什麼事情，只能隨著金庫裡的黃金數量消長而發行或收回國內貨幣。這套體系具有明確、普世性而且非自主性的規則。這套金融體制將跨國界的交易成本降到最低，而且金融業者與投資人在國界上也不需要面對意外及管制。

實務上，中央銀行還是有些操作空間，偶爾可以偏離這些「遊戲規則」。說得具體一點，貿易逆差國只要有來自國外的補償性私人資本流入，即可延後或避免利率上升。不過，能否獲得這種「穩定性」的資本流，乃是深切取決於中央銀行恪守金平價的可信度。市場認定政府無論如何終究都會捍衛金平價。市場之所以這麼認為，原因在於那是當時支配中央銀行行為的信念系統。維繫黃金本位制在貨幣政策當中具有絕對優先地位，原因是這套體系已被視為貨幣穩定的基礎，也因為貨幣政策當中沒有其他互相競爭的目標，例如充分就業或者經濟成長。不論是在這方面或其他地方，觀念都具有非常重要的地位。主動的貨幣與財政政策能夠系統性地緩和景氣循環，或是貨幣貶值能夠協助降低貿易失衡，這類概念在當時都還不存在，不然頂多也是被人視為異端邪說。對於政府如何能夠穩定需求、輸出或就業，在當時還沒有廣獲接受或者清楚闡述的概念。

不同於貿易決策者，中央銀行不受國內政治影響而能夠自主運作。極度精明的金融全球化史學家艾肯格林（Barry Eichengreen）說得一針見血：中央銀行能夠在經濟衝擊面前維持自由資本流動與固定匯率，乃是「由於對央行施加政治壓力受到許多限制，因此無法迫使央行追求其他與捍衛黃金可兌換性不相容的目標」。[17]英、法及其他強國的中央銀行，實際上都是由私人擁有，除了發行法定貨幣之外沒有其他公共功能。美國直到一九一三年由《聯邦準備法》建立了聯邦準備系統之後，才有一個扮演中央銀行角色的公共機構。不同國家的中央銀行有如是同一個俱樂部的會員，相互之間的關係比它們和非金融界的其他國內機構還要親近。[18]套用艾肯格林的話，黃金本位制是一套「社會建構的制度」。[19]

世界經濟在第一次世界大戰之前數十年間所經歷的金融全球化，實在是相當不平凡。在一段幾乎每本探討全球化的書籍都不免引用的文字當中，二十世紀首要經濟學家凱因斯曾於一九一九年滿腔懷舊地憶述倫敦的居民如何能夠將自己的財富自由投資於世界各地，不但沒有任何阻礙，也不必擔心自己的投資成果會遭到剝奪。[20]在那段期間，世界的金融市場得以在交易成本最低的情況下運作。倫敦、紐約與歐洲各大金融中心的利率完全一致，彷彿它們全都屬於同一個市場。資本從充裕之處（尤其是英國）自由且大量流往貧乏之處（尤其是新大陸）。不同於自由貿易，第一次世界大戰之前對於黃金與資本自由流動並沒有任何退縮——儘管一八七〇與八〇年代期間曾有不少要求擺脫黃金本位制的聲音。如此高度的金融全球化直到最近才又再度達到。

那套制度的耐久性在一八七〇年代遭到嚴峻的考驗，原因是黃金短缺導致歐洲與美國出現信用緊縮與物價下跌的狀況，這是黃金本位制的規定所造成的結果。遭受打擊最大的是農民，因為面對價格下跌的情形，高利率成為他們無可承受的重擔。許多人因此要求回歸複本位制，如此可讓政府鑄造銀幣，增加貨幣供給。這場反抗行動在美國達到頂點，三度代表民主黨競選美國總統的布萊恩（William Jennings Bryan）在一八九六年的民主黨全國代表大會提出了「不能把人類釘在黃金十字架上」的著名演說。[21]各國央行立場堅定，黃金本位制因此得以維持。最後救了黃金本位制的也許是物價停止下跌，原因是一八八六年之後在南非發現的黃金造成市場供給增加。

如同我們先前看到的，在當時的各大經濟強國之間，金融全球化是負責做出所有重要決定的各國央行在其關係緊密的俱樂部當中因為抱持相同信念所造成的結果。在拉丁美洲、中東與亞洲等全球經濟邊陲的國家當中，貨幣正統學說也一樣居於支配地位，儘管這些國家沒幾個完全轉換為黃金本位制。世界金融當中比較嚴重的問題是，如何確保主權實體以及其中的借貸者會償還債務。

這是個長久存在的問題，也是國際金融的剋星。國內的借貸者如果拒絕償債，權益受損的放貸者可以上法院扣押借貸者的資產，並且期待國內的主管機關強制執行判決結果。不過，外國的債務人如果拒絕償債，債權人的選項就少得可憐了。沒有國際法院可以進行判決，沒有國際警察可以強制執行判決結果。基本上，唯一可以約束債務人的就是喪失信譽，以及在一段時間內被排拒於國際信用市場之外所可能付出的成本。[22]儘管有這些信譽上的代價，歷史卻顯示賴帳者終究還是會重返國際金融市場。如此會帶來幾項後果。第一，債務人可能不只會在自己無力償債的情況下拖欠國際債務，而是只要自己無意償債就拖欠不還——這樣的門檻可是低了許多。第二，由於對這種狀況有所預料，理性而且目光長遠的銀行或債券持有人就不太可能從事太多的國際貸放行為，不然就是只有拉高風險貼水才願意從事這種活動。否則，短視近利的貸放行為以及隨之而來的拖欠現象，將會導致經濟繁榮與蕭條的循環。如果沒有可靠的機制能夠強制償還債務，國際金融市場就不可能興盛發展。

如同貿易條約，炮艦與帝國統治乃是強制執行債務契約的一大助力。投資興建印度鐵路的英國資本家，知道那裡的英國殖民政府會保障他們的投資安全。一名英國官員指出：「只要保證那些資本家能夠得到印度收入的五％，他們就根本不管自己的資金是被丟進河裡還是轉換成工程建設。」[23] 鄂圖曼帝國在一八七五年拖欠債務不還（債券持有人以英國與法國為主），結果歐洲人就說服積弱不振的蘇丹讓他們成立一個治外法權機關來收取鄂圖曼帝國的賦稅。一八八一年開始運作的鄂圖曼國債機構成為鄂圖曼帝國內一個龐大的官僚機構，主要目的在於償還外國債權人的債務。埃及的民族主義運動在一八八二年開始危及英國的金融利益之後，英國即入侵埃及以「恢復政治穩定」，確保外國債務能夠持續獲得償還。當時的英國首相格萊斯頓也有一大部分財富投資在埃及的債務當中，所以在這個案例，金融全球化與軍事實力的關聯也就特別透明可見。[24] 英國後來雖然直接統治了埃及，但其原本的意圖其實僅限於金融方面。

美國本身的償債紀錄也不是潔白無瑕，許多州在十九世紀期間都曾拖欠債務，所以美國後來成為西半球的債務強制執行者，實在是頗為諷刺的事情。老羅斯福總統（Theodore Roosevelt）在一九〇四年明白指出（也就是所謂門羅主義的「羅斯福推論」），美國將會確保拉丁美洲各國按期償還它們的國際債務。他證明自己說到做到，在多明尼加共和國拖欠債務之後，即在一九〇五年派遣炮艦前往該國首都聖多明哥接管其海關稅收——這項行動標誌著他保護外國債權人利益的決心，拉丁美洲的主權債券價格因此大幅飆漲。[25]在美國炮艦出現之前，問題並不是拉丁美洲各國是否會償還其國際債務，而是強制收債的到底會是歐洲人還是美國人。老羅斯福搶先歐洲人一步採取行動，目的是要證明拉丁美洲屬於美國的勢力範圍。

如同自由貿易，黃金本位制與金融全球化之所以能夠實現，也是因為國內政治、信念系統與第三方強制執行這三者之間的奇特組合。群眾政治的崛起弱化了這些力量之後，國際金融也跟著衰退。黃金本位制最終在一九三〇年代瓦解，更是揭露了此一組合有多麼脆弱。

黃金本位制的衰亡

第一次世界大戰帶來了一段政府強力管制外匯的時期，接著則是一九二〇年代的不穩定。包括英國在內的各國政府都在戰爭期間中止了黃金的可兌換性，並且實施禁令，不准國內貨幣自由轉換為外國貨幣（外匯管制）。戰爭結束後，幾個歐洲國家在一九二〇年代初期經歷了惡性通膨（德國、奧地利、波蘭與匈牙利）。對於外匯而言，這是一段充滿動盪的時期，匯率經常出現劇烈震盪。政府官員認為回歸黃金將是一九二〇年代期間不可避免的發展，能夠讓國際金融恢復常態。不過，當時仍無法確定此一發展的時間點，以及回歸金本位究竟該採取戰前的平價（一英鎊等於四．八七美元）或是壓低英鎊匯率。支持英鎊貶值的論點很清楚，從後見之明看來也沒有爭論餘地：英國的經濟實力已然衰退，因此需要搭配比較弱勢的英鎊。

邱吉爾雖在後來的第二次世界大戰期間展現了治國長才，對於經濟卻是一竅不通，也毫無興趣。因此，他在英國於一九二四年回歸黃金本位制前夕當上財政大臣，實在是非常不幸的事情。他與財政部的部屬商議時，隨即坦承自己在這方面能力不足。他自嘲指出，他們如果是「士兵或將軍，我就會聽得懂他們說的話，可是他們卻都說波斯語」。[26]

英國的物價在戰爭期間上漲超過三倍，戰後雖然出現大幅的通貨緊縮（達五〇％），物價卻還是比美國來得高。此外，英國也對坐擁世界一大部分黃金儲備的美國積欠大筆債務。英國被迫維持高利率以避免資本外逃，失業率也維持在一〇％的高檔。這段期間，英鎊的市場價值大半都遠低於戰前的四．八七美元水準。許多人（其中以凱因斯最為著名）都認為回歸戰前平價將會是一大災難，因為按照英國的物價，英國經濟將因此承擔一個高估的貨幣，並面臨嚴重的競爭力問題。英國工業家暨報業大亨比弗布魯克勛爵（Lord Beaverbrook）同意此一看法。

不過，邱吉爾卻聽從金融業者與英格蘭銀行的意見，導致他後來悔恨不已。英格蘭銀行的董事及行長諾曼（Montagú Norman）說服邱吉爾，指稱如果不以戰前平價回歸黃金本位制，將會導致回歸毫無效果。他們聲稱這套體系的可信度仰賴於平價的不可變動：只要改變了一次，市場就會認為以後又有可能再度改變。這不只是經濟問題，更是道德問題。在純粹主義者眼中，回歸以往的平價是「英國這個國家對世界各地那些將資產與信任寄託在英國及其貨幣上的人士所背負的道德承諾」。[27]英國的勞動力與產業如果因此欠缺競爭力，那麼忍受一段時間的工資與物價緊縮是理所當然的事情。這不是銀行業者在歷史上第一次開立苦口的藥方叫別人吞，當然也不是最後一次。此外，如同其他許多案例，這群銀行業者也獲得當時認為的「穩健經濟學」給予支持。

儘管物價持續下跌，英國經濟卻一直未能適應恢復的舊平價。工資與物價仍然太高，使得英國經濟無法重拾對外競爭力而矯正貿易失衡現象。煤、鋼、造船與紡織品等出口導向工業遭受沉重打擊，失業率也終於攀升到二〇%。勞資糾紛與罷工活動到處可見。儘管經濟情勢極為危殆，英格蘭銀行卻被迫維持高利率以避免黃金大量外流，它的競爭對象是像法國這種在一九二六年以較具競爭力的平價回歸黃金本位制的國家。美國雖在初期為英鎊提供了財政支持，卻也沒有幫上多少忙。一九二八年初，紐約聯邦準備銀行認為華爾街投機過度，因此提高基準利率以遏止這種現象。不過，此舉同時也對英國這類背負國際收支赤字的國家造成更大的壓力。美國提高利率之後，那些國家就只有兩個選擇：跟著提高本身的利率，不然就是進一步流失黃金與資本。最後，英國在一九三一年九月再度放棄黃金本位。這個黃金本位制的代表性國家被迫出局之後，此一體制的壽命就進入了倒數階段。小羅斯福總統（Franklin Roosevelt）在一九三三年將美元與黃金脫鉤以進行貨幣擴張，法國與所謂的「金本位國家集團」也在一九三六年跟進。

黃金本位制以前也在和平時期遭遇過壓力，最著名的例子是一八七〇年代由於黃金短缺造成的通貨緊縮。那麼，這次有什麼不一樣？先是經濟情勢，接著是政治，然後又是經濟情勢。

先從第一輪的經濟變化談起。黃金本位制底下的標準調整模型預設了個別獨立、分散式，而且工資具有彈性的勞動市場。國內產業如果缺乏全球競爭力，工資及其他成本就會下降，協助這些產業保有市占率。勞動價格下跌也會降低失業率。當然，現實生活中的經濟從來不曾按照這樣的理想運作，但隨著勞工開始組織起來，工會開始維護自己的權利，這種理想更是愈來愈化為虛無縹緲的幻想。工會會員人數在一九二〇年代之前的二十年間大幅增加，產業動盪也愈演愈烈，最後促成一九二六年的大罷工。由於勞工能夠維持工資水準，因此英國所經歷的黃金外流（或是黃金可能外流的威脅）導致長期貨幣緊縮的現象，現在又會進一步造成長期失業。直到凱因斯在一九三五至三六年間出版了《就業、利息與貨幣的一般理論》（*The General Theory of Employment, Interest and Money*）這部巨著，解釋黃金本位制為何無法在現代經濟當中順利運作，世人才終於明白這種情形對經濟政策帶來的影響有多大。

接著是政治問題。一九三〇年代，中央銀行及其政治後臺都理解到它們不再能夠對經濟衰退與高失業率所造成的政治後果置之不理。勞工不僅組織了工會，而且還擁有了投票權。在第一次世界大戰結束後的十年間，英國的選舉人數成長為原本的四倍。[28]報紙與電臺正逐步成為「大眾媒體」；到了一九三〇年代，英國的全國性日報發行量加總起來已達一千萬份。[29]經濟政策逐漸民主化，而且還有日益成長的社會主義運動。由此可知，在承受大規模失業的政治後果與放棄黃金本位制這兩項選擇之間，經由民主選舉選出的政府終究會選擇後者。民主與黃金本位制的絕對優先地位互不相容。

再來是第二輪的經濟變化，這些變化帶來致命的一擊。金融市場一旦開始質疑政府維持貨幣與黃金固定平價的決心，就會成為一股不穩定的力量。這麼一來，政府就極易成為投機攻擊的受害者。只要稍有事情出錯的跡象，投資人就會拋售國內貨幣，買進外國貨幣，並將資本移到國外。平價如果有維持住，他們可以單純逆轉交易而不會遭受任何損失。不過貨幣如果貶值，他們就可以用低廉許多的價格回購國內貨幣而大賺一筆。在固定匯率的情況下，這是一種常見的症狀：對於金融市場而言，就是一種「無論如何都是我贏」的情形。在拋售國內貨幣的過程中，投機人士當然會對貨幣造成貶值壓力，從而加速平價的崩解。他們的預期很容易會帶來自我實現的後果。

英國在兩次大戰之間那段時期（編按：以下簡稱「戰間期」）的命運，證明了像黃金本位制那種僵化的貨幣與金融規則並不適合現代經濟與現代政體。面對民主制度造就的政治新現實，黃金本位制訴求的那種運作平順而且自動調節的全球金融體系已不再令人信服。這是一項我們在一九九〇年代又會再度學到的教訓。

戰間期的保護主義

一九三〇年代期間，國內政治對貿易同樣具有強大的影響力。在那十年間，貿易上的國際合作嚴重失靈，國家各自為政的結果導致經濟大蕭條更加惡化。美國是一大罪魁禍首，在一九三〇年施行該國史上最高的關稅，開啟了保護主義的連鎖效應。惡名昭彰的《斯姆特—霍利關稅法案》（Smoot-Hawley Tariff Act）是對於物價下跌與經濟衰退的回應，目標是以保護性的關稅高牆為那些在國會裡握有發聲權的產業提供庇護。後來，這項法案成了國會滾木立法（log rolling，編按：指互投贊成票）與毀滅性保護主義的同義詞。歐洲各國也有類似的經濟理由促使它們訴諸貿易壁壘，因此美國的舉動成為它們付諸實行的藉口與導火線。就連英國也加入此一浪潮，對許多種類的進口商品課徵一〇%的關稅。[30]特別有害的現象則是愈來愈多的國家對進口商品實施數量限制（進口配額）；這種做法原本已廣泛受到廢止，而改採較為透明的進口稅。希特勒在一九三三年掌權之後，就策略性地運用貿易政策從東南歐的德國鄰國榨取最大利益。[31]保護主義的趨勢也擴散到開發中區域，諸如印度與拉丁美洲；當時的英國海軍已疲弱不振，又遭到其他事務纏身，因而無力在那些地區強制推行自由貿易。在一九二九至一九三七年間，世界貿易量掉了一半。[32]

導致這種保護主義反應的近因，就是後來稱為經濟大蕭條的那場經濟災難。隨著農民拖欠貸款、企業倒閉，失業率也達到史無前例的新高，保護國內廠商免於進口商品的競爭於是成為一股自然衝動，儘管不免因為所有國家同時採取這樣的措施而造成集體自我挫敗的後果。不過，造成保護主義的更深層因素則是政府在社會中扮演的角色出現了變化。一個具有政治影響力而且活躍的社會（這是工業化、民主化與第一次世界大戰共同造成的結果）面臨嚴峻的逆境，從而要求政府提供更多的經濟保護。當時的政府尚未提供廣泛的安全網與社會保險以降低國際競爭帶來的衝擊，並且為遭到貿易影響的工作人口提供緩衝。有些國家（例如法國與瑞士）因為繼續保持黃金本位制，故而沒有餘裕能夠刺激國內經濟，所以也就更傾向於樹立高貿易壁壘。[33]在先前那個健康的經濟狀況下對世界頗有助益的國際合作信念系統與習慣，遭到經濟情勢改變以及政府必須對之負責的利害關係人大幅增加這兩項因素的共同衝擊下，也就不免跟著瓦解。

世界經濟的成長已超越古典「自由」經濟制度，但是卻沒有其他可行的制度可供遵循。如同哈佛大學政治學家弗里頓（Jeffry Frieden）指出的：「古典秩序的支持者主張，如果要賦予國際經濟關係優先地位，就必須降低對社會改革、國族建構與國家權利主張的重視。」他們的論點一旦站不住腳，就再也攔不住各種狂潮。共產主義者把社會改革擺在全球經濟之前，將自己隔絕於世界市場之外。法西斯分子選擇國族建構，在歐洲與開發中國家掀起一波經濟民族主義的浪潮。[34]

要避免這種經濟與政治災難，未來的國際經濟秩序就必須在國際經濟與國內社會群體的要求之間取得比較好的平衡。而要設計出這樣的妥協，則必須對自由貿易如何造成社會緊張獲得更多瞭解。

3 爲什麼不是所有人都懂得自由貿易的理由？

自由貿易不是先天的自然秩序。只有在各項條件都恰好齊備，而且自由貿易背後的利益在政治面與智識面都取得上風，我們才有可能得到自由貿易——或是某種近似於自由貿易的東西。可是，為什麼會這樣呢？長期而言，自由貿易不是對我們所有人都有益嗎？如果自由貿易如此難以達成，是不是因為狹隘的自利心態，或是蒙昧無知，或者政治失靈，還是這些因素共同造成的後果？

我們很容易把自由貿易視同於經濟與政治進步，而把保護主義等同於落後與衰退。不過，這樣的想法也會造成誤導，正如我們在前一章看到的狀況。我們為何需要貿易的真正理由其實相當細膩，因此在極高的程度上取決於整體脈絡。我們必須瞭解的不只是自由貿易的經濟學，也必須懂得自由貿易對分配正義與社會規範造成的影響。

貿易有如科技進步

要從事這樣的探討，最合適的起點是一七〇一年，從一個名叫馬廷（Henry Martyn）的人士說起。馬廷是英國十八世紀初期的一位律師暨忠貞的輝格黨員，現在已幾乎徹底遭到世人遺忘。他遠遠超前自己的時代，提出了人類史上最佳的自由貿易論點，比亞當・斯密早七十五年，更比李嘉圖早了一百多年。[1]

馬廷認為支配經濟政策思維的重商主義者對於貿易的想法完全錯誤。當時的主流觀點認為英國除了原料之外，其他東西都不該進口，這樣製造業的利益才能由國內廠商獨享。東印度公司因為開始從印度進口棉織品而遭到大眾的強烈反對。馬廷的想法卻不一樣。他認為從印度進口加工品不會對英國造成損失，而是反倒有利。

馬廷想要糾正重商主義者，不過卻有個問題：他也有志於公職。他後來在一七一五年被任命為進出口總監：這個職位是因為重商主義者對貿易量的執迷而設立的，工作內容包括統計英國的輸入與輸出貿易。公開表述自由貿易的觀點將會危及他的政治野心，因為當時的保護主義態度確實占有如此強勢的地位。所以他在一七〇一年寫下《東印度貿易的思考》（*Considerations Upon the East-India Trade*）這本書名看似平淡無奇但內容其實深具煽動性的著作，不得不匿名為之。[2]在這本非凡的小書裡，馬廷率先提出了後來贊成自由貿易的經濟學家所採用的許多論點。最令人驚豔的是，他提出了自由貿易的「殺手論點」，而且說得擲地有聲，即便是當今的教科書也比不上。

馬廷的論點將國際貿易比擬為科技進步。他所舉的例子想必是那個時代的讀者相當熟悉的對象。以鋸木廠為例，他寫道。有了鋸木廠之後，原本需要三十個人才能夠做到的工作，現在只要兩個人就可以完成。我們如果拒絕使用鋸木廠，當然可以雇用三十個人，可是這樣豈不是比實際所需還多投注了二十八個人的人力，從而造成國家資源的浪費？或者，我們也可以舉河上的駁船為例。一艘駁船上的五個人所能夠載運的貨物，在陸地上可能必須動用一百人和一百匹馬。我們如果不利用那條河流，當然可以動用那麼多的人力與馬匹，可是這不也同樣是一種浪費嗎？馬廷認定他的讀者必然會認為放棄鋸木廠或駁船這類科技創新是一件愚蠢的事情。依據同樣的邏輯，馬廷於是提出了他的關鍵論點：在英國雇用勞工生產的紡織品，如果能夠在動用較少人力的情況下從印度取得，那麼不這麼做不也一樣是種浪費？[3]

我們可以在國內生產紡織品；我們也可以生產另一種商品，然後與印度交易換得同樣數量的紡織品。如果生產另一種商品所需的勞動力比生產紡織品所需的勞動力還少，那麼就等於是我們憑空獲得了一項更優秀的紡織品生產科技。我們絕不會拒絕國家享有鋸木廠、駁船，以及其他各種節省勞力的科技創新所帶來的效益，那麼拒絕從印度進口加工品不也是一樣愚蠢的行為？

馬廷為自由貿易提出的論點，精確捕捉了貿易功能的本質，而且相當具有說服力——誰能真心反對科技進步呢？每當我對學生提出這項論點，很快就會有人指出其中的一個問題。這項論點假設那些在國內不再受雇於生產紡織品的勞工必定找得到其他職業。然而，那些勞工如果因此失業，那麼節省勞動力帶來的效益就不再那麼明顯可見。不過，馬廷的類比對這項質疑免疫，至少在第一輪辯論當中是如此。科技進步同樣會取代勞工，因而可能導致過渡性失業。你如果支持科技進步，那麼一定也支持自由貿易！

馬廷的論點有一項缺失：其中雖然釐清了貿易為何對英國有益，卻未能說明貿易為何也應當對印度有益。如果印度的紡織品實際上需要比較多的勞工生產，因此成本高於進口的物品，那麼印度為什麼會想要把紡織品賣給英國來換取英國製造的物品？這個漏洞直到一八一七年才被填補起來，原因是李嘉圖在那一年提出英國與葡萄牙交易布料與葡萄酒的著名例子，就此確立了比較利益原則。印度生產商面對的環境條件不太可能會與英國一樣。和英國相較之下，印度生產商製造紡織品的生產力如果高於他們自己製造英國所生產的那些物品，那麼紡織品在印度的價格就會低於另外那些物品。如此一來，這兩個國家所購買的就都是在國外價格低廉但在國內價格昂貴的商品，且以馬廷提議的方式節省勞動力的使用。貿易對參與其中的各方都有利；貿易**不是**零和遊戲。

值得注意的是，就算印度生產這兩種商品的生產力都低於英國（也就是說印度生產這兩種商品的勞動成本都比較高），從事貿易仍然對雙方有益。印度生產紡織品的能力可能稍微優於其他商品。造就比較利益的因素是不同國家之間的**比較**成本，而不是絕對成本。

這是一項強而有力的論點，自由貿易的批評者在質疑這項論點之前也經常沒有先充分理解。如同薩繆爾森回應一名瞧不起社會科學的數學家所提出的質疑時說過，這項論點可能是經濟學當中唯一真實而又並非顯而易見的命題。「這項論點的邏輯真實性不需要在數學家面前闡述，」薩繆爾森表示：「至於其並非顯而易見，則可由數以千計才智出眾的重要人士見證，因為他們要不是無法自行領會這項原理，要不就是必須經過解說之後才信服。」[4] 在貿易方面，謬誤的推論經常取代明智的評論。在一段據稱是出自林肯之口的名言當中（實際上是後人捏造的），這位偉大的解放者指出：

> 我對關稅所知不多，但我知道這一點：每當我們從國外購買商品，我們得到商品，而外國人得到錢財。每當我們在國內購買商品，我們得到的不但有商品，還有錢財。[5]

當然，這正是馬廷（以及後來的亞當·斯密、李嘉圖與薩繆爾森）想要駁斥的重商主義謬論。消費一件商品的真正成本，是我們為了取得那件商品所必須運用的勞動力以及其他稀少資源，而不是為了方便交易而使用的金錢。

大眾對貿易抱持的懷疑態度

這類謬論通常惹得經濟學家對自由貿易的反對論點深感不耐，也對那些想要干預自由貿易的人士嗤之以鼻。蔑視反貿易論點相當容易，因為只要稍加檢視，就會發現這些論點根本毫無意義。不過，在一般大眾當中，對於貿易所抱持的懷疑態度非常普遍，因此不能輕易置之不理。一次又一次的民意調查都發現大多數民眾支持限制進口商品以「保護」本國的就業機會與經濟。美國在這方面絕對不算異數。舉例而言，一九九〇年代晚期的一項全球調查發現，貿易保護獲得壓倒性的支持：將近七〇%的受訪者都贊成限制進口。[6]

在任何一個國家裡，教育程度高的人士支持保護主義的程度通常低於其他人。然而在許多國家，貿易卻是連在這群人當中也不受歡迎。舉例而言，在美國教育程度最高的三分之一人口當中，反貿易態度也以二比一的人數優勢占有支配地位。[7]

有可能因為貿易擴展而遭遇所得損失的個人，自然不免傾向於保護立場。不過，經濟動機雖然有其影響力，卻只是貿易遭到普遍反對的其中一項原因而已。懷有強烈愛國心與社群意識的人（他們重視的社群也許是自己的鄰里、區域或者國家）也會排斥國際貿易，不論他們的職業以及教育程度為何。女性對貿易的支持度普遍低於男性，就算是在經濟地位與職業相當的情況下也不例外。價值觀、認同與情感依附都是重要影響因素。[8]將反貿易觀點歸因於赤裸裸的自利心態或是徹底的無知，未免太過簡化。

比起我們向來的假設，一般人會不會其實對於支持自由貿易的論據所帶有的複雜度擁有更高程度的直覺認知？實際上，馬廷與李嘉圖以及其他人所提出的論點雖然簡潔有力，其中呈現的卻不是完整的圖像。貿易的問題要是真有那麼簡單，身為貿易經濟學家豈不是無聊至極？好吧，貿易經濟學家的工作也許不像滾石合唱團主唱米克·傑格那麼多采多姿，但我可以向你保證，靠著研究國際經濟學謀生可不僅僅是一再重申比較利益的美妙那麼簡單。每一名進階的貿易研究者都會知道，貿易問題當中其實充滿許多奇特的轉折與意外。所謂自由貿易能夠提高社會整體福祉的主張，是必須滿足一長串前提要件才會得到的結果。有時候，貿易活動少一點可能會比多一點來得好。把貿易比擬為科技進步的說法可能有誤導之嫌，由此即可看出經濟學家與一般大眾在公共辯論當中為何會存在那麼大的鴻溝。

附帶前提的貿易支持論據

回想一下馬廷的論點：進口商品能夠節省資源的使用。在利用出口品換取進口品的情況下，只要生產前者所需的勞動力比生產後者來得少，那麼進口商品即是合理的行為。可是，我們實際上該怎麼計算生產不同商品所需投注的勞動力，該怎麼計算其他資源的花費，諸如資本、專業技術人員、土地等等？什麼才是適當的衡量標準？

馬廷與亞當．斯密等早期理論家聲稱只要看看實際上的生產成本或雇用人數就已足夠，這種說法未免太過簡單。個別消費者與生產者所面對的成本，跟國家整體角度的成本未必相同。[9]一項活動所使用的勞動力（以及其他資源）對社會造成的真正成本，不盡然等於雇主直接負擔的成本以及消費者支付的價格。且將前者稱為「社會」成本，後者稱為「私人」成本。舉例而言，生產過程如果對環境造成有害的影響，社會成本就會高於私人成本。不過，生產過程如果會產生有價值的知識，並且造成技術外溢至其他經濟部門，那麼社會成本就會低於私人成本。這些眾所熟悉的例子，就是經濟學家所謂的「負面外部性」與「正面外部性」，也正是對私人有利的生產活動以及對社會有利的生產活動之間的分別。

社會要是重視平等及其他社會考量，一樣也會造就這類分別。我們如果關注身在所得分配底層的人口（並且發現難以直接增加他們的所得），那麼雇用貧窮或弱勢勞工的社會成本就低於私人成本。想想前一章提到的南北戰爭前的美國。明顯可見，南方奴隸主為他們的出口農場支付的開銷，並未納入蓄奴這種社會與政治制度所造成的龐大社會成本。

用經濟學家的術語來說，國際交易當中使用的資源必須以其真正的**社會機會成本**衡量，而不只是當前主要的市場價格。只有在市場將所有社會成本內部化、分配考量可以擱在一旁，而其他社會與政治目標也都不重要的情況下，社會機會成本與市場價格才會互相一致，否則就不會如此。那些擔心馬廷忽略了失業問題的學生確實抓到某種重點。除了過渡性失業，還有其他各式各樣的問題，而這些問題造成的影響一旦受到充分評估，自由貿易可能就不再顯得那麼吸引人了。

此外，馬廷暗示我們對於科技總是會採取不干預的態度，也是一種錯誤的看法。有時候，某些科學與技術進展（例如某些種類的人體實驗與複製人）會因為違反我們內心深處的價值觀而受到封阻。在大多數國家，核子科技與遺傳工程等領域仍然受到嚴格限制。新式藥物在上市之前，也必須先通過嚴厲而漫長的核准過程。基因改造作物就算獲得容許，也必須遵守詳細的栽種限制。即便是在汽車、能源與電信等成熟產業當中，科技也都會受到嚴格規範，也許是為了健康、安全與環境衝擊等原因，或是為了確保民眾能夠普遍享用這些科技。舉例而言，廢氣排放、安全帶與安全氣囊等方面的法律要求，即是促成汽車產業技術變革的一項關鍵力量。

另一方面，我們補助許多形式的研發活動，原因是我們認為這些活動能夠對整體經濟帶來正面的知識外溢。政府透過發放專利准許暫時性的獨占，藉此鼓勵創新。政府資助大學與研究機構，也刻意採取行動來影響科技進展的方向，例如對綠色科技提供比較多的獎勵。科技絕非全然的自由競爭。[10]

馬廷與後來那些和他理念相同的學者所採用的類比確實頗具說服力：自由貿易實際上就像是技術進步。不過，可別被這種修辭話術給騙了。我們會強力干預科技變革這項事實，應當能夠讓我們從中學到一些教訓。經濟學的重點如果只是利潤最大化，那可就成了企業管理的同義詞。

經濟學是一門社會科學，而社會除了市場價格之外，還有其他計算成本的方法。

不過，這點對於貿易政策究竟具有什麼意義？我們該採用哪些規則，又該怎麼避免自己落入毫無節制的保護主義當中，像工業革命期間那些盧德（Ned Ludd）的支持者一樣，激烈反對新式紡織科技的散播並且毀壞機械紡織機？要回答這些問題，我們必須更深入理解貿易帶來的社會後果。

貿易與所得分配

大學生不是從馬廷、亞當．斯密或甚至李嘉圖那裡學到貿易的利益，而是從每一本經濟學入門教科書當中都看得到的一張圖表。教授畫出幾條需求與供給的曲線，指出價格在課徵關稅與沒有課徵關稅的情況下會落在何處，然後向學生提問：取消關稅可以讓經濟獲得多少利益？他會仔細標示出代表社會不同群體所得增加與損失的區域：A區代表本國競爭生產商遭受的損失，B區代表本國消費者獲得的利益，C區代表政府損失的關稅收入。經濟在最後會得到多少「淨」利益呢？他問道，然後對以上這些區域進行加減，於是——看哪！剩下的是兩個三角形，代表貿易為經濟帶來的利益，也可以說是關稅的「無謂損失」。這就是為什麼關稅不是一件好事，由此可以看到我們取消關稅能夠得到多少利益。

這是一項相當簡易的示範，我也必須承認自己同樣會從這樣的解說當中感到一定程度的樂趣，那是一種帶領初學者入門的喜悅。沒有必要在這個時候增加學生的困惑，指出我們用來計算「淨」利益的供給與需求曲線並不必然是適當的曲線。需求與供給曲線分別代表那個特定市場中的個別消費者與生產者的「支付意願」與「邊際成本」。私人估價與社會估價一旦出現分歧，這兩種曲線都不足以讓我們知道社會願意支付多少代價或是產生了多少成本。不過，即便不添加後續的複雜解說，黑板上的這幅示範圖表也還是明白呈現出兩項重點。

第一，所得重分配是貿易利益的另一面。貿易如果造成某些活動的縮減以及其他活動的擴張（如果要獲致貿易帶來的完整利益就必須如此），那麼經濟命運和那些縮減部門綁在一起的群體就必然會遭受打擊。這種損失並非過渡性的。我如果擁有產製服裝的專門技能，那麼就算我沒有落入失業的下場並且有找到其他領域的工作，我的收入也還是會因此永久下滑。根據估計，這樣的所得損失在美國介於職業易位前收入的八％至二五％之間。[11]任何短期調整成本（諸如過渡性失業或是收入滑落至長期水準之下），都會在這些損失之上添加額外損失。

這就是貿易的公共辯論當中常見的一項誤解。自由貿易擁護者通常會承認有些人可能會遭遇短期的損失，但他們仍然會繼續主張所有人（或者至少是大多數人）長期下來會過得更好。實際上，經濟學當中沒有任何東西能夠保證這一點，而且還有許多研究顯示實際情形並非如此。斯托爾珀（Wolfgang Stolper）與薩繆爾森的一項著名研究結果指出，有些群體必然會因為自由貿易而遭受長期的所得損失。[12]在像美國這樣的富裕國家裡，這樣的群體可能是非技術性勞工，例如高中輟學生。[13]這種現象使得整個「貿易利益」的概念令人感到懷疑，因為在有些人獲得利益而有些人遭遇損失的情況下，實在看不出我們如何能夠認定國家整體會過得比較好。

此外，這種長期的分配效應不僅存在於教科書的簡化闡述當中。貿易經濟學家的工具箱涵蓋了許許多多複雜而高深的貿易模型，其中大多數都會因為貿易而產生激烈的分配衝突。[14]這些模型全都帶有一項基本的直覺概念：由於經濟結構轉型會帶來效率提升，擁有比較利益的部門將會因此擴張，其他部門則是因此縮減，所以重分配通常是貿易利益必然的副作用。自由貿易的擁護者如果聲稱貿易帶有龐大效益，而且只會造成輕微的分配衝擊，那麼他們要不是不瞭解貿易的真正運作方式，就是必須扭曲各種事實才能讓自己的論點有起碼的前後一致性。現實狀況其實簡單得多：沒有痛苦，就沒有收穫。

經濟學課堂上的簡化闡述所帶有的第二項含意較為細膩，教授大概也不會提出這一點。不過，比較細心的學生必定會注意到貿易帶來的利益和所得重分配相較之下顯得頗為貧乏。取消了關稅之後，不只是有些人獲利、有些人受損這麼簡單；重分配的規模也淹沒了「淨」利益。這是貿易政策在現實情境中經常會帶來的典型後果。

為了明白闡釋這一點，我曾根據經濟學家在支持自由貿易的論據當中所採用的標準假設，將重分配與效率利益的比率加以量化。[15]我得到的數字非常大，實際上大到我忍不住重算了幾次，確認我沒有算錯。舉例而言，一個像美國這樣平均關稅低於五%的經濟體，若是轉為完全自由貿易，那麼只要每創造一美元的效率或是「淨」利益，就會在不同群體當中造成超過五十美元的所得重分配效果！[16]請把上一句話再讀一遍，以免你看得太快，沒有意識到這樣的效果有多大：我們說的是每一美元的總合利益就會造成五十美元左右的重分配。這就像是我們給亞當五十一美元，卻導致大衛少了五十美元。

重分配與效率利益的比率之所以這麼高，原因是在當今的經濟體系中，關稅原本就已經非常低。關稅如果高達四〇%，那麼這項比率就會在六左右。[17]不過，即便是在這第二個例子裡，從大衛轉移至亞當的所得重分配也已算是非常巨大。在其他的政策領域中，我們實在不太可能會忍受如此大量的重分配，不然至少也會設法確保這樣的重分配過程合乎我們對於分配正義所抱持的觀念。

面對這樣的狀況，我們大多數人都會想要知道更多資訊。大衛與亞當究竟是誰？他們做了什麼而促成這項改變？大衛比亞當富有還是貧窮，差距又有多大？自由貿易的措施會對他們和他們的家人造成什麼影響？大衛能不能獲得安全網以及其他政府轉職方案所提供的補償？這些問題的答案會讓某些案例變得相當簡單。大衛如果是個懶惰的有錢人，或是帶有其他可憎的特質，而且對於導致自己損失的那項不良決策必須負起完全責任，那麼我們可能就會贊同這樣的改變。不過，要是以上這些條件都不成立，而且亞當又做了許多人會認為不道德的行為呢？

我們考慮貿易造成的大規模分配改變之時，也必須問同樣這些問題。有兩個問題尤其重要。相較於可能缺乏安全網保護的低收入或其他弱勢族群所可能遭遇的損失，貿易帶來的利益是否太小？此外，貿易是否涉及違反本國社會常規或社會契約的行為，例如貿易對象雇用童工、壓抑勞動權，或者採取有害環境的作為？這兩個問題的答案如果都是肯定的，那麼貿易的正當性就有問題，而且這樣的質疑絕對是恰當的。社會必須針對正確的行動方案進行公共辯論，這樣的辯論有時候會造成對貿易採取更多干預，而非更少的干預。

考量我們如何評估帶有重大分配效果的社會改變，可讓我們進一步洞悉為什麼以技術進步做為比擬並不能夠為自由貿易提供一項無懈可擊的支持論點。在科技方面，我們經常假設新科技是由創新者與企業在依循一套共同規則的情況下所造就的成果。如果X公司搶先Y公司開發出一件新產品或是新製程，那麼原因必定是X公司在研發上做了比較多的投資，採用了比較好的商業策略，或者純粹是比較幸運，而不是因為Y公司承擔了另一套成本較高的規則。這種假定促成我們支持科技進展的偏見，原因是這種假定減低甚至徹底消除了遊戲規則可能對輸家不利的擔憂。

自由貿易不一樣。外國的企業之所以具有競爭優勢，不只是因為那些企業的生產力較高或者擁有比較大量的勞動力（因此價格比較低廉），也可能是因為那些企業阻止員工從事集體協商，遵循的健康與安全標準比較低，或者受到政府的補助。這是不同國家的制度差異在國際貿易當中造成摩擦以及引來反對的另一個重要原因。

另外還有一項差別是，新科技的負面效應會隨著時間而對不同群體造成衝擊，所以我們可以合理主張科技進步就算不是對所有人都有利，至少長期下來也是對大多數人有利。蠟燭工匠因為電燈泡的發明而失業，馬車工匠因為汽車產業的興起而失業。不過，這兩者都可從另外那一項創新獲益。把各種創新全部匯集起來，長期累積，那麼就很有可能大家都會過得比較好。相對之下，貿易經常是對同一群人不斷造成影響。你如果缺乏技術，教育程度低落，而且移動力不強，那麼國際貿易對你而言大概一輩子都會是壞消息。在這種例子裡，我們很難主張其中的利益與損失長期下來將會彼此相抵。

最後，低度貿易壁壘也會帶來另一個問題。科技變革就算造成重分配的效果，也不會有自我限制的情形。自從工業革命以來，科技就一直是人類經濟進步的源頭，我們也沒有理由懷疑未來不會是如此。相對之下，消除貿易限制帶來的利益卻會隨著貿易愈來愈自由而陷入報酬遞減，結果則是分配效應開始愈來愈無法忽視。近來大多數的估計都認為，全球如果達成自由貿易，美國獲得的「整體」利益將會是美國國內生產毛額的百分之零點幾。[18]有些出口部門獲得的利益無疑會高出許多，但其他部門遭受的損失也會一樣大。經濟愈開放，重分配與效率的比率就會愈糟糕。在關稅五％與五〇％這兩種情況下，貿易自由化的政治與社會成本效益比率非常不同。由於貿易經濟的先天因素，邁向自由貿易的最後幾步將會特別困難，原因是這麼做會造成許多混亂失調，但帶來的整體利益卻極小。技術進步沒有這種自我耗竭的現象。

因此，經濟學家的三角形與技術進步的類比可以用來開啟對話，卻不是最後的結論。正義與程序公平的考量雖然會導致貿易帶來利益的簡單論點（簡化論點？）變得更為複雜，卻可幫助我們瞭解貿易為何經常深具爭議性。抗拒自由貿易不僅是狹隘自利或無知的表現——至少不必然是如此。

重要的是，這種比較開闊的觀點也有助於我們分辨抗拒自由貿易的行為：哪些是純粹的保護主義，哪些是正當而且理由充分的反對。反對自由貿易的正當論點，對於前述兩項障礙必須至少克服一項：相較於分配「成本」，貿易更加自由所帶來的經濟利益必須相當小；此外，貿易也必須涉及違反國內主流常規以及社會契約的作為。重分配如果帶來大量的淨利益，而且不違反眾所接受的經商方式，可能就沒有關係；不過，重分配如果通不過這些考驗，就會遭到更嚴格的檢視。別忘記這些原則，因為我們將會利用這些原則做為改革全球經濟體系的基礎。

經濟學家不會告訴你的事

我希望有新聞記者能夠進行以下這項有趣的實驗。假設這位記者打電話給一位經濟學家，表明自己的身分，然後詢問對方認為和X國或Y國從事自由貿易是不是一個好主意。我們大概可以猜到這位記者會得到什麼樣的答覆。「的確，自由貿易是絕佳的主意，」那位經濟學家一定會立刻這樣回答，也許還會接著說：「反對自由貿易的人如果不是不懂比較利益原則，就是代表特定遊說團體（例如工會）的自私利益。」

接下來，假設這名記者穿上皺巴巴的休閒服，打扮像是一般的研究生，然後走進國內任何一家頂尖大學的進階國際貿易理論研討課，向教授提出同樣的問題：自由貿易好不好？我猜想這次這個問題就不會得到那麼快速而簡略的回答了。實際上，研討課裡的教授很可能會對這個問題感到困惑。「你說『好』是什麼意思？」她可能會這麼問：「對什麼人好？」這名記者／學生如果顯得一臉茫然，她就會接著說：「我們在這堂課的後續會看到，在大多數的模型裡，自由貿易會讓某些群體獲利，但也有些群體會受害。」這句話如果帶來失望的眼光，她就會進一步解釋：「不過，在特定狀況下，並且假設我們能夠對受益者課稅而補償受害者，那麼貿易更加自由就有**潛力**能夠提高所有人的福祉。」

這時候，那位經濟學教授已經愈說愈起勁。她接著說：「請注意，我提到『在特定狀況下』。要求你們列出這些狀況會是一道很好的考試題目，所以請注意聽我列舉這些狀況。」除非你人生的夢想是成為經濟學博士，否則你大概不會從她接下來的講述獲得任何樂趣（或是任何啟發）。不過，我必須完整闡述那位經濟學教授的回答，所以我就以非常小的字體呈現。她提出的先決條件大概會是這樣：

進口自由化必須要完全，要涵蓋所有財貨與貿易夥伴，否則減少進口限制就必須考慮到受限商品之間的可替代性與可互補性這種可能相當複雜的結構。（所以，和一個或是少數幾個貿易夥伴達成的優惠性貿易協定不太可能滿足這項條件。）除了貿易限制之外，個體經濟市場一定要完全，或者如果不太完全，那麼其中的次佳互動絕對不能太有害。本國經濟在世界市場當中必須要「小」，否則自由化就絕對不能讓本國經濟陷入「最適關稅」的錯誤端。本國經濟必須處於合理的充分就業狀態，如果不是，貨幣當局和財政當局就必須擁有有效的需求管理工具。自由化的所得重分配效果不能被整體社會視為負面現象，而如果是的話，就必須要有補償性的租稅移轉方案，而且超額負擔要夠低。財政平衡絕對不能遭到負面影響，如果有的話，必須要有其他權宜方式彌補損失的財政收入。自由化必須在政治上能夠長期持續，從而具有可靠性，這樣經濟行為者才不會擔憂或預期政策翻轉。

這時候，那位教授已顯得洋洋得意，因為她讓學生見識到了兩點：一、即便是看似簡單的經濟問題，實際上也可能極為複雜；二、經濟科學能夠為答案提供解釋。

那名記者／研究生對於以上這一切大概聽不懂多少，不過至少他獲得了答案。「所以，只要滿足這些條件，我們就可以確定更加自由的貿易將會改善我們的經濟表現並提高經濟成長率嗎？」他也許會滿懷希望地問道。「不是！」教授會這麼回答：「有誰提到成長嗎？剛剛這些只是造成總合實質所得水準提高的必要條件而已。要對成長提出確切的預測可是困難許多。」她可能會露出一道自鳴得意的微笑，接著提出以下的解釋：

在我們的標準模型（具有外生的科技變革與報酬遞減的可複製生產要素，例如新古典成長模型）當中，貿易限制對於產出的長期（穩定狀態）成長率沒有影響。不論市場是否完全，這點都一樣成立。不過，在過渡至穩定狀態的過程中，可能會有成長效應。（這些過渡效應可能是正面效應，也可能是負面效應，端看長期產出水準如何受到貿易限制的影響。）在內生成長模型（來自於報酬不遞減的可複製生產要素，或是邊做邊學與其他形式的內生科技變革）當中，我們假定降低貿易限制會推升整體世界經濟的產出成長。不過，一小群國家可能會因其初始要素稟賦與科技發展水準而遭遇成長縮減的情形。這一切都取決於比較利益的力量究竟是將資源拉進還是抽離造就成長的部門與活動。

教授看到學生臉上的表情，可能會熱心地加上一句：「如果想要瞭解這一切，你一定要在學生諮詢時間過來找我。」

你不必閱讀以上的那些小字，但你如果推想研討課裡的答案和電話上的答案非常不一樣，那麼你確實沒錯。電話上的答案毫無附帶條件地直接宣稱貿易具有毋庸置疑的效益，但在研討課上卻轉變為一段充滿各種如果與但是的陳述。然而，教授滿懷自豪地欣然傳授給那些進階學生的知識，不曉得為什麼卻被認為對一般大眾而言太過危險。研討課上的那些條件刻意遭到遺忘，以免對大眾造成「誤導」。

這種落差向來令我深感困惑。在我自己的研究生涯中，我從來不曾——好吧，應該說幾乎從來不曾——覺得受到審查或遭到施壓而必須支持特定立場。學術界的經濟學家以與眾不同的思考及創新而受到獎勵。那樣的思考包括辨識市場失靈的不同方式，以及打造新論述說明政府對於經濟的干預如何能夠改善狀況。[19]然而，除非你本身是拿到博士學位的經濟學者，否則你不太可能體驗過這種豐富與多元的論述。在公開場合上，經濟學家絕對都會以同樣的陳腔濫調讚揚自由貿易。

一旦有人針對經濟學家在研討課上的教導內容與對外宣揚的言論之間的落差提出質疑，他們會用幾項簡略的論點為自己辯護。以下是這些論點的一份頗為完整的清單：

一、實務上，自由貿易長期下來會讓大多數人過得更好，就像科技進展一樣。

二、就算貿易造成問題，處理這些問題的最佳方式也是透過其他政策，而不是貿易限制。

三、就算有些人遭受損失，我們應該還是有可能補償他們，而終究讓所有人都獲利。

四、支持自由貿易的論據不僅限於經濟學：這是一項道德論點，我們有選擇和什麼人做生意的自由。

五、反貿易觀點已經夠普遍了；我們的工作是提出另一面的觀點。

六、針對自由貿易的警示會被保護主義者狹持，被他們拿來追求自己的目的。

七、此外，那些精細的論述只會把一般人搞得頭昏腦脹。

然而，這些論點所受到的思考，都遠遠比不上經濟學家論證貿易標準原理的那種嚴謹程度。這些論點都不怎麼具有說服力。

范德堡大學經濟學家德里斯吉爾（Robert Driskill）在一篇題為〈解構支持自由貿易的論點〉（Deconstructing the Argument for Free Trade）的絕佳論文裡，針對這些缺陷嚴厲批評了經濟學界。他從主流教科書與熱門論文當中舉出許多例子，說明那些經濟學家都僅在結論中油腔滑調地指稱自由貿易「對國家有益」，卻沒有充分探討這麼一項陳述所必須面對的道德與哲學難題。如同他語帶挖苦指出的，這些著作顯示經濟學家「已然解決了這個問題：即便在社會部分成員受到某件事物傷害的情況下，他們仍然能夠知道那件事物對社會有益」。[20]「這門行業已不再對這個問題進行審慎思考，」他寫道：「因此只能提出品質低劣的論述辯護他們的共識。」經濟學家針對貿易利益所寫的大部分著作都沒有「平衡考慮各項證據，也沒有審慎評估優缺點」，反倒比較像是「狂熱原告的大聲疾呼」。這類著作的目標在於說服，而不是提供資訊讓讀者形成有根據的判斷。[21]

德里斯吉爾主張，經濟學家的工作應該是呈現出問題中的權衡取捨，而不是把自己的價值判斷偽裝成科學研究的結論。

為什麼一談起現實世界的貿易政策，經濟學家善於分析的頭腦就變成了一團漿糊？部分原因在於經濟學將比較利益奉為圭臬。放棄比較利益的觀念，對他們而言是一件極度痛苦的事情。另外一部分的原因，則可歸結為我所謂的「門口的野蠻人」症候群。經濟學家擔心他們只要對自由貿易的效益公開表達任何疑慮，就會遭到「野蠻人」的利用，因為那些人根本不在乎細緻思辨的觀點，而只是一心想要倡導他們的**管制**思想。此外，還有一部分的原因無疑與意識形態有關。儘管有許多經濟學家都不認為自己的政治立場屬於保守派，他們的觀點通常仍與自由市場熱中人士一致，而不是偏向於干預主義者。

經濟學家在自由貿易上展現的意見一致性，並不適用於經濟政策的其他領域。一旦談到國內政策的其他重要領域，諸如衛生、教育或賦稅，經濟學家的意見就充滿分歧。不過，在全球化方面，我們可是直到近期才有可能在頂尖大學裡好不容易找到一個不會提出那種樣板回答的學者。當初德里斯吉爾以那篇論文向專業期刊投稿，就一再遭到退稿。那些期刊的編輯認為德里斯吉爾的論點沒有為經濟文獻或者經濟研究添加多少重要的內容。他們這麼想當然沒錯。他指控支持貿易的論據含糊不清（我也這麼認為），而這種論點在專業經濟學界裡本就眾所周知。問題是經濟學家將這點當成國家機密般嚴密保守，並且把對外披露此一問題的學者視為叛徒。

經濟學家以不完整的論據過度吹噓全球化的好處，不但錯失了教育大眾的機會，也因此喪失了可信度。他們因此被視為那些一心只想要為自己的國際經營活動掃除障礙的「無國家菁英」的擁護者或打手。如果經濟學不是一門這麼有用的學問，那麼這種現象其實也沒什麼關係。問題是，若能秉持常理加以運用，經濟學大可幫助我們因應我們在全球化當中經歷的種種缺點。而且，只要適當使用，經濟分析即可指出矯正問題的正確方向。在國家與市場之間設計出更好的平衡，也就是比較好的全球化，並不表示我們必須揚棄傳統的經濟學，反倒需要我們對其投以更多的注意。我們需要的經濟學是「研討課」那種複雜多元的經濟學，而不是「經驗法則」的那種經濟學。這種經濟學認知到自己的局限與各種先決條件，也知道正確的訊息因環境背景而異。微小的細節**正是**經濟學家必須貢獻的東西。我希望讀者看完本書之後，能夠同意這麼一種經濟學確實有可能存在，而且也會改善對經濟學的印象（就算對經濟學家的印象無法扭轉也沒有關係）。

4 布列頓森林、關貿總協與世貿組織：政治化世界裡的貿易

貿易政策深具政治爭議性，原因是貿易政策會造成重大的國內分配後果，也會造成不同國家之間在價值觀與制度上的衝突。貿易政策如果能夠與國家政治隔絕，僅由技術官僚主導（這是自由貿易經濟學家的夢想），那麼這一切就不會有什麼關係。然而，我們生活於其中的這個世界卻從來不是那樣；而且在近期的未來也不太可能出現那樣的世界。如同我們先前看過的，在重商主義之下，貿易政策與治國權術乃是一體。即便在經濟自由主義於十九世紀期間達到高峰之際，貿易政策與政治的隔絕仍然有限，而且農產品價格一旦下跌，保護主義就隨即再度現身。貿易政策的政治化在兩次大戰之間的時期又進一步升高。政府無力回應國內企業、勞工與農民在開放經濟

當中的不滿，也是導致經濟大蕭條的原因之一。

第二次世界大戰接近尾聲之際，凱因斯與懷特（Harry Dexter White）正在設法實現一件辦不到的事情。在這個國內政治擁有至高無上地位的世界，要怎麼恢復開放全球經濟？英國的凱因斯早已打響名號，不但是他那個世代的卓越經濟學家，也因為對當代政治與政治人物提出尖銳評論而著稱。懷特則是備受敬重的美國財政部官員，後來被人發現曾在第二次世界大戰戰前與戰爭期間向蘇聯提供美國機密資訊。他們兩人都決心避免再犯戰間期的錯誤。反思了美國的經濟優勢之後，懷特尤其滿心想要把世界經濟從戰間期所實施並且在戰時進一步強化的那種廣泛限制與控制當中解脫出來。不過，這兩位傑出人士也非常務實，深知國際貿易（還有國際貨幣，這點會在下一章談到）的規則必須改變。純粹呼籲經濟開放而期待國內政治跟著調整的做法，已經行不通了——話說回來，這種做法曾經有過行得通的時候嗎？

凱因斯在經濟大蕭條於一九三三年臻於高峰之際寫下一部非凡的著作，描述他對自由貿易改變心意，而開始偏好一定程度的「國家自足」。凱因斯寫道，他和大多數的英國人一樣，對於自由貿易的信條懷有近乎道德性的情感。「我認為偏離〔自由貿易〕的一般做法不但愚蠢，而且令人憤慨。」然而，他回顧自己在一九二〇年代對於自由貿易的倡導，卻已感受不到與當初相同的自信。他的態度已經改變。現在，他和一九三〇年代的許多作者一樣，看待貿易的觀點也帶有比較多的懷疑。無條件支持自由貿易的做法，只有在社會受到一小群信奉同一種資本主義的技術官僚所支配的情況下才行得通。在當今這個各國紛紛實驗各種不同政治經濟願景的世界裡，無條件支持自由貿易已不再可行，甚至也不再令人嚮往。[1]

歷史經驗顯示，國內需求一旦與全球經濟的要求出現衝突，終究會由國內需求勝出。凱因斯與懷特理解到，寧可接受此一現實而在系統中設置安全閥，也不要漠視這種情形而冒上徹底崩潰的風險。

布列頓森林模式

他們建構的系統後來稱為布列頓森林體制。此一名稱取自新罕布夏州的一座度假城鎮，凱因斯、懷特以及來自四十四個國家的其他官員在一九四四年七月齊聚於這裡，在一場會議上擬定了新規則。布列頓森林協定是一項驚人的制度建構成就。在三週左右的時間裡，凱因斯與懷特為世界經濟提供了一套新的經濟理念，並且創造了兩個新的國際組織：國際貨幣基金與世界銀行。簽署於布列頓森林的協定在第二次世界大戰結束後的頭三十年間主導了世界經濟。在這項體制於一九七〇及八〇年代瓦解之後許久，「布列頓森林」一詞仍然令人緬懷那種在全球層次進行集體商議的可能性。

凱因斯與懷特的動機不僅是來自於純粹的世界主義考量；他們兩人都懷有強烈的國內政治

動機。凱因斯深知英國的經濟衰退以及對美國的依賴，因此竭盡全力在那些限制當中增進英國的利益。懷特則是致力促進美國的商務與投資，也在新成立的國際組織裡努力強化美國的勢力。懷特單方面決定了主要大國（美、英、蘇、中）的表決權比例，並指派一名經濟研究員利用一夜的時間擬定出能夠為這些比例提供正當理由的經濟公式。[2]不過，在布列頓森林簽署的協定卻超越了狹隘的國家利益，達到的成果也不僅限於支撐美國的經濟霸權。

這套新體制由一項微妙的妥協所驅動：一方面容許足夠的國際規範與朝向貿易自由化的進展，以確保世界商務充滿活力；但也讓政府擁有相當的空間以便因應國內的社會與經濟需求。[3]國際經濟政策必須迎合國內政治目標——充分就業、經濟成長、公正平等、社會保險以及福利國家——而不是讓國內政治目標迎合國際經濟政策。這套體制追求的目標是穩健的全球化，而不是超全球化。

美國對戰後國際經濟體系最值得注意的貢獻是**多邊主義**：透過國際組織訂立規則，奠基於無差別待遇的基石原則上。這點在一定程度上反映了美國對於法治的偏好勝於特例關係，也是新政下的管制型國家以及小羅斯福為了對抗國內孤立主義者而亟欲將美國及其利益與國際組織綁在一起的渴望向外投射的結果。[4]同樣重要的是，懷特推展多邊主義與無差別待遇的做法乃是以英國與殖民地之間的優惠措施為打擊目標，原因是那些優惠措施阻礙了美國的商業擴張。可想而知，凱因斯對於廢止那些優惠措施極力反抗，但美國終究占了上風。

多邊主義意味著，規則的執行與信念系統從此以後將透過國際機構（國際貨幣基金、世界銀行與關稅及貿易總協定）運作，而不是透過赤裸裸的權力政治或者帝國統治。這是一項非常重要的創新。美國的影響力雖然無可否認，多邊主義卻為這些機構賦予了一定程度的正當性，讓它們得以獨立於支持它們成立的美國勢力之外。這些機構從來不曾真正擺脫美國或其他經濟強權的影響而達成完全自主，但也不僅僅是這些強權的延伸。它們在規則制定、規則執行與合法化方面扮演重要角色。多邊主義讓比較小也比較貧窮的國家得以發聲，並且以前所未有的方式保護了那些國家的利益。因此，不同於先前的英國，美國為國際經濟打造出一套制度性的基礎設施，在美國喪失無可匹敵的霸權之後仍然存續了下來。

在布列頓森林會議之後的五十年間，多邊主義在貿易層面的制度體現乃是關貿總協。關貿總協原本僅是國際貿易組織（International Trade Organization）這個志向更遠大的組織的一部分。當初提議成立的國際貿易組織包括商品價格穩定、國際反托拉斯與公平勞動標準等協定，但卻遭到美國國內政治的阻礙。美國國會擔心這個組織會對國內特權造成太多侵犯。儘管關貿總協不是像國際貨幣基金或世界銀行那樣正式成立的完善組織，而是由位於日內瓦的一個小小的祕書處所管理。這種設計使其得以成為督導全球貿易自由化的實質多邊論壇。

結果看看關貿總協有多麼成功！儘管一開始起步頗為緩慢，一連串的多邊貿易談判（在一九四七至一九九五年間總共舉行了八個回合）卻將一九三〇年代以來存在的進口限制消除了一大部分，也促使關稅從戰後的高點大幅降低。[5]最惠國待遇原則確保關貿總協的所有簽署國都能夠受益於這樣的限制鬆綁，不論它們在談判當中是否積極參與。當然，國內貿易政治仍然充滿爭議，但在國家政治當中不占有太高的重要性。由數字最能看出這段時期的發展。在一九四八至一九九〇年間，世界貿易量以平均將近七%的年增率持續成長，遠比以前快上許多。不論富國還是窮國，貨品產出的增加速率也達到前所未有的程度——這點不但是貿易迅速增長的原因，同時也是其所造成的結果。就經濟進展的廣度與深度而言，布列頓森林體制超越了先前歷史上的任何時期，包括黃金本位時代以及十九世紀的自由貿易時代。如果說全球化曾經有過黃金時代，那麼就是這段時期。

不過，有一點卻是相當古怪：關貿總協的政策其實沒有那麼直接以全球化為追求目標。如同我們先前談過的，全球化需要大幅降低跨國貿易與金融的交易成本。這種現象確實出現於部分領域當中。在若干重要的限制之內（參見後述），工業國家之間大多數產品的貿易確實愈來愈趨大幅自由化。運輸成本也持續下降。儘管如此，決策人士卻明顯缺乏在布列頓森林體制之下追求自由化的雄心。世界貿易仍有眾多部分完全處於多邊協定之外，或是受到既有協定當中的寬厚例外條款所保護。關貿總協的目標是在某些領域追求更自由的貿易，但不是在所有領域達成自由貿易。

驅使全球化發展的力量反倒是布列頓森林妥協所協助促成的經濟成長、平等、安全與穩定。廣泛成長促進了全球化，原因是這種成長有助於減緩貿易帶來的分配衝擊。迅速增長的經濟機會浪潮一旦擡升了所有船隻，經濟波浪的翻騰就不會那麼受人注意。因此，國家政策之所以促進全球化，主要是廣泛共享的經濟成長連同若干低度開放所帶來的副產品。布列頓森林時代的成功，顯示健全的國家經濟能夠促成繁榮的世界經濟，即便有貿易管制也一樣。[6]

想想那一長串幾乎沒有被自由化觸及的領域。農業被排除在關貿總協的談判之外，仍然充滿了關稅與非關稅壁壘——最惡名昭彰的是可變進口配額，目的在於把國內價格保持在遠高於出口國家的水準。大部分類型的服務業（保險、銀行、營造、公用事業等等）也都逃過自由化。製造部門在自由化之後，即開始面臨成本較低或產量較高的出口國所帶來的重大競爭威脅，但它們很快就獲得保護，而不必面對必然的命運。因此，已開發國家的紡織業與服飾業從一九七四年以來便受到《多種纖維協定》（Multi-Fibre Arrangement）的保護，這是一套經由雙邊談判而對開發中國家出口量設定的配額。一九八〇年代出現愈來愈多自願出口限制——汽車、鋼鐵，以及其他部分工業產品的出口商（以日本廠商居多）採用這種措施將出口量保持在特定限額內。

另一方面，開發中國家可以自由決定自己的貿易政策。它們在關貿總協的談判中通常不需要提供關稅「讓步」，卻又能夠在《多種纖維協定》的規則下獲益於其他國家的關稅減讓。關貿總協也有不少條款能夠讓它們施行幾乎是永久的進口限制。

即便對工業國家，那些規則當中也有大得驚人的漏洞。任何一家企業只要雇用了優秀的法律事務所，即可透過關貿總協的反傾銷條款或保障條款為自己買得保護。從自由貿易的觀點來看，反傾銷措施尤其令人嫌惡。進口國只要認定出口商的商品價格「低於正常價值」而對國內的競爭產業造成「傷害」，即可對其課稅。國內主管機關能夠輕易操控「低於正常價值」的概念，就算受到指控的行為其實是正常商業慣例（例如在景氣谷底或是廠商無力獨占國內市場的情況下以低於總成本的價格出售商品），也一樣可以課以懲罰性關稅。可想而知，這些規則都廣泛受到國內廠商濫用，以便獲取自己專屬的保護。

最後一點，關貿總協的強制執行力根本是個笑話。一國的政府一旦認為另一個國家違反規則，即可要求關貿總協的仲裁小組進行仲裁。仲裁小組如果裁定原告勝訴，所提出的報告也獲得關貿總協成員國認可，違規者就必須更改政策，否則原告即可獲取補償。問題是，仲裁小組的報告必須獲得全體一致認可。關貿總協的每一個成員都必須贊同該份報告，包括被控違反規定的那個國家在內。陪審團的成員如果包括被告在內，那麼可以想見這個陪審團大概不會做出有罪判決。

因此，世界貿易有一大部分並沒有受到關貿總協的規定所涵蓋；那些規定其實也相當薄弱，而且根本無法強制執行。這些特性使得此一機構帶有明顯缺陷——從自由貿易的觀點來看，在一九九五年取而代之的世界貿易組織也就因此顯得更加吸引人。不過，如果因為關貿總協遠遠達不到自由貿易的要求而加以指責，那麼這種評判觀點並不正確。關貿總協的目標也許不在於「把國家之間的經濟壁壘降到最低」——凱因斯在戰間期曾對此一目標表達若干認同。不過，這個機構的設計重點無疑是要讓每個貿易國擁有追求自身社會與經濟目標的空間，不必受到太多的外在約束所拖累，但仍然限縮在一個鬆散的國際合作架構當中。貿易一旦對國內分配協議造成威脅，貿易就會讓步。布列頓森林時代的著名分析師拉吉（John Ruggie）把這種機制稱為「鑲嵌式自由主義的妥協」。「不同於三〇年代的經濟民族主義，」拉吉寫道，這項體制「具有多邊性質；而且不同於黃金本位與自由貿易，其多邊主義乃是基於國內干預主義」。[7]

這些貿易規則提供了相當程度的迴旋空間，因此先進國家即可根據企業治理、勞動市場、稅制、政商關係與福利國家措施的不同做法而打造量身訂製的資本主義。套用政治學家霍爾（Peter Hall）與索斯吉斯（David Soskice）發明的詞語，由此產生的即是「各種類型的資本主義」。[8]美國、英國、法國、德國與瑞典都是市場經濟體，但這些國家的市場背後的支撐制度卻相當不同，而且帶有明白可見的國家特色。單是在歐洲大陸，至少就有三種資本主義類型：德國的社會市場經濟模式；北歐的福利國家；以及法國奠基於「指示性規劃」與廣泛管制之上的系統。日本也走出自己的路，在受到高度管控與保護的傳統經濟當中打造了一個具備超強競爭力的出口部門。美國則是自由市場經濟的首要典範，儘管其經濟自由主義並沒有後來在一九八〇年代才出現的那種野心。

開發中國家的狀況沒有什麼改變，各國都致力於培育工業化和經濟成長。在欠缺外在約束的情況下，開發中國家（包括內顧導向與外顧導向的國家）可以自由運用各式各樣的工業政策以轉變它們的經濟，並且減少它們對自然資源與商品的依賴。其中許多國家因此能夠藉著生產產品而開啟高度的經濟成長。

關貿總協的目的從來不是要達到最大程度的自由貿易，而是要在容許不同國家個別追求其自身目標的情況下達成最大量的貿易。就這方面來看，關貿總協確實極度成功。

以這樣的方式來看，我們就會開始賞識布列頓森林體制的一項關鍵重點：愈來愈被純粹主義者看作是「毀損」自由貿易原則的做法，其實是維繫體制的手段。反傾銷稅、《多種纖維協定》與自願出口限制都算不上符合經濟自由主義。不過，關貿總協的其他許多特徵也一樣都是如此。把農業與服務業完全排除在貿易談判之外，或是普遍認為國家降低進口壁壘乃是對貿易夥伴的「讓步」（這點從自由貿易的觀點來看更是奇特），就標準經濟學說而言都是不合理的現象。實際上，只有在對國內制度、分配偏好或價值觀不構成挑戰的情況下，貿易才得以自由進行。所得水準相當的先進國家之間所進行的工業產品貿易，並未引發我們先前見過的那些分配正義問題。其他類型的貿易（例如農業貿易或是與開發中國家的貿易）則有所不同，原因是這種貿易導致國內不同群體赤裸裸的相互對立。這種貿易威脅到農業族群、服飾生產商或低技能勞工，可能造成所得大幅減損，因此也就受到嚴格限制。在關貿總協之下，國內政策占有明明白白的優先地位，這點不但造就了關貿總協的成功，也使得此一機構不斷偏離自由貿易邏輯。

世貿組織體制：追求深度整合

經過將近八年的談判，在所謂的「烏拉圭回合」（在關貿總協之下舉行的最後一回合談判）之後於一九九五年成立的世界貿易組織，帶來了另一種相當不同的理解。連同一九九〇年左右展開的金融全球化，世貿組織追求的是一種將布列頓森林體制優先次序反轉過來的新式全球化：超全球化。國內經濟管理必須迎合國際貿易與金融，而不是由國際貿易與金融迎合國內需求。經濟全球化——也就是商品與資本（但不包括勞動力）市場的國際整合——本身成了目的，重要性超越國內目標。

政策討論的要點愈來愈反映出這種變化。從一九八〇年代開始，你如果要支持或者反對某個東西，最好的做法就是以這句話妝點你的論述：「這麼做才能強化我國的國際競爭力。」全球化成為一種必要目標，明白要求所有國家追求一套共同的策略，包括對企業降低課稅、採取財政緊縮政策、鬆綁管制，以及削減工會力量。[9]

這項轉變是什麼原因造成的呢？就一部分來說，關貿總協獲致的成功反倒害了自己。貿易政策菁英與技術官僚把戰後的繁榮歸功於多邊貿易自由化。世貿組織代表他們把這一點「做得更好」的渴望，方法是消除我們在前一段討論過的許多不合乎自由貿易的做法及缺陷。跨國公司要求更廣泛的全球規則，以便促進它們的國際經營。開發中國家希望成為出口平臺，因此為了吸引外國投資而愈來愈樂於遵從這類規則。

摻雜於這些變化當中，乃是一項重要的意識形態轉變。一九八〇年代是雷根—柴契爾革命的時代。自由市場經濟學的地位愈來愈高，造就了所謂的華盛頓共識，又稱為市場基本教義或新自由主義。不論叫什麼名稱，總之這套信念系統結合了兩種觀點，一方面是對市場能夠自行達到的成果過度樂觀，另一方面則是對政府依據社會期望行事的能力極為悲觀。政府是市場的障礙，而不是市場運作不可或缺的要素，因此必須大幅削減規模。這種新願景促使支持貿易的簡化論據（也就是經濟學教授向記者提出的那種論據）勝過帶有適度保留的版本，認為阻擋自由貿易的任何障礙都是必須掃除的可憎事物；去他的警惕告誡。

因此，世貿組織不但大幅提高對於經濟全球化的野心，也對民族國家在國內與國際責任上的平衡進行巨幅的重新調整。烏拉圭回合貿易談判完成之後，造就了一項令人驚豔的協議，涵蓋範圍遠大於關貿總協在過去所達到的其他一切成果。農業與若干服務業這兩個向來逃過貿易談判的領域，現在也無可避免被納入自由化的範圍當中。在服務業方面，國家必須具體指出它們願意開放的領域，自由化的程度也隨著不同國家與部門（例如銀行業與電信業）而異。農業的進口配額必須逐步廢止，轉變為關稅與補貼。自此之後，敦促各國取消農業配額、關稅與補貼的努力就成為主要焦點。過去支配了紡織業與服飾業貿易的《多種纖維協定》配額體制，也必須在十年內逐步取消。這些領域的初步自由化雖然有限，但已經跨過一個重要的門檻。

此外，專利與著作權也有了新規則，要求開發中國家的相關法律必須和富裕國家的法律一致。國內衛生與安全法規如果不與國際相符，就會受到世貿組織的檢視，而且如果沒有提出「科學根據」，或者施行方式沒有將其對貿易的負面影響降到最低，就有可能被判定違法。政府補貼的運用受到更嚴格的限制，同時也禁止政府訂立要求廠商使用當地成分的規定、或者是依其出口量來限制進口量的規定。有史以來第一次，除了最貧窮的國家仍然得以豁免之外，開發中國家也必須遵守那些對產業政策當中的若干重要領域施以嚴格限制的規則。

烏拉圭回合談判最重大的成就，同時也是世貿組織的主要特色，大概要算是一項解決爭端的新程序。爭端解決小組做出裁定之後，敗訴的一方可以向新成立的上訴機構提起上訴。不過，上訴機構做出的裁定，不論對原告還是被告有利，就是最終裁定，除非世貿組織的**每一個會員國**集體決定推翻該項裁定。過去在關貿總協之下，輕而易舉就能逃避貿易體制的司法裁決，但現在卻幾乎完全不可能。後來的實務顯示，裁決程序有可能極為冗長，而且不免會受到拖延戰術影響。不過，這套新式爭端解決系統的重要性還是不容低估。這套系統促使多邊主義達到新高點。如同法學者蘇珊．埃塞曼（Susan Esserman）與豪斯（Robert Howse）指出的：

> 由法官主持的國際衝突化解，從來沒有這麼強而有力或是發展得如此快速。如同國內法院，但與大多數的國際機構不同，世界貿易組織的爭端解決不但具有強制性，也具有約束

力。會員國別無選擇，只能接受，而且也必須接受世界貿易組織裁定帶來的後果。[10]

敗訴的國家必須廢止遭到控訴的政策，不然就得向原告提供補償。不僅強權大國如此，小國也是一樣。世貿組織是唯一曾迫使美國改變政策的國際機構，它曾迫使美國改變賦稅與環境政策。

世貿組織的爭端案件都是針對什麼問題提出的？在關貿總協的貿易政策下，爭端案件主要是關於關稅與配額。隨著配額受到逐步取消，關稅也陸續調降之後，世貿組織於是被用來打擊各種阻礙國際商務的交易成本，包括國家規範與標準的差異。在世貿組織之下，貿易爭端的觸角開始伸入先前對外來壓力免疫的國內領域。稅制、食品安全規定、環境規範，以及產業振興政策都可以受到貿易夥伴的質疑。

在世貿組織收到的案件當中，爭議性極高的一起乃是歐洲對荷爾蒙牛肉的禁令。這起案件充分顯示國際約束力在貿易當中的升高現象。這項經過消費者團體多年強力施壓而在一九八九年施行的歐盟指令，實際上徹底禁絕了美國對歐洲的牛肉出口。為了阻止歐洲這項措施，美國一再尋求國際機構的支持，但都沒有一個國際機構願意或是有能力這麼做。美國首先找上世界動物衛生組織，但該組織拒絕檢視荷爾蒙。美國向關貿總協提出的申訴（當時世貿組織還沒成立）被歐洲國家輕而易舉擋了下來。國際食品法典委員會（這是由聯合國糧農組織與世界衛生組織聯合成立的分支機構）也幫不上忙：該委員會在一九九一年針對使用於牛肉生產當中的四種荷爾蒙該如何訂立全球安全標準舉行表決，結果美國敗下陣來。後來，隨著各國針對世貿組織架構下的《食品衛生檢驗與動植物檢疫措施協定》進行談判，才終於出現重大改變。自此以後，終於有了一套對國內法規具有充分影響力的全球規定與國際論壇。世貿組織上訴機構最著名的一項裁定，就是在一九九八年裁決歐盟對於荷爾蒙牛肉的禁令違反國際貿易規定，原因是該項禁令沒有奠基於充足的科學風險評估上。[11]這項裁定的政治影響立即可見。這起案件因為毫不支持歐盟對食品安全所抱持的謹慎態度，而引發了反世貿組織人士的強烈關注。直到今天，歐盟都沒有遵從世貿組織的裁定，寧願冒著遭到美國報復的風險。

另外還有許多例子，都足以彰顯世貿組織的影響範圍。在世貿組織內最早提出的其中一項申訴案當中，美國燃料廢氣排放標準被認為是對進口汽油待遇不公。日本的稅制遭判定有所過失，原因是燒酎這種蒸餾酒的稅率低於進口的伏特加、威士忌和白蘭地。歐盟暫停進口基因改造產品的措施，也基於類似荷爾蒙牛肉案例的理由遭到質疑。在另一件知名案例中，美國對於沒有裝設海龜逃脫器所捕捉到的蝦子頒布禁令，結果被裁定為對亞洲出口商「武斷而不正當」的差別待遇。印度、印尼與中國的汽車產業振興方案，印度對藥品與農業化學產品訂立的專利規則，以及巴西對飛機製造業提供的信用補助，全都被裁定為不符合世貿組織的規則。（這些案例全都促成相關政策的修改，唯一的例外是尚未解決的荷爾蒙牛肉案。）

這類裁定引起反全球化人士的憤怒，也使得世貿組織在許多圈子裡深受敵視。貿易體制是不是真的如這些批評人士所指控的，任由日內瓦的法官推翻國內法而顛覆了民主？還是說這種做法其實是防止保護主義團體劫持國內政治程序以追求他們的狹隘利益，從而幫助國家達成更好的結果？實際上是兩者兼而有之。上訴機構的裁定其實沒有許多批評人士所聲稱的那麼粗糙。那些裁定認知到我們必須尊重各國在價值觀與標準上的差異。另一方面，由於國內特權與對外義務之間缺乏清楚的界線，因此也就開始造成重大摩擦。實際上，貿易體制愈來愈嚴重的正當性危機可以追溯到這項根本上的曖昧不清。

世貿組織的困境在一九九九年十一月於西雅圖舉行的會議（所謂的「催淚瓦斯部長會議」）吸引到廣泛的注意。一群湊集了各路人馬的示威群眾，包括勞工與消費者權益倡議人士乃至學生與無政府主義者，在會場外造成一片混亂；而會場內的各國部長在經過一番努力之後，也未能展開自從烏拉圭回合以來第一輪新的貿易談判。談判的失敗除了與示威活動有關，也是各國政府堅拒讓步的結果。政府之間的衝突有兩個主軸。第一，烏拉圭回合談判的結果讓開發中國家覺得自己遭到欺騙；它們想要尋求補償，因此抗拒富裕國家的要求，不肯在投資、環境、勞動標準、競爭政策以及政府採購透明化等額外領域展開談判。第二，美國與歐盟（還有日本）在廢除農業補貼與壁壘方面僵持不下。

兩年後，各國的貿易部長在卡達這個中東酋長國的首都杜哈會面，這次運氣就比較好了。他們終於得以展開新一輪的談判，稱為「發展回合」談判。除了杜哈的環境對於示威人士而言遠遠沒有那麼友善之外，還有一項非凡的行銷舉措激發了這種新態度。開發中世界的幾個農業出口大國，例如巴西、阿根廷與泰國，對於農業自由化深感興趣，因此當時的世貿組織祕書長摩爾（Mike Moore）得以把這場以農業為核心的談判回合推銷成一場聚焦於開發中國家需求的談判，而且也有助於孤立歐盟。「藉著將農業**塑造成**一項發展議題，」摩爾後來寫道（所透露的訊息也許超出了他的本意）：「我們因此得以讓非洲、亞洲大多數國家以及拉丁美洲在一項共同目標上團結起來。」[12]（強調字體為本書作者所加。）歐洲如果掉頭離去，將無法洗刷背棄發展目標的形象；而開發中國家則擁有了一份似乎將它們的利益擺在第一位的宣言。美國也很高興，原因是他們這下拿到一根可以在農業補貼上打擊歐洲的大棍子，卻沒有充分意識到自己往後會遭農業議程糾纏到什麼程度。

如同後續發展所顯示的，談判的展開雖是一項勝利，卻也付出了重大代價。自從二〇〇一年以來，談判不但數度停擺，至今也尚未達成結果。隨著時間過去，事實已證明農業自由化對於開發中國家而言乃是好壞參半。學術研究指出從一開始就應當明顯可見的問題，也就是取消歐洲補貼其實會傷害埃及與衣索比亞這類仰賴糧食進口的開發中國家，因為它們必須支付更高的價格。棉花是少數能夠對全世界的貧窮人口帶來明確利益的案例。棉花這種非糧食作物的國際價格一旦上漲，不但對西非的棉花農有利，又不會對其他地區的窮人造成傷害。這就是為什麼非政府組織以及其他倡導開發中國家權益的團體都紛紛標舉棉花做為代表。不過，高度的農業自由化對於富裕國家而言太過痛苦，對其他國家帶來的可見效益又太少，範圍也太狹隘，因而難以達成協議。[13]最後一次認真促使這一回合談判達成結果的努力在二〇〇八年夏季宣告失敗，原因是美國拒絕接受印度與中國為了避免農業進口突增而對貧農造成傷害所要求的特別防衛機制。[14]

這些緊張關係必然存在於對超全球化的積極追求當中——這種追求取代了布列頓森林共識，並導致拉吉的「鑲嵌式自由主義妥協」為之破滅。對於全球化的追求本身一旦成了目的，貿易官員與技術官僚就跟著無視於其他經濟與社會目標。我在哈佛大學的同僚勞倫斯（Robert Lawrence）將全球整合區分為「輕度」與「深度」版本，這樣的區分相當有用。[15]在類似布列頓森林協定這種輕度整合之下，貿易體制對於國內政策並不會有太多要求。另一方面，在深度整合之下，國內政策與貿易政策的界線將會消失；任何自主使用國內法規的做法都可能被視為對國際貿易的障礙、造成國際貿易的交易成本。全球規則實際上成為國內規則。

先前的深度整合案例所仰賴的制度是當今無可想像的。回想看看，貿易如何在十九世紀的重商主義或帝國主義之下培育而成。在那個時候，抑制交易成本的力量是由強大的外部執行者，也就是貿易公司或宗主國所強制施行的規定。以當今來說，這麼一個外部執行者即是以世貿組織為中心的多邊體制。這無疑是更好的做法，但仍然留下許多困難的問題。世貿組織的規則從何而來？我們如何確保那些規則是為了所有人而不是少數人的利益所設計？不同國家一旦渴望或者需要不同的規則，那該怎麼辦？在民主政治仍然沿著國家界線安排的情況下，有任何深度整合模型能夠永續發展嗎？

真實世界的貿易與工資

經濟學家不常改變主意，更遑論對自己的主意感到內疚。凱因斯是個例外，正如他在其他許多面向上一樣。「事實一旦改變，我就會改變主意——先生，請問你從事什麼行業？」據說他曾經這麼回答一名指控他出爾反爾的批評者。我們見過凱因斯在一九三〇年代如何翻轉自己對自由貿易的看法。同樣的，和大多數當代經濟學家一樣不喜歡承認錯誤的克魯曼，在二〇〇八年一場貿易論壇上的開場白卻是語出驚人：「這篇論文體現了我內心的愧疚。」[16] 當時正是他獲頒諾貝爾經濟學紀念獎的幾個月前，因此他這句話也就更具分量。

克魯曼是為了什麼感到愧疚？他對於全球化在所得不平等方面造成的影響改變了想法，擔心自己先前的漫不在乎恐怕導致貿易造成的重大緊張關係遭到漠視。九〇年代曾有一波學術研究低估了全球化對國內所得分配造成的衝擊，克魯曼即是其中的首要人物。沒錯，不平等情形在美國加劇的現象無可否認，但當時的證據似乎指向其他肇因。大多數經濟學家尤其認為真正的禍首是「技能型科技變革」——資訊和通訊科技提高了對受過教育以及高度技術性勞工的需求，同時也減少了教育程度較低的勞工受到的需求。所得落差是科技進展造成的結果，而不是因為全球化程度增加。[17]克魯曼的態度轉變，顯示全球化對國內平等的負面影響無法那麼輕易排除。

克魯曼為什麼在二〇〇八年改變想法？克魯曼提出自一九九〇年代中期以來出現的兩項改變，他認為這兩項改變強化了貿易擴大不平等現象的力量。第一，相對於美國的經濟規模，美國從開發中國家進口商品的數量自一九九〇年代以來已經增為兩倍。第二，現在美國生產商必須與之競爭的開發中國家，其工資水準遠低於前幾十年間的開發中國家出口商。換句話說，中國把一切變得大不相同。中國打進了一大部分的美國市場，而中國的工資和美國相比又微不足道（克魯曼指出中國的工資僅是美國的三％）。這些事實顯示，貿易除了帶來科技變革之外，也確實對美國工資造成重大的下滑壓力，對於身在所得分配低端的勞工而言尤其如此。

這些結論在經濟學家之間頗具爭議性，就連克魯曼也不得不承認證據並非確鑿無誤。更加仔細檢視分配與貿易的趨勢，即可看出一些難解的謎。就某些衡量標準來看，美國雖然外包的步履相當快，工資不平等的狀況卻已停止擴大（自一九九〇年代末期以來甚至有所降低）。[18]中國出口的許多商品都是在高科技與技術密集的領域，例如電腦，所以對低技能勞工的工資並沒有特別造成威脅。接著，中國的出口在某些方面也可能使貧窮家庭的生活成本降低而造成狀況改善：中國出口的商品在貧窮家庭所消費的產品當中通常占了一大部分。[19]由於這些原因，許多經濟學家因此持續認為，在美國自一九七〇年代以來不斷增長的不平等狀況中，全球化的影響僅占一小部分，頂多一〇％或十五％。[20]

不過，就算全球化對整體經濟影響不大，這點卻無助於撫慰那些因為進口商品而不得不另覓工作、導致工資大幅降低的個別勞工。以美國的製鞋機器操作員為例，在一九八三至二〇〇二年間，這樣一名勞工面臨的進口競爭成長了一倍左右。[21]我們實在無法想像這樣的變化有可能不對那名勞工的工資造成重大影響。實際上，根據一項估計，貿易在這段期間內導致一般製鞋機器操作員的收入減少了十一%。類似的影響也可見於紡織與服飾業的其他許多工作人員身上。[22]

克魯曼不是唯一一個改變想法的知名經濟學家。直到最近以前一直堅決擁護自由貿易的桑默斯，在進入歐巴馬政府擔任國家經濟委員會主席之前，曾經寫過幾篇引人注目的專論表達他的擔憂，指稱全球化對於勞動者而言恐怕不再是一件好事。[23]他說，反全球化運動反映了「勞工愈來愈清楚地體認，發現對全球經濟及其商業勝利者有益的東西，不必然對他們有益」。他同意這種觀點具有「合理的基礎」。全球整合程度愈高，「對於個別經濟體造成的競爭壓力就愈大，而此一壓力又可能對勞工造成超乎比例的衝擊」。他的口吻如同民粹主義者，埋怨那些「沒有國家的菁英，他們效忠的對象是全球經濟成功與自己個人的財務豐收，而不是他們所處國家的利益」。「母國在勞動人口與基礎建設方面的品質」對於這些公司根本不痛不癢，而且它們還「可以利用遷往國外的威脅手法迫使國家讓步」。他接著指出：

> 即便在全球化導致不平等與不穩定的狀況更加嚴重之時，全球化卻還是一再被引為一項正

當的論點，用來反對累進稅制的可行性、支持工會的力量、強力管制，以及大量生產公共財以減輕其負面衝擊的做法。[24]

隨著國際外包延伸至傳統上僅限於國內的服務業，導致經濟的更大部分暴露於國際競爭之下，這些議題也就愈來愈受重視。在一篇備受討論的論文裡，普林斯頓大學教授暨聯準會前副主席布蘭德提出警告，要求大家注意他所謂的「下一波工業革命」所帶來的「破壞性影響」。[25]由於資訊和通訊方面的新科技，先前被認為「安全」的工作，例如若干醫療與教育服務還有金融服務，現在都已陸續遷往海外，移至可以用更低廉的成本提供那些服務的國家。「因此，目前富裕國家的勞動人口雖然僅有少數必須面對外國的競爭，但未來將會有更多人面臨同樣的問題。」[26]布蘭德估計指出，有可能遷往海外的服務部門工作約是當今製造業遷往海外工作數的二至三倍。如同他特地指出的，這種問題不是失業；被迫轉業的勞動人口終究會找到工作，就像先前的工業革命一樣。問題在於這種被迫轉職的規模以及受影響勞工所遭受的所得損失都極為龐大。

布蘭德的論點讓人回想起我先前提過的重分配是貿易利益的另一面這句話。隨著經濟當中愈來愈多的區塊紛紛依循比較利益的概念重新整頓，布蘭德所談的新工業革命也勢將帶來龐大的經濟報酬。至於勞動人口在經濟上面臨的不穩定，則是這種重組現象的必然後果。許多人將會遭遇工資恆久降低的下場。如同先前提過的：沒有痛苦，就沒有收穫。桑默斯筆下那些沒有國家的菁英以及四處遷移的企業只會進一步強化這種壓力，因為它們可以把降低工資與勞動標準當成把工作留在國內的代價。國內的全面性經濟成長有助於降低緊張，但要達成這項目標將會需要量身訂做的地方性策略以及必要的國內運作空間，就像布列頓森林體制下的那種情形。如同布蘭德指出的，我們不能理所當然認為這波新的全球化所帶來的經濟效益必定會由許多人共享，而不是僅由少數人獨占。

在自由貿易基本教義派眼中，這些論點都不足以削弱支持貿易自由化的論據。哥倫比亞大學經濟學家暨知名自由貿易倡議者巴格沃蒂就是一個例子。巴格沃蒂認為，克魯曼、桑默斯、布蘭德，以及其他懷疑人士都誇大了與低所得國家貿易所產生的不平等與被迫轉業現象。但在更根本的層面上，他認為這些作者從中汲取到錯誤的政策教訓。貿易如果造成某些人的損失，並且導致不平等的情形更加惡化，那麼正確的回應方式應該是補強社會安全網和調整協助。貿易造成的問題不該由保護主義解決，而應該由國內政策為輸家提供補償。[27]這樣的說法在原則上確實沒錯。不過，那些輸家絕對有權質疑調整協助與補償的承諾一旦有所不足（正如近數十年來一再反覆發生的狀況）該怎麼辦。[28]聲稱當初要是採取了適當的補償做法即可讓勞工過得比較好來安撫他們，實在是一種推銷自由貿易的古怪方式。

事實是，面對全球化帶來的破壞，我們欠缺得以因應的國內與全球策略。因此我們也就面臨一大風險，亦即貿易的社會成本恐將超出狹隘的經濟利益，從而引發更加嚴重的全球化反撲。

5 金融全球化的愚行

國際貨幣基金的年度會議，對於全球頂尖的經濟決策人士與銀行業者而言乃是最重要的社交場合。不同於達沃斯的世界經濟論壇（那裡是全世界的商業與政策菁英的聚集地），這項會議吸引人的地方是政府人脈而不是企業贊助。這裡沒有滑雪的休閒活動，會議上討論的主題也極少超出經濟與金融的範圍之外，而且與會者一定得穿著正式服裝。不過，這裡可讓美國與歐洲的高階官員陶醉於彼此以及媒體所投下的聚光燈。另一方面，來自開發中國家的財政部長與中央銀行總裁也可自我欺騙，想像自己獲得世人的關注。[1]會議上有無聊的官員演說、針對全球利益的議題舉行的小組討論，當然還有許許多多的派對。如同這類正式活動的典型做法，做出決策以及草擬公報等真正的工作早在先前就已完成，而任何剩下的談判也通常是在場邊進行。

解放全球資本的努力

不過，一九九七年九月於香港舉行的國際貨幣基金會議，卻有一些真正的問題需要處理。國際貨幣基金總裁康德緒（Michel Camdessus）希望為自己的任期留下一項最醒目的成就，也就是獲取理事會正式同意延展該機構對於資本流動自由化的管轄。自一九八〇年代晚期以來，國際貨幣基金已成為解放資本市場的強力支持者。該機構為其影響所及的國家所提出的建議，愈來愈反映出這項偏好。許多開發中國家開始解除對跨國借貸的管制，就像先進國家在布列頓森林體制瓦解之後的做法一樣。

傳統上，這些國家的國內居民依法都不能把錢投資於國外股市或是用於購買海外的金融資產。同樣的，國內的銀行或公司向海外借貸的能力也受到嚴格限制。政府通常會施行繁複的規範——課稅、許可條件、直接禁止——使得把金錢移入和移出國境成為一場夢魘。大多數國家確實都歡迎跨國企業與長期外國投資人，但短期借貸或者證券投資流動（所謂的「熱錢」）則受到不同對待，被視為金融不穩定而不是經濟成長的來源。

儘管從國際貨幣基金的觀點來看，現在各國已朝著正確的方向前進，但還是有個問題。不同於限制為了經常帳（亦即貿易）目的所採行的支付，國際貨幣基金的規則並未涵蓋規範國際金融或資本交易支付的政策。實際上，國際貨幣基金對於資本流動沒有法定權威；國家可以依其喜好自由行事。國際貨幣基金如果真的要主導全球資本市場的解放，就必須修改本身的原始協定。

康德緒針對這項修改提議提出一項熱切的訴求。「自由確實有其風險，」他激昂地說：「（但是）對於發展與繁榮而言，還有比這更肥沃的土壤嗎？」[2]一切徵象都顯示他的論述占了上風。儘管有許多開發中國家極力抗拒，國際貨幣基金的一個臨時委員會卻宣稱「為布列頓森林協定添加新篇章的時候到了」。私人資本流動對於全球經濟的重要性遠超過以往，該委員會也表達其觀點指出：「更加開放且自由的體系已證明高度有益於世界經濟。」資本移動將會藉著讓全球儲蓄流向最具成效的用途而促進投資、成長與繁榮。當然，各國政府必須「遵守規矩」行事，國家與國際層次的政策也必須確保一切按照計畫進行。在該委員會的觀點中，向前邁進的正確道路毫無疑問：「在這個全球化的時代，資本流動的自由化是有效率的國際貨幣體系不可或缺的元素，」他們宣稱道。[3]

康德緒的副手費希爾（Stanley Fischer）是著名的學院經濟學家，在一九九四年加入國際貨幣基金，他也忙著說服知識界支持資本自由流動。他一樣承認這麼做有其風險，但斷然否決國家應當拒絕開放資本帳的論點。資本自由流動的效益明顯高於成本。資本流動將可讓全球儲蓄配置得更有效率，將資源導向最有成效的用途，並且提高經濟成長。此外，這也是「發展道路上必然的一步，是無可避免的」。為了強調其無可避免，所以先進國家都早就開放其資本市場。[4]費希爾後來坦承，實際上根本沒什麼證據能夠證明資本移動開放性在假定中具有的效益必定會在實務上實現。儘管如此，理論預期卻強烈到讓他深感自信，認定支持資本流動的證據必然會隨著時間過去而出現，就像貿易自由化效益的證據在先前的年代浮現出來的狀況一樣。[5]

對於信念系統在香港會議那段期間出現的變化，最能清楚說明的大概是費希爾在麻省理工學院的同事、已故的著名經濟學家多恩布希（Rudi Dornbusch）在態度上的徹底翻轉。多恩布希在一九九六年發表過一篇文章，標題為〈課徵金融交易稅的時刻到了〉（It's Time for a Financial Transactions Tax）。直至今日，這篇文章仍是針對阻礙跨國金融流動的益處所提出的最清晰明白也最具說服力的簡報。在兩年後的一九九八年，多恩布希卻宣稱資本管制是「一項已經過時的觀念」。他寫道：「關於資本流動的問題，正確答案就是資本的流動必須不受限制。」[6]

令人震驚的是——這不僅是後見之明，而是在當時就已如此——在這項討論進行之時，全球金融市場的重大失靈也正發生於所有人的眼前。東亞與東南亞若干最成功的經濟體（長久以來一直深受金融市場與跨國機構的喜愛）突然遭到一場沒有人預見的金融海嘯所襲擊。其中五個經濟體（印尼、馬來西亞、菲律賓、南韓與泰國）在一九九六年獲得九百三十億美元的私人資本淨流入，接著在一九九七年經歷了一百二十億美元的外流，也就是一年內翻轉高達一千零五十億美元，比這五國國內生產毛額加總起來的一〇%還高。[7]即便是在最強大的經濟體當中，規模如此之大的震盪也足以造成重大混亂，也就難怪這些國家因此陷入了數十年來最嚴重的經濟危機。這場危機最後擴及其他區域的國家。在全球金融市場借貸了大筆金額的俄國（一九九八年）與阿根廷（一九九九至二〇〇〇年間）所遭受的打擊尤其沉重。

恣意累積龐大財政與經常帳赤字並且從事貨幣融通的國家政府，既然對本身的經濟管理不善，自然也就無權埋怨金融市場對它們喪失信心。投資人一旦藉著集體逃離的方式懲罰這類胡作非為的國家，我們應當讚許金融市場發揮了應有的功能。不過，亞洲金融危機並不符合此一模式。我們很難解釋這些經濟體究竟做了什麼應當遭逢金融市場如此對待的事情。幾個月前，國際貨幣基金才讚揚過這些國家「健全的基本面」以及它們可望「持續成長」的前景。[8]

當時，許多觀察家都指稱政府與大企業之間的貪腐關係——簡言之，就是亞洲式的裙帶政治——造成過度借貸與缺乏效率的投資。然而這種說法卻有幾個問題。如果貪腐現象真的如此猖獗，那麼這些國家怎麼能夠達成奇蹟般的經濟成長率？此外，外國債權人為什麼先前沒有注意到這些失靈現象，直到一九九七年才同時一致認定這些國家的國債與垃圾無異？金融情勢在一九九八年穩定之後，南韓、泰國與馬來西亞的迅速恢復顯示這些國家的經濟在基本上其實沒有什麼問題。在此之前短短幾年的一九九二年，瑞典也才剛經歷過一場規模類似的金融危機。然而我們想到那個國家的時候，並不會立刻聯想到「貪腐」與「裙帶主義」等字眼。[9]明顯可見，這些危機指出了金融市場特有的某種問題，而不是亞洲國家政府犯下了什麼滔天大罪。

實際上，另一項可信度高出許多的解釋是，泰國、南韓、印尼與其他國家遭遇到一種長期存在於金融市場中的病症：老式的銀行擠兌。當然，此處的「銀行」指的是整個國家，但除此之外就幾乎沒有差異。

想想商業銀行的運作方式。銀行向存款人借取短期款項，藉此為長期投資提供資金。如果所有的存款人同時上門要求提走存款，銀行的現金就會立刻耗竭。這樣的可能性使得存款人深感焦慮：只要一聽聞出問題的風聲，他們就想要搶先去提款，接下來就不免引發眾人的盲目跟進。銀行有可能純粹因為大眾擔憂這家銀行恐將發生擠兌而就此面臨擠兌風潮。現代經濟體針對這項病症發明了強而有力的預防工具，也就是由中央銀行擔任最後貸款者，提供能使遭遇問題的銀行恢復穩定所需的流動性，並且遏止可能的恐慌。此外，大多數國家也都對銀行存款提供一定程度的保險。由於這些政府保護措施，傳統銀行擠兌因此成為過往陳跡。

但國際金融並非如此。東亞國家採取的正是傳統商業銀行的做法。它們在國際金融市場中短期借貸以便為國內投資提供資金。（國家之所以偏好短期借款，不只因為短期借貸的成本較低，也因為在現行的資本適足標準下，貸放者提供短期貸款所需提列的資本較少。）不過，國際間沒有最後貸款者，也沒有能為短期債務提供保障的國際主管機關。少數幾個貸放者一旦對於貸款展期有疑慮，其他貸放者自然也會跟著扣留貸款。如同著名經濟學家薩克斯（Jeffrey Sachs；當時在哈佛任教，目前則在哥倫比亞大學）以強而有力的言詞正確指出的，不同於國際貨幣基金與美國財政部的觀點，這場危機是大體上與經濟基本面及內部缺點無關的金融恐慌。[10]當時亞洲正經歷榮枯循環當中的繁榮階段。銀行在危機爆發之前過度貸放，現在則是因為過度反應而緊抽銀根。

這不是金融市場第一次失常，當然也不會是最後一次。

國際貨幣基金尋求進一步的權力以便開放資本移動的做法，終究因為亞洲金融危機的規模及其擴散（尤其是一九九八年的俄國危機）而無從實現。不過，這項追求反映出先進國家官員之間一項引人注目的新共識。明顯可見，在國際金融市場上取消政府管制的論據已獲得廣泛接受。修正案雖然未能獲得批准，國際貨幣基金與美國財政部卻仍極力倡導資本帳的自由化，直到二〇〇八年爆發次貸危機為止。國際貨幣基金繼續激勵各國取消國際金融的國內障礙，美國則是敦促其貿易協定夥伴揚棄資本管制。這點標誌著政策信念的龐大轉變。我們必須回顧原始的布列頓森林協定，才能體認此一現象的意義有多麼重大。

資本管制的布列頓森林共識

支持資本管制的共識在第二次世界大戰結束之後極為強烈。如同一名美國經濟學家在一九四六年所說：「這種學說在當前的學界與銀行界備受敬重，認為對私人資本移動（尤其是所謂的『熱錢』）施加相當程度的直接管制是對大多數國家有益的做法，不僅在近幾年內有益，就長期而言也是。」[11]布列頓森林體制充分反映了這項共識。如同凱因斯自己明白指出的，布列頓森林協定為每一個國家的政府明確賦予了「管制所有資本移動的長久權利」。他說：「以前被視為異端邪說的做法，現在卻被尊為正統。」[12]

當時的經濟學家與決策人士對於資本管制的必要性擁有幾乎完全一致的觀點，他們也清楚認知到這項共識與黃金本位時代對自由金融的推崇大為不同。此外，資本管制不僅僅被視為一項暫時性的權宜之計，只要金融市場恢復穩定並且回歸正常之後就該受到揚棄。如同凱因斯及其他人所強調的，資本管制乃是一項「長久安排」。

這個大轉向源自於戰間期的全球金融動盪。如同我們在第二章看過的，私人資本流動在一九二〇與三〇年代扮演了破壞穩定的角色。沒有回歸黃金本位制的國家發現其貨幣劇烈起伏，而且波動方向不必然合乎基本經濟發展。採取黃金本位制的國家則是只要稍有情勢不順的跡象，就不免面臨資本迅速外流，導致這些國家必須提高利率，從而危及政府保持固定平價的能力。外匯穩定與充分就業的目標互相衝突。這些金融市場的壓力終究導致英國回歸黃金本位的做法注定以失敗收場。市場動態一旦與國內政治交纏在一起，就不可能出現能夠平順運作並且自我均衡的金融世界。

凱因斯指出了另一項更加根本的問題。不受限制的資本流動不僅破壞金融穩定性，也損及總體經濟均衡，也就是充分就業與物價穩定。經過一九三〇年代的經濟大蕭條與混亂狀況，以往認為總體經濟不需國內財政與貨幣政策的幫助即可自我調整的想法已經遭到揚棄。即便在相對平靜的時期，固定匯率和資本流動的組合也會導致一國的經濟管理受制於其他國家的貨幣政策。其他國家如果採取緊縮貨幣與高利率，你就別無選擇只能跟著這麼做。你如果試圖降低利率，就會面臨私人資本大量外流。另一方面，你如果採取比其他國家更緊縮的信用，那麼高於其他國家的國內利率就會引發外國資金大量湧入，導致信用大幅擴張，從而消除你的政策效果。凱因斯指出，不同國家沒有理由採取相同的貨幣政策。面臨失業率上升的國家可能會想要擴大國內需求，其他國家則可能認為通貨膨脹才是比較大的威脅。黃金本位規則不會為這種差異留下空間，而且會迫使每個國家的國內經濟管理反映其他國家的政策所構成的平均狀況。在凱因斯致力把國內經濟與社會目標擺在全球經濟之前的觀點當中（布列頓森林體制的其他建構者也都廣泛抱持這種觀點），這種全球政策一致化的情形是不可接受的。

除了資本管制之外，另外還有一個選項。國家也許會選擇採取浮動貨幣政策，任由匯率隨著私人資本流動而變化，讓國內貨幣政策保有自主性並得到隔絕保護。舉例而言，你如果願意讓本國貨幣貶值，那麼你的利率就可以低於其他國家。無論如何，浮動貨幣在理論上是這麼運作的。這項理論最後自一九七〇年代以來成為先進國家的主要典範，但凱因斯與他同時代的人士卻基於兩個原因否決這個選項。第一，如同先前提過的，他們擔心金融市場會造就過度不穩定的貨幣，隨著一時的樂觀與悲觀不停波動。第二，他們擔心貨幣不穩定與不確定性對國際貿易造成的影響。他們的論述明白區分就業與生產的世界以及金融的世界。他們認為金融世界是一座賭場，而不是經濟福祉的推動力。需要推廣的是貿易，而不是短期金融。如此一來也就產生這項矛盾：降低貿易的交易成本需要提高國際金融的交易成本——換句話說，也就是需要資本管制。資本自由流動出局，資本管制入選。

布列頓森林體制倡導的原則認為，國家經濟需要管理才能確保充分就業與適足成長。而要做到這一點，國家就必須擁有充分的「政策空間」以實施貨幣與財政政策。除了資本管制之外，這套新體系還有兩項特徵有助於提供那樣的政策空間。其中第一個特徵是國際貨幣基金所提供的短期融資，用於幫助國家因應暫時性的外幣短缺以及國外支付的難關。這種融資在先前都是以特例方式安排，並且取決於私人債權人是否願意提供資金。國際貨幣基金的借貸能力達不到凱因斯希望的規模，但還是建立了一項重要的原則：短期國際收支融資已成為一項正式的政府間責任。這是國際金融制度多邊化的一項核心要素。

第二，就算國家必須把自己的貨幣維持在固定平價，這些平價也可以因為「根本性失衡」而改變。國際貨幣基金協定沒有定義什麼算是根本性失衡，但添加這道安全閥又建立了另一項重要的先例。一個國家如果在尋求資本管制與國際貨幣基金融資之後，其成長與就業前景還是與國外支付互相衝突，那麼國家就可以藉著調整匯率而消除這種不相容的現象，而不必任由國內經濟受害。「固定但可調整」是匯率政策的一項新概念。這是一種妥協，目的在於為國際商務提供穩定性，但又不以危害國內就業與成長做為代價。

如同貿易體制，國際金融體制也是依據國內經濟需求將會（而且應該）凌駕於全球經濟要求之上的這項信念建構而成。這樣的先後次序如果導致高昂的國際交易成本，那就這樣吧。在往後的二十五年間，國內與國際政策都充分反映了這項共識。儘管歐洲國家在一九五〇年代晚期為國際貿易取消了大部分的外幣支付限制，在金融交易當中卻還是維持著這些限制。如同哈佛商學院的艾博戴拉教授（Rawi Abdelal）指出的，在一九五七年建立歐洲經濟共同體的《羅馬條約》無疑將資本流動視為二等公民。[13] 歐洲大多數國家的資本管制一直延續到一九八〇年代。德國對資本流動雖然偏好比較大的開放性，但任何相關措施卻都遭到法國與其他國家的反對所阻撓。美國直到一九六〇年代初期才實施資本管制，但也沒有施壓其他國家取消資本管制措施。美國在一九六三年面臨資本外流，於是對國外存款的利息收益課徵了一項特別稅，這項措施一直維持到一九七四年。當然，資本管制是開發中國家的常態，例外情形極為罕見。資本管制在一九六〇年代期間相當有效，發揮了布列頓森林體制建構者所預期的功能，放寬了國內總體經濟管理的空間。[14]

布列頓森林體制的致命缺陷在於沒有處理國際經濟的一項根本難題：在這套體系裡，要由什麼扮演國際貨幣的角色？維繫全球經濟需要一個全球交易媒介與價值儲存者——一種「貨幣」——能夠在必要的時候大量供應，也能夠可靠地兌換成實質商品或資產。黃金在黃金本位制底下扮演這個角色；我們看過這種安排在一八七〇年代造成的問題（當時由於全球黃金短缺而導致物價下跌），後來又在一九三〇年代造成致命性的影響。在布列頓森林體制之下，美元成為實質上的「全球貨幣」，是世界各國中央銀行首選的儲備資產。對美元的信心乃是受到美元與黃金的掛勾（固定為一盎司黃金等於三十五美元）所支撐。儘管其他國家在原則上都可以讓自己的貨幣貶值，這套體系卻必須仰賴美國絕不會這麼做。布列頓森林體制仰賴於我們後來所謂的「美元匯兌本位制」。

美國如果面臨國內要求與外部均衡的衝突該怎麼辦？直到一九五〇年代晚期之前，對外交易的國際收支平衡對於美國決策人士而言大體上根本無關緊要。美國是世界上最主要的經濟體，也是最重要的國際貸款來源。不過，在一九六〇年代期間，由於越戰以及歐洲與亞洲的快速經濟成長導致美國開始出現赤字之後，其國際收支就受到高度關注。[15]只要世界其他國家樂於吸收美元做為其全球貨幣供給的一部分，自然就不會有什麼問題。不過，美國持續性的國際收支逆差終究讓人對美國以固定黃金平價贖回美元的保證產生疑慮。在國內情境當中，對於國家貨幣的信心取決於政府提高對公民課徵收入以支撐貨幣價值的能力與意願。把這點套用到國際上，就是美國政府必須願意在國內提高稅收或削減支出以滿足對外國人的支付。黃金本位規則又回來了，只不過大家都知道美國不太可能會依照這套規則行事。

一九七一年，面對愈來愈多國家要求將其持有的美元轉換為黃金，美國總統尼克森與財政部長康納利（John Connolly）因此面臨一項抉擇：要嘛就緊縮國內經濟政策，不然就是中止美元對黃金的固定兌換率。他們自然選擇了第二個選項。[16]尼克森與康納利對進口貨品課徵一〇%的額外費用，藉此表示他們不會平白任由其他國家利用其具有競爭力的貨幣對美國賺取龐大的貿易順差。一九七一年八月十五日做出的這個重大決定，為固定兌換率這項全球體制（也就是布列頓森林體制的貨幣基石）確立了命運。又一次，國內經濟凌駕於全球經濟的需求之上。後續幾年間曾有若干建立新貨幣平價的嘗試，但都持續不了多久。採取浮動貨幣的做法終於在一九七三年正式獲得認可。

布列頓森林共識的瓦解

布列頓森林體制的成功埋下了這套體制後來崩解的種子。隨著世界貿易與金融擴張，既有管制所提供的「政策空間」因此縮水，外部約束也開始扮演更大的角色。儘管國際貨幣基金創造了一項人工儲備資產以強化其貸款能力（特別提款權），但事實證明這個組織及其資源仍然力有未逮。處於此一體系中心的美國在一九六〇年代晚期遭到攻擊之後，固定兌換率的體制也就無法繼續維繫下去。此外，支持資本管制的信念系統在一九七〇年代期間開始消解，而在後續數十年間被另一項論述取代，強調自由化的無可避免與資本流動的效益。一如貿易的狀況，一項以資本自由流動為中心的深度整合目標取代了布列頓森林妥協。

一九六〇年代是凱因斯經濟管理觀念臻於高峰的時期。一九七〇年代的石油危機與停滯性通膨（導致先進經濟體必須同時面對失業與通膨問題）使得眾人的注意力從凱因斯對需求管理的關注轉移到經濟供給面。在傳統的凱因斯模型當中，失業是國內產品需求太少造成的結果；但通貨膨脹的同時增加顯示這種解釋並不正確。凱因斯式的權衡性貨幣與財政政策開始被經濟學家與技術官僚視為一股肇致不穩定的力量，而不是促成穩定的力量。干預主義思想遭到摒棄，市場導向的觀念也同時在經濟學界散播開來。矛盾的是，貿易的成長導致政府更難施行資本管制，原因是資本流動可以藉由操弄貿易流動加以偽裝。[17]凱因斯正確預測了資本管制將會需要對所有的國際交易進行廣泛監督，但鑒於時代精神的轉變，政府對於採用必要的管制措施卻是愈來愈遲疑。

國家經濟利益也是影響因素之一。美國與英國是主要金融中心，自然能夠從全球金融自由化獲利。取消資本管制將會為華爾街與倫敦提供的服務增加需求。[18]英國積極倡導歐洲美元市場的成長（也就是通常寄存在倫敦的美元存款），而美國的官方政策雖是不鼓勵資本外流，對於英國的這項舉動卻是視而不見。美國對於金融自由化的態度也受到一項預期的形塑，亦即認為更加開放的國際金融制度將有助於為美國赤字提供資金融通。[19]（短期內確實會如此，但終究也將促成逃離美元的現象。）隨著世人逐漸淡忘戰間期的不穩定，金融利益於是在經濟政策的形塑當中開始擁有更大的影響力。一九七三年之後，歐洲與日本願意考慮合作性資本管制以便為外匯市場帶來若干穩定性，但它們的要求卻受到美國阻擋。[20]美、英兩國的決策人士愈來愈致力於提倡全球金融鬆綁，最後獲得法國這個意料之外但至關緊要的盟友。

法國之所以會改變心意，原因是法國社會黨總統密特朗（François Mitterrand）一九八一年開始推行的再通膨方案（所謂「一個國家的社會主義實驗」[21]）以失敗收場。金融市場以大批逃離回應密特朗，從而為法國利率帶來上升的壓力。密特朗政府起初的反應是加緊資本管制，結果法國旅客進出國境都必須攜帶一本小冊子（「匯兌簿」）記錄他們購買的外幣。由此造成的不便自然無助於提升密特朗的支持度。總之，資本外逃持續不停，還有歐洲貿易的堅實網絡提供助力。最後，密特朗與他的顧問認定資本管制造成了反作用：資本管制的代價主要由一般法國民眾承擔，富人還是一樣可以輕易獲取瑞士的銀行帳戶以及其他金融避風港。

社會黨政府在一九八三年春季改變路線，取消再通膨方案，放鬆資本管制，採用國內金融自由化的做法。「保守派政府不敢做的事情，」一名觀察家指出：「這個社會黨政府卻做到了。」[22]就我們此處的討論目的而言，更重要的是法國從此開始熱切擁護支持資本流動的新國際規則。密特朗手下的財政部長德洛爾（Jacques Delors）在一九八五年當上歐盟執委會主席，在追求「單一歐洲」的目標底下推動資本自由化。儘管德洛爾主持的歐盟執委會原本的設想是將自由化限制於歐洲內部的流動，德國卻成功將自由化的涵蓋範圍擴展至歐盟以外的國家。到了一九八〇年代晚期，所有歐洲大國都已取消資本管制，歐洲因此成為全世界金融最開放的區域。自此之後，資本自由流動成為歐洲常規，是《歐盟現行法》（acquis communitaire）不可或缺的一部分，所有即將加入歐盟的國家都必須遵守。一九九二年簽署的《馬斯垂克條約》（Maastricht Treaty）將此項新常規編入法典中，歐洲的資本管制從此成為歷史。

法國的轉向也促使此項新常規得以轉移到另一個重要的國際論壇：經濟合作暨發展組織（Organization of Economic Cooperation and Development，OECD）。經合組織是成立於一九六一年的富國俱樂部，雖然不具正式制裁能力，卻握有巨大的議程設定與合法化權力。[23]到了一九八〇年代末期，經合組織已經揚棄先前對於短期資本（「熱錢」）與長期投資的區別。該組織也將資本完全流動的目標納入修訂後的《資本移動自由化法典》當中，使得取消資本管制在實際上成為加入經合組織的條件。在一九九四至二〇〇〇年之間，有六個開發中國家與轉型國家成為經合組織成員國，這些國家全都必須承諾在短期內開放資本帳。其中兩個國家（墨西哥與南韓）在加入該組織後不久就遭遇了嚴重的金融危機。[24]

等到康德緒在一九九七年向國際貨幣基金理事會發表談話，要求通過修正案好讓該組織能夠爭取全球的資本自由移動，當時先進國家的經濟學者與決策人士已經廣泛接受他的論點。資本管制變成不被容許的做法。資本管制曾是異端邪說，後來反被尊為正統，現在又再度成為異端邪說。

金融市場脫序

隨著固定匯率和資本管制遭到取消，布列頓森林原始共識當中的兩項關鍵原則也就受到擱置。在後續年間，國際金融市場對經濟政策發揮了重大影響力。當時許多經濟學家與決策人士都喜歡用以下這種說法粉飾這項轉變：第一，資本移動的自由化不但無可避免，也是理想的結果。資本自由流動就像自由貿易一樣，將有助於改善全球資源配置，並且激勵國家政府追求更好的財政與貨幣政策。第二，市場導向匯率具有雙重優點，不但能夠避免貨幣匯率偏差，又可讓國家獨立操作貨幣政策。一個國家的政府如果想要採取比貿易夥伴更具擴張性的政策，仍然可以藉由讓自己的貨幣貶值而做到這一點。國內政策不會受到像黃金本位制那樣的束縛。

這種說法透露出那些人對於金融市場傳達正確訊號的能力懷有非凡的信心，但這種信心卻是錯得離譜。主張金融市場效率的理論成了當時的主流學說，但這些理論卻是奠基在對於投機者與投資人的行為模式所做的不合理假設之上：認定他們極為理性也極有遠見，而且他們的活動也對經濟進步帶來極大貢獻。此外，這種新共識對於國內金融與國際金融的差異也缺乏理解。全球金融所需的基本制度——全球性的規範、標準、監管、執行、最後貸款者——在這種說法中付之闕如，就和真實世界的狀況一樣。金融運作跨越管轄與法規界線以及規避監管的種種陷阱仍然沒有受到探究。在他們的認定中，市場只要有欣然投入其中的參與者即可，不需要其他什麼東西。後來，金融開放帶來一次又一次的失望，理當不該有人感到意外，但可嘆的是他們確實感到意外。直到許久之後，隨著自由金融的問題變得愈來愈明白可見，那些欠缺的元素才慢慢補齊。世人又再次領教到戰間期的痛苦教訓。

浮動匯率的運作狀況尤其和當時大多數經濟學家的預期極為不同。到了一九八〇年代，「過度波動」與「匯率偏差」已成為浮動匯率的代名詞。如同這些經濟學術語所顯示的，浮動匯率有兩個問題：幣值每天的波動幅度太大；而且幣值經常出現長時間的低估或高估現象，對於本國與貿易夥伴都造成問題。

看看英鎊的遭遇。英鎊對美元的價值所留下的歷史資料可以追溯到一七九一年，因此在貨幣不穩定性方面為我們提供了漫長的歷史視野。在這段為期兩百年的時間當中，最不穩定的時期堪稱是起自一九七三年開始採用浮動匯率之後的那幾年間。實際上，其他呈現出類似動盪狀態的年代，除了若干軍事衝突的期間之外，就只有兩次世界大戰之間的那段時期，當時英國採取了試圖讓英鎊回歸黃金本位制這項注定失敗的做法。在拿破崙戰爭與美國南北戰爭期間，英鎊尤其出現劇烈的波動。不過，除了這些時期以外，英鎊通常都維持頗為穩定的狀態。在一九四五至一九七三年間，英鎊出現了兩次大貶（分別在一九四九年與一九六七年）。不過，這兩次貶值的目的都在於消除布列頓森林體制下所謂的「根本失衡」，後續也都帶來外匯市場的穩定。一九七三年後的浮動匯率經驗看起來則是完全不同的狀況，英鎊每年的價值變化常可達到一〇%至十五%之間，而且這樣的高低起伏並沒有任何明顯可見的規律或原因。

這種不穩定的現象，有一大部分是受到美元本身的劇烈震盪所影響。一九七三年之後，美元曾有三次貶值又升值的大循環。此外，在這當中又有英鎊自己的起伏。如果有一個對歷史所知不多的人，想必會以為世界在一九七三年以後遭到一連串災難性的政治與軍事事件的衝擊。對於國際經濟體系而言，浮動匯率不是安全閥，反倒成了不穩定的來源。

在八〇與九〇年代期間，對於幣值究竟反映了根本經濟狀況還是僅僅反映了外匯市場中的扭曲現象（泡沫、不理性、短視近利的期望或者短期貿易策略），經濟學家與決策人士一直辯論不休。那些介於二十至三十歲之間的男性——他們絕大多數都是男性——坐在巨大的電腦螢幕前面，按個按鍵就可以在全球各地移動數以億計的金錢，並且決定各國貨幣的命運，那些人真正在做的事情究竟是什麼？他們的工作是否在於消除市場中的無效率，讓幣值更接近其真正的潛在經濟價值？還是他們只是盲目跟隨潮流，追逐虛無縹緲的利潤，因此放大了市場中的漲跌起伏？

這場辯論對於那些遭遇貨幣波動所苦的人而言根本毫無幫助。美元在一九八〇年代前半升值達四〇％，當時美國的每一家製造商的出口商品都彷彿被多課了四〇％的稅，而它們在美國市場內的外國競爭對手則彷彿獲得了同額的補助。保護主義情緒會在這段期間出現些微高漲並不令人意外，令人震驚的是高漲幅度竟然這麼有限。不論金融市場的問題來自何處，總之不是缺乏競爭或者缺乏市場流動性。到了二〇〇七年，每日的外幣交易量已上升到三・二兆美元，比貿易量大上數十倍（同年的每日貿易平均量只有三百八十億美元）。[25]金融淹沒了真正的經濟。

匯率浮動還帶給我們一項重要教訓。資本一旦開放，貨幣匯率不論是盯住還是浮動都沒有差異。早在一九七八年，耶魯大學的凱因斯學派經濟學家、也是後來的諾貝爾獎得主托賓（James Tobin）就指出核心問題所在。「針對〔匯率〕體制的辯論其實迴避也模糊了最根本的問題，」他寫道。根本問題是私人金融資本的「過度」流動性。「國家經濟與國家政府如果要針對外匯交易所之間的龐大資金移動進行調整，就必定會造成嚴重的艱困狀態，也必須大幅犧牲就業、產出與通貨膨脹等國家經濟政策的目標。」他的論點在本質上與凱因斯相同，但現在也適用於一個處於浮動匯率中的世界。他指出，資本流動性導致國家無法追求不同於其他經濟體的貨幣與財政政策，因此也就使得國家無法施行適合國內經濟的政策。托賓埋怨道，不論在國際金融市場中交易是否會導致資金在國家之間大量移動或是匯率巨幅波動，總之都會帶來「嚴重而且通常相當痛苦的內部經濟後果」。

托賓指出，世界經濟的走向可以有兩種選擇。我們可以採用單一世界貨幣，而在全球層面仿效國內的狀況。如此一來，將可消除各國貨幣差異所造成的困難與扭曲，但當然也需付出代價，就是所有國家都必須受到同一項貨幣政策的支配。他認定這種情境在政治上不可能實現，於是提出另一個解決方案。他說過一句名言，指稱我們需要的是「撒一些沙子在我們效率過高的國際貨幣市場滾輪裡」。[26]他的具體建議是對國際貨幣交易課稅，也就是後來所謂的「托賓稅」。

不過，托賓屬於一群明確的少數，而他的呼籲也在後布列頓森林時代的大氣氛中遭到忽略。對於全球資本流動的效率和無可避免所懷有的信念仍然相當強烈。世界經濟必須再遭遇更多傷害之後，托賓的觀點才會受到首要經濟學家與監管機構的認同。[27]

任由自己受制於國際資本市場的國家所遭遇的那幾波金融危機，確實造成了嚴重的傷害。首先是一九八〇年代的拉丁美洲債務危機，由於拙劣的經濟管理而更加惡化，結果席捲了該區域的國家，導致經濟停滯，形成「失落的十年」。一九九〇年代初期輪到歐洲，當時外匯交易員針對幾個歐洲國家的中央銀行（諸如英國、義大利與瑞典）進行了成功的投機交易。那些國家原本想要藉著把自己的貨幣與德國馬克緊緊綁在一起以限制貨幣移動，但金融市場卻迫使這些貨幣貶值。一九九〇年代中期又出現了另一輪金融危機，其中最嚴重的是墨西哥因為資本流動突然逆轉而導致的「龍舌蘭風暴」（一九九四）。亞洲金融危機跟著在一九九七至九八年間發生，後來擴散至俄國（一九九八）、巴西（一九九九）、阿根廷（二〇〇〇），最後達到土耳其（二〇〇一）。這些還只是比較知名的案例而已。一項評論指出，在一九七〇至二〇〇八年間總共發生了一百二十四場銀行危機、二百零八場貨幣危機，以及六十三場主權債務危機。[28]經過新千禧年初期的一段和緩時期之後，以美國為中心的次級房貸危機又引發了另一場劇烈震盪，金融開放的經濟體因此面臨外資突然枯竭的現象，有些經濟體甚至不免破產（冰島與拉脫維亞）。

這些案例大多數都依循同樣的榮枯循環模式。首先是充滿亢奮的階段，國家獲取大量的外國貸款。這個階段會受到金融市場中強調光明前途的論述添油加醋。國家改革了政策，即將迎接生產力的大爆發。沒有必要擔心債務累積，因為未來的收入將會非常高，所以將會有充足的能力可以償還貸款。借貸者可以是政府，也可以是私人銀行或企業，但這點在最後看來並沒有什麼差別。接著，國內或國外會出現一點壞消息，而引發首屈一指的金融危機分析家卡爾沃（Guillermo

Calvo）所謂的「驟停」。[29]金融市場對於這個國家的看法徹底改變：這個國家過度借貸，政府的行為不負責任，經濟看起來充滿風險。外資枯竭，於是經濟也就立刻必須經歷痛苦的扭曲以便調適。利率飆高，幣值重貶，企業面臨信用緊縮，國內需求縮水，而且通常又會因為政府為了恢復「市場信心」而實施的財政緊縮政策而更加惡化。等到這一切結束之後，經濟平均會蒸發掉國內生產毛額的二〇%左右。[30]

這一切實在都不該真正令人感到意外。經濟史學家金德伯格（Charles Kindleberger）說過一句令人難忘的話，他說每當資本能夠在世界上自由移動，就會造成「狂熱、恐慌與暴跌」。[31]萊因哈特（Carmen Reinhart）與羅格夫（Ken Rogoff）近來從事的研究，將長久以來在經濟史學家眼中明白可見的現象加以量化。這兩位經濟學家仔細篩檢歷史記錄，找出一八〇〇年以來每一場重要的銀行危機案例。他們把由此得出的結果和資本流動性的歷史軌跡疊合在一起，結果發現兩者幾乎完全吻合。如同他們指出的：「國際資本流動性高的時期一再反覆產生國際銀行危機，不僅一九九〇年代期間的著名案例如此，在歷史上也一直都是這樣。」[32]

波動與危機的增加也許是世界經濟為改善金融紀律所付出的代價。許多辯護者想必會指出，儘管有這些令人失望的現象，世界卻還是從資本流動當中獲益不少。宣稱自由金融能夠改善全球資源配置的論點尚未徹底消失。對外國資本取消障礙的國家是否比其他國家成長得更快，目前學界仍然爭辯不休。不過，這只是學者的吹毛求疵而已。資本流動性的歷史紀錄相當清楚。

只要稍稍看一眼這項紀錄，即可獲得三個重要發現。第一，自從第二次世界大戰以來，世界經濟已達成史無前例的成長幅度。歷史上其他時期都遠遠比不上，不論是工業革命還是十九世紀的全球化都一樣。第二，第二次世界大戰結束後的頭二十幾年間所達到的成長率，至今仍然無可匹敵。在一九五〇至一九七三年間，世界經濟每年的人均成長率約為三％，將近是一九三〇年代之前的三倍，也是一九七〇年代晚期之後的兩倍。就歷史上而言，一九九〇年以後的經濟表現看起來非常好，但也還是比不上布列頓森林時代的標準。世界經濟在金融全球化時期的表現就是比不上布列頓森林期間。

第三，過去三十年來的成長冠軍，就像戰後頭幾十年間的狀況一樣，也是按照布列頓森林體制的規則玩全球化遊戲的國家（例如中國），而不是遵循深度整合規則的國家。那些國家維持資本管制，抑制外資，並且善用政策空間從事國內經濟管理（我們將在第七章看到這一點）。無可避免的結論就是金融全球化沒有達到我們的期望。對國際資本市場開放的國家面臨更大的風險，卻沒有得到經濟成長更高的補償效益。[33]

6 金融的狐狸與刺蝟

我們在前一章結尾得到的結論應該令人感到困惑。個人與企業如果能夠不受國界阻礙而自由借款與貸放，經濟的表現不是應該會比較好嗎？開放金融為什麼不是一項優勢？

在正確的情況下，資本流動確實可以是對經濟的一項利多。在投資機會豐富而且儲蓄短缺的國家裡，資本流動可讓企業從事它們原本無法從事的計畫。尤其是一旦隨附著科技、市場知識以及其他技能而來，長期的外國直接投資即是經濟成長不可或缺的元素。可是，其他種類的國際金融為什麼經常造成不良的後果？

回想一下我在討論貿易利益之時所提出的一項論點。買家與賣家之間有利可圖的交易，只有在價格反映了其中涉及的完整社會（機會）成本的情況下，才會對整體社會有益。這項原則在金融市場也一樣適用。我一旦對一張由地球另一端的一個實體所發行的紙張（不論是債權憑證、債券還是衍生性金融商品）做出投資，我對於自己所冒的風險是否擁有正確的理解？那張紙所承諾的收益是否反映了那些風險？我借錢的時候，我承擔的利率是否反映了其他人將會面臨的成本，或是我一旦無力償債之時紓困的必要財政支出？我一旦炮製一種新奇的證券，我是否有將此一證券長期下來對公司利潤所可能造成的影響（除了我本身的薪酬所受到的影響之外）納入考量？面對這些以及其他許許多多類似的問題，答案如果不是無條件的肯定，那麼金融市場就會失靈。不幸的是，這類缺陷族繁不及備載，所以我們才會這麼習於那些缺陷所造成的金融市場弊病。

經濟學家不是對這些問題一無所知。經濟文獻裡滿是對於這些缺陷的分析，包括資訊不對稱、有限責任、道德風險、代理成本、多重均衡、體系風險、隱性擔保、資訊流瀑等等。這些現象全都受到精細的數學推論與實證例示的徹底研究。到了現在，大多數經濟學家也都瞭解這些問題在全球經濟當中並未受到充分回應。國內金融的支撐力量包括共同標準、存款保險、破產法規、法院強制執行的合約、最後貸款者、財政支援，以及許許多多的監管機關。這些東西在全球層面都不存在。所以，全球的法規與標準僅是一團缺乏效果的大雜燴，危機反應也仍然只是特例安排的結果。

依照我們所知，全球市場的管理為何如此薄弱？問題源自於經濟學家與決策人士在實際施行政策的時候總是傾向於低估這些缺陷，以免其負面意涵令人對支持金融自由化的論據產生懷疑。不是說金融市場不會失靈，只是我們可以假裝金融市場不會失靈而繼續過日子。要理解這項職業扭曲是怎麼出現的，我們就必須辨識出經濟學森林裡的狐狸和刺蝟有何不同。

狐狸與刺蝟

在一篇論述托爾斯泰的著名文章裡，自由派哲學家柏林爵士（Isaiah Berlin）以一句古老格言區別了兩種思想家。這句格言據說出自希臘抒情詩人亞奇洛卡斯（Archilochus，西元前七世紀）：「狐狸機巧多知，但刺蝟只知道一件大事。」刺蝟只有一項核心觀念，而且只會透過那個觀念的鏡片看待世界。刺蝟如果不是對各種複雜細節與例外視而不見，就是加以揉搓捏塑以便符合自己的世界觀。刺蝟心目中有一項真正的答案，不論什麼時間或什麼情況下都適用。至於柏林比較認同的狐狸，則是對世界抱持多樣化的觀點，因此也就不會標舉單一的大口號。狐狸對大理論心存懷疑，因為他們認為世界的複雜性無法一語概括。柏林認為但丁是刺蝟，莎士比亞則是狐狸。[1]

這項區別正好符合經濟學界當中的分野：一方是刺蝟，認為鬆綁市場無論如何都是正確的解決方案（他們的「大構想」）；另一方是狐狸，認為問題總是藏在細節裡。[2]狐狸也相信市場（畢竟他們仍是經濟學家），但他們認為真實世界的複雜狀況需要更謹慎的做法，充分考量周遭情境。刺蝟如果將這些複雜狀況納入考慮，也只認為這些狀況強化了市場自由化的論據，而不是對其造成阻礙。

只要看看經濟學家回應政策議題的方式，就可以知道他屬於哪一類人。刺蝟經濟學家的直覺反應是以最簡單的教科書分析套用在眼前的問題上。市場能夠讓效率極大化，因此市場愈自由愈好。在這種世界裡，每一種稅都帶有效率成本；對於個人行為的每一項限制都會導致經濟大餅變小。公平與效率的問題可以清清楚楚區分開來。他們認定市場失靈不存在，除非事實證明不是如此；而且，如果真有市場失靈問題，也只能用最直接的補救方法加以因應。人是理性而具有遠見的動物。需求曲線總是會向下傾斜（供給曲線則是向上傾斜）。全體經濟互動不會推翻局部分析的邏輯。亞當．斯密與後續的追隨者已證明不受羈束的市場運作得最好。這類經濟學家本身的研究不論多麼艱澀、複雜而充滿意外，他們對當前議題的看法仍然源自一種直截了當、近乎本能反射式的邏輯：只要取消某一項政府干預或壁壘，經濟表現就會改善。

經濟學家當中的狐狸對於市場力量懷有充分的尊重，但他們傾向於看見各式各樣的複雜狀況，因此認為教科書的答案不夠完整。在他們的世界當中，經濟充滿了市場不完全性，公平與效率無法明確劃分，人不一定都會採取理性的行為，有些看似不良的政策干預可能會造成正面結果，而且全體經濟互動所產生的問題會導致教條式的分析不盡可信。對於不受羈束的市場能夠提高社會福祉的原則，亞當．斯密的追隨者已展示了一長串的例外。政府干預可以在許多方面改善市場結果。狐狸認為經濟在本質上是「次佳」的——由於市場太過不純淨，因此刺蝟的理想政策不可能總是正確的政策。

有些差別源自於這兩個群體各自如何看待市場失靈的普遍存在。刺蝟比較不認為這些失靈現象有狐狸聲稱的那麼常見。不過，這兩個群體之間最重大的差異是在他們對市場失靈的回應上。刺蝟會說，市場一旦崩潰，解決方法不是限制市場或者向政府尋求幫助，而是單純讓市場運作得更好。令狐狸擔憂的那些複雜問題必須直接處理，做法是消除引發那些問題的扭曲情形。狐狸如果擔心銀行內部過度冒險，那麼正確的做法就是修正誘因以節制冒險行為。如果政府債務太多而導致金融脆弱，那麼需要調整的就是政府的財政政策。每個問題都有其本身的解藥，不需要為此延後或放棄整體的自由化。這種做法稱為「政策定向原則」：把政策干預瞄準問題來源。這種做法本身確實有其合理性。不過，在刺蝟經濟學家的手中，由於他們認定所有相關問題都應該並且能夠透過最適當的手段因應，所以這項原則也就成了一件強而有力的工具，只管將眼前的一切盡量鬆綁，而不擔心負面影響。畢竟，那些負面影響都可以分別加以直接處理。於是，這項原則使得這些經濟學家預期世界會依照他們的建議調整，而不是他們的建議隨著世界的狀況調整。

實際上，我們對於特定問題的根源通常只懷有模糊的概念。而且，就算我們對其根源非常清楚，行政與政治上的困難也可能導致我們難以直接因應該項問題。自由化的嘗試之所以造成反效果，原因是並非所有必要的防護措施都存在。刺蝟主張消除貿易限制並且藉由補償措施來因應任何負面分配後果的建議，也遭遇到類似的命運。自由化獲得推行，經濟學家因此深感滿意。然而，安排補償卻沒有表面上看來那麼容易。等到反效果（或者金融危機）發生之時，經濟學家已經忙著在其他地方倡導自由化了。

刺蝟經濟學家對自身論據的辯護，就是指稱市場解決方案相較於政府干預乃是兩害取其輕。這也正是這場論戰明確涉及意識形態之處。刺蝟會說，就算市場易於失靈，政府則是會把事情搞得更糟。官僚缺乏做出正確行為的必要資訊，他們會受到自己應當加以規範的利益所吸引，而且他們也易於受到貪腐的引誘。他們的論點指出，由於以上這些原因，事實將會證明政府對國際金融的限制是一項比疾病還更要不得的解藥。請注意，這項論點幾乎跟政策定向論點完全相反，原因是其中假設政府連把最簡單的事情做對都沒有能力，更遑論施行精確瞄準市場失靈根源的干預措施。所幸，這項論點不可能完全正確，因為如同我們在第一章看過的，現代市場經濟需要各式各樣的支持制度，其中許多都是由國家提供。刺蝟的說法如果沒錯，那麼現代市場經濟就不可能興盛發展，而是會呈現功能障礙的狀況。

許多人都使用過這些論點支持資本自由流動。費雪在一九九七年的國際貨幣基金會議上倡議資本流動，就利用簡報中的一大部分內容講述國家為資本流動「做好準備」所必須採行的調整。如同他說的：「經濟政策與制度，尤其是金融體系，必須調整改變，才能在資本市場自由化的世界中運作。」有些必須採取的措施早已廣為人知，他說。總體經濟政策必須「健全」；國內金融體系必須「強化」；消除資本管制必須「適切」推行。不過，也有些議題是比較少為人知或者比較缺乏共識的。對於自己施行的政策，中央銀行及其他政府機關應該對金融市場透露多少資訊？

國際貨幣基金與其他多邊機構如何能夠改善其「監理」作為，也就是對金融市場趨勢與風險的監控？[3]在費希爾看來，不論是那些必要調整的規模，還是那些尚無解答的問題，都不足以做為延緩自由化的理由。改革將可確保我們一方面獲取資本流動的利益，另一方面又得以抑制風險。

曾擔任聯準會委員的哥倫比亞大學傑出貨幣經濟學家米希金（Frederic Mishkin）則是比較晚近的一名刺蝟經濟學家。他在全球金融危機爆發前夕的二〇〇六年出版的著作《下一波全球化：弱勢國家如何能夠掌控其金融體系而致富》（*The Next Globalization: How Disadvantaged Nations Can Harness Their Financial Systems to Get Rich*）[4]，是近年來對於全球化最樂觀的一部作品。儘管許多全球化擁護者都因為先前概述過的原因而對金融全球化態度含糊不清，米希金卻還是毫不羞赧地予以大力提倡。[5]他對於金融全球化要怎麼才能發揮效果也沒有任何不切實際的幻想。新興市場經濟體需要提倡財產權的「良好制度」，「例如法治、限制政府的徵收權，而且不能有貪腐現象。」此外，還需要能創立有效率的金融體系的制度，例如「鼓勵透明化的金融法規、良好的公司治理、審慎監管以限制過度冒險，以及強制執行金融合約」。而這些改革又需要廣泛的法律和政治轉型，以便放鬆既有機構對體系的掌控，讓體系能夠開放接受競爭。[6]

這類論點最引人注目的，就是其中的前提要件有多麼包容廣泛同時又欠缺精確度。許多經濟學家描述金融成功開放所需的制度要求，都彷彿只需要單純將特定政策開關打開或關上即可。修正制度，建立法治，消滅貪腐，消除金融上的過度冒險行為，也別忘了政治改革。做到了嗎？很好，接下來就等著迎接金融全球化即將帶來的經濟繁榮吧。

這類改革清單等於是假設開發中國家擁有某種神奇工具，可讓它們迅速達成當今的已開發國家花了數百年才做到的變革。更糟的是，如同次貸危機所展現的，即便是全世界最老練的監管機構，也沒什麼好方法能夠控管過度冒險行為或者促成足夠的透明度。不過沒關係。我們可以確定這份前提要件的清單只會愈來愈長。國家一旦在金融市場上陷入麻煩，一定可以在這份清單上找到它們沒有做好的事情，於是也就可以把危機怪罪在那一點上。這種倡議方式具有某種自我陶醉的性質：不管情況演變到多糟糕的地步，刺蝟經濟學家絕對沒有錯。

看看一九九〇年代的阿根廷。這個國家在九〇年代初期熱切追求資本流動性，同時也在金融、貿易、財政政策與治理方面推行廣泛的改革。該國在金融監管方面制定了第一流的規則，也獲得公認優於許多先進國家。那些改革使得阿根廷成為國際貨幣基金高度推崇的明星國家。國際貨幣基金總裁康德緒在一九九六年造訪阿根廷，他這麼表達自己對這個國家的讚賞：「我來到阿根廷，看到的已不再是危機的強烈徵象，而是就許多方面來看都是一份成功的藍圖。」[7]三年後，阿根廷慘遭突然終止的資本流入所害，引發此一現象的原因是一九九九年的巴西貨幣貶值。

米希金在他的書裡承認阿根廷採取了許多作為改善其金融市場與法規。不過，他也感嘆不已地指出：「可惜，這些努力並不足以確保成功。」他寫道，造成那場金融危機的原因是「阿根廷經濟的結構性問題、沒有適切因應財政問題，再加上運氣不佳」。[8]換句話說，一個國家不管做了多少都還是不夠，金融市場要求的總是更多。

金融騙局故事講述大師路易士（Michael Lewis）提及自己和一位朋友的談話，那位朋友在一九八六年創造了最早的房貸衍生金融商品，他說：「問題不在於工具，而在於使用工具的人。衍生性商品就像槍枝一樣。」[9] 這項類比非常發人深省。實際上，金融自由化的刺蝟倡導者就像是放鬆槍枝管制的支持者。那些支持者的口號是：「槍不會殺人，人才會殺人。」其中的含義就是，我們應該任由火器自由流通，同時避免這些東西落入罪犯手中，並且對濫用行為施加強硬制裁。這是一項相當漂亮的論點，但前提是你必須相信以下這幾點：我們能夠辨識未來的罪犯；我們善於捕捉犯罪者；而且明天的懲罰可以在今天發揮遏止犯罪的強烈效果。如果這幾點不成立，那麼個人自由對社會造成的代價就會太高。我們需要一項比較粗率但也更為有效的工具：限制槍枝的取得。

狐狸對於金融自由化的觀點也與此類似。在一個完美的世界裡，我們當然可以透過適切的規範將資本自由流動的有害副作用降到最低，而不必直接管制資本流動。不過，這個世界並不完美，所以謹慎的做法就是不要讓金融市場橫行失控。

且讓我們回頭談論托賓，他是後布列頓森林時代的經濟學界裡最早倡議資本管制的其中一人。托賓在提議對國際貨幣交易課稅之前，先仔細考慮了刺蝟的理想解決方案。「我們應當對『一個世界』的理想致敬，」他寫道。要什麼樣的條件才能夠建立一個健全的世界金融市場，整合度與統一度都不遜於國家之內的狀態，例如美國的金融市場？

資本在美國境內可以自由流動，而這點顯然造就了重要的經濟效益。「在國內產品與勞動市場當中，」托賓解釋道：「財貨與勞工……都可輕易流動至具有高度需求的區域。對於無可避免的區域性蕭條與荒廢問題，這種流動性正是不可或缺的解決方法。」在這些條件下，根本不需要有區域層次的總體經濟政策，而且反正這種政策也不可能施行。相同的貨幣、完全整合的國家金融與資本市場，還有全國適用的貨幣政策，共同確保了利用利率差異或匯率變化獲利的投機性資本移動無法發揮破壞穩定的力量。

刺蝟式的做法將會是在全球層面建立與國家內部相同的經濟體。不過，托賓指出，只要描述美國市場的運作方式，「即可提醒我們這一點：要在世界層次上複製美國國內的那些前提要件是多麼困難的事情。」在現實中，「私人資本市場的國際化比其他經濟與政治制度都還要快速也更加徹底」。鑒於這一點，托賓認為自己必須提出一項狐狸式的補救辦法：以課稅的方式劃分國際貨幣市場。[10] 對國際金融交易課徵的這樣一項賦稅，就算稅率非常低，也能夠遏阻交易員為了追求極短期的利潤而過度買賣貨幣。[11]

當然，凱因斯一定會表示贊同。他也可能偏好直接處理過度投機行為的根本肇因，而且他一定會說這種問題不但源自法規缺陷與政治分裂，還是人性缺點與羊群效應造成的結果。不過，凱因斯本來就是個狐狸，非常清楚存在於真實世界裡的實際限制。這就是為什麼他認為任何一個穩定的國際金融體系都絕對不能缺少資本管制。

在當今的經濟學家當中，史迪格里茲也許算是最徹頭徹尾的狐狸。他的研究幾乎是無窮無盡地列出了市場可能失靈的各種方式。史迪格里茲在二〇〇一年贏得諾貝爾獎（連同艾克羅夫〔George Akerlof〕與史賓斯〔Mike Spence〕），原因是他以理論證明「資訊不對稱」如何在各式各樣的市場中扭曲了誘因。對於你販售給我的東西（不論是你使用過的二手車、你的勞工，還是你的債券）所具備的價值，你如果知道得比我還多，那麼我們的關係就會出現許多問題。這類交易當中的價格通常會傳達錯誤的訊號。許多不該發生的交易因此發生，有些應該發生的交易也因此無從發生。金融市場的許多弊病——榮枯循環、金融恐慌、信用良好的借貸者卻無法獲取貸款的現象——都可以由這類資訊不對稱加以解釋（而且經常和其他市場扭曲互相影響）。不同於其他許多研究過市場失靈的學者，史迪格里茲非常認真看待這種研究的結果。他極力反對鬆綁資本流動，也強烈批評國際貨幣基金。[12]

在對資本市場抱持懷疑態度的人士當中，最古怪的一名成員是哥倫比亞大學經濟學家巴格沃蒂。他在亞洲金融危機期間曾掀起一場騷動，原因是他在一九九八年發表了一篇文章，標題為〈資本迷思：產品貿易與貨幣交易的差別〉（The Capital Myth: The Difference Between Trade in Widgets and Dollars）。[13]巴格沃蒂是全世界最熱切擁護自由貿易的人士之一，所以他在文章中指稱自由資本市場的倡議者背後的動機是意識形態與狹隘自利（他稱之為「華爾街—財政部複合體」）而不是經濟學，隨即就引起眾人的注意。巴格沃蒂指向國際資本市場常見的問題：短期投機、易於恐慌的傾向，以及流動逆轉造成代價高昂的調整。他指出，觀諸這些風險，實在沒有充分理由推促國家取消對資本流動的管制。

巴格沃蒂的立場之所以奇特，不是因為他一方面反對資本自由流動，另一方面又偏好商品的自由貿易。畢竟，我們可以合理聲稱市場失靈現象在「貨幣」市場比在「產品」市場當中猖獗得多。此處特別引人注目的是另一種差異。巴格沃蒂在貿易方面是刺蝟，但在金融方面卻是狐狸。由於他建立學術名聲的研究，是證明市場不完全——私人估價與社會估價的歧異——可能在貿易當中導致出乎意料的後果，因此他絕不會否認真實世界中存在著這樣的缺陷。他支持自由貿易的論據，反倒是仰賴於刺蝟式的政策定向原則。他接受自由貿易的「缺點」，但提議我們透過「一套繁複的新政策與制度」加以因應，例如國內與國際補償機制以及其他瞄準問題根源的干預措施。[14]當然，這正是費雪、米希金，以及其他資本自由流動的辯護者所採取的論點。不要限制資本流動；直接處理潛在的問題。巴格沃蒂在金融方面揚棄了這種做法，想必是他覺得這麼做不切實際。他這樣的選擇相當正確。

附帶效益還是附帶損失？

最新一代支持無限制資本流動的論點採取了不同的路線，強調金融全球化的間接效果與催化角色。在費雪之後接任國際貨幣基金首席經濟學家的哈佛大學經濟學家羅格夫所撰寫的著作，最能夠代表這種想法。

羅格夫與他的合作者承認，對於那些期待從資本自由流動當中看見更多投資與更快成長等重大效益的人士而言，既有證據並不如他們的預期。但他們指出，如果說有任何失望，那只是因為大家都看錯了地方。真正的效益位於別處。依照他們的觀點，金融全球化能夠促成較佳的國內金融部門、強制總體經濟政策遵守紀律、讓國內企業暴露於外國競爭之下，並且為公部門與企業施加改善治理作為的壓力。換句話說，金融全球化能夠產生重大的「附帶」效益。[15]

羅格夫的論點帶有一定程度的吸引力。許多開發中國家都需要強化總體經濟紀律以及改善制度，不論這些成果從何而來。不過，我們也可以輕易提出相反的論述，指稱金融全球化弱化了（而不是強化）總體經濟紀律，並且破壞了（而不是促進）制度發展。

明顯可見，比起單純仰賴國內債權人，接觸國際金融經常會導致揮霍成性的政府積累更大的赤字，而且持續的時間也更長。以土耳其這個在二〇〇一年遭遇嚴重金融危機的國家為例，土耳其在一九八〇年代晚期取消對資本流動的管制之後，該國政府就獲得一個現成的廉價融資來源，然而其總體經濟管理卻相當拙劣。公債飆增，通膨也維持在高檔。儘管如此，國內的商業銀行卻從國外借貸，把錢拿來購買政府債券，藉由利差獲利。等到無可避免的修正終於來臨，並且因資本流入的「突然中止」而猛然發生，土國經濟隨即經歷了數十年來最嚴重的衰退。如果沒有金融全球化，土耳其必定會被迫提早整頓財政，而不會拖延到二〇〇一年，也就不至於會付出那麼高的代價。

再看看希臘的例子。這個歐盟內揮霍無度的浪子，多年來一再藉著操弄其預算統計數據而違逆歐盟執委會對政府赤字設定的上限。希臘政府從事這項統計戲法也有現成的共犯。為了數億美元的費用收入，像高盛集團這樣的華爾街公司設計了衍生性金融商品以協助隱藏希臘的預算赤字。[16]等到希臘政府破產的事實在二〇一〇年初見光之後，整個歐元區都連同該國一起陷入危機。德、法兩國因此面對一項殘忍的抉擇：為希臘紓困，從而獎勵不良行為並違抗歐盟規定；或是任由希臘（可能也包括其他經濟較弱的國家）退出歐元區，從而使這個貨幣聯盟遭受一記恐將致命的重擊。

外部資金就像是只能同享福而不能共患難的朋友一樣：最不需要它的時候它就在，而一旦需要它發揮一點正面作用，就遍尋不著了。這不是什麼新消息。一九三〇年代期間就流傳一則笑話，指稱外國資金就像一把可讓人外借的傘，但一下雨就必須要還。[17]金融全球化對於新興市場經濟體的景氣循環（也就是經濟活動的增長與衰退）不但沒有緩和作用，反倒還會進一步加劇。[18]實在很難看出這樣對財政紀律有什麼幫助。

認為金融全球化有助於改善治理作為的論點，也一樣證明不盡可信。金融全球化確實會迫使國家政府更加注意銀行業者想要什麼，但金融與銀行只是許多產業當中的一門產業而已，並且有其本身的特殊利益。這門產業的需求為什麼應該在大多數時候或甚至隨時都與國家的需要互相一致？

想想開發中經濟體當中一種典型的衝突：外國銀行業者偏好高利率和較高的幣值；國內出口商則是偏好低利率和較低的幣值。貨幣和財政制度的設計應當促成這兩種結果當中的哪一個？在大多數的情況下，出口商的偏好通常會對整體經濟帶來最大的好處，所以金融不占政治上風的經濟體會繁榮發展。

一般而言，銀行利益通常偏好極輕微的規範，不論這麼做會對經濟中的其他部門造成什麼影響。銀行業者的影響力一旦不受其他人的質疑，就可能對政治與制度產生腐化效果。實際上，次貸崩盤就是對「附帶效益」論點的致命一擊，因為這場危機展現了金融破壞治理作為的驚人能力——而且此一現象還是發生在世界上最富裕而且最古老的民主國家。次貸危機發生後，就非常難再主張銀行利益有助於改善制度了。

金融創新的誘惑

次貸崩盤發生後，對金融抱持懷疑態度成了理所當然的事情。不過，我們還是應當為刺蝟經濟學家說句公道話。我們大多數人初次聽到他們針對導致這場危機的金融創新所提出的論述，都覺得頗具說服力。

每個人都希望信用市場能夠幫助民眾購置住宅，所以我們首先採取的做法就是為房貸放款業引進真正的競爭。我們允許非銀行發放住宅貸款，並且任由它們提供更平價的創意房貸給難以從傳統貸放機構取得貸款的潛在買屋人。接著，我們又讓這些貸款能夠匯集起來，包裝成可以賣給投資人的證券，而理當能夠藉此減少風險。然後，我們再把這些住宅貸款的還款流分割為風險高低各異的債券系列，為高風險債券系列的持有人提供較高的利率。接下來，我們要求信用評等機構認證這些房貸擔保證券當中風險較低者具有足夠的安全性，可供退休基金與保險公司買入投資。而且，為了防止還有人感到不安，我們又創造了別的衍生性商品，可讓投資人為那些證券發行者可能違約的風險購買保險。

我們如果想要展示金融創新的效益，大概也設計不出比這更好的安排。由於上述這些做法，數以百萬計較為貧窮而無法購屋的家庭因此得以購置自有住宅，投資人獲得高額報酬，金融中介機構也賺飽了費用與佣金。這種做法原本可能有如美夢成真——而在危機爆發之前，許多金融業者、經濟學家與決策人士也都這麼認為。他們仰賴的論述相當吸引人。金融創新可以讓人以先前得不到的方式獲取信貸，做法是將風險匯聚起來，轉手給最有能力承擔這些風險的人。如果有部分人士或機構在此一過程中犯了錯誤或是財務過度擴張，就會為此付出代價。金融市場將會自我監管及自我約束。誰能反對這一切？

二〇〇七年席捲金融市場的危機擊潰了華爾街，也打敗了美國。美國財政部與聯準會不得不對問題金融機構提供金額高達數兆美元的紓困方案，使得新興市場的危機相較之下顯得微不足道。至於金融創新的效益呢？在斷垣殘壁當中實在難以看得出來。如同沃爾克（Paul Volcker）在事後嚴正指出的，自動提款機為大多數人帶來的利益遠高於任何資產擔保債券。[19] 柏南克（Ben Bernanke）則是以委婉許多的言詞指出：「如果有人認定金融創新所號稱的效益並沒有當初誇口的那麼高，實在也是無可厚非。」[20]

到底是什麼地方出了問題？次貸危機再次證明了馴服金融是多麼困難的事情：這門產業一方面是所有現代經濟體的生命線，同時卻又是這些經濟體維持穩定的最大威脅。這點對新興市場經濟體而言並不是新聞，但在先進經濟體當中，這項挑戰卻因為半個世紀以來的金融穩定而受到掩蔽。在經濟大蕭條之前，美國每隔十五或二十年就會遭遇一次重大的銀行危機。經濟大蕭條之後的五十年間，卻沒有出現過任何足以相提並論的狀況，直到一九八〇年代才發生了儲貸危機。[21]

這個金融穩定的年代得以產生，原因是老百姓與華爾街之間（也就是實體部門與金融部門之間）經過數百年來的實驗之後，達成了勉強的相互適應。這種禮尚往來採取一種簡單的形式：以接受規範換取運作的自由。政府要求商業銀行接受嚴格的審慎監管，交換代價則是提供公共存款保險與最後貸款者的功能。股權市場也必須達成廣泛資訊揭露與透明化的要求，才能夠盡情發展。

一九八〇年代的金融鬆綁推翻了這種協議，把我們推進一個未曾探索過的新領域。自由化的擁護者指稱監管會對金融創新造成阻礙，而且總之政府機關也不可能跟得上科技變革。自我監理才是正確的道路。許許多多的新式金融工具紛紛冒出，帶有各種奇特的簡稱與風險特質，即便是經驗最老到的市場玩家終究也是一頭霧水。

金融全球化大幅加深了這個新近鬆綁的體系的脆弱程度。銀行、企業與政府因此能夠大幅增加短期借貸，提高整個體系的槓桿。金融全球化也導致國家之間更容易互相影響，一個國家的財政困難很快就會拖累其他國家的銀行。在一九八〇年代晚期之前，美國在信用方面基本上可以說是自給自足。美國銀行雖向其他國家借貸，但這點卻受到美國以直接投資的形態在海外長期放款所抵銷，因此帳簿的兩端也就維持平衡。後來，外國借貸卻為國內一半以上的信用擴張提供了資金。[22]亞洲儲蓄率在一九九〇年代晚期的增加（這個現象本身即是對十年前亞洲自己的金融危機的反應）尤其貢獻良多。美國與歐洲的實質利率因此下滑，引發了信用繁榮，誘使銀行瘋狂追逐收益，財務狀況也跟著膨脹。

資本的自由流動導致歐洲與其他地區的投資人接收了一大堆由美國輸出的有毒房貸資產。有些國家，例如冰島，全國都變成了避險基金，在國際金融市場上把槓桿操作到極致，以便賺取利潤率的微小差額。要求加強管制金融的呼籲遭到拒斥，聲稱這麼做只會造成銀行移往管制程度較低的轄區。[23]

事後回顧起來，二〇〇八年金融危機的直接原因很容易辨識：房貸放貸者（與借貸者）認定房價會持續上漲，房市泡沫受到全球儲蓄過剩推波助瀾，葛林斯潘（Alan Greenspan）主持下的聯準會不願讓泡沫洩氣，金融機構沉迷於過度槓桿，信用評等機構怠忽職守，當然還有決策人士在危機剛出現徵象的時候未能共同採取行動。如果沒有這些監管上的缺陷，全球資金過剩就不至於具有危險性；畢竟，只要能夠促成更高的投資，那麼低利率就是一件好事。而且，銀行的資產負債表如果不受到全球摻和，監管不足的後果就不至於那麼有害；銀行的失靈將會局限於局部區域，效果也會比較有限。

就長期而言，有一項更深層的問題需要處理：管制鬆綁以及對超全球化的追求導致金融市場的影響範圍及其治理範圍之間出現巨大落差。在國內，沒有受到監管的龐大體系風險因此產生。在國際上，結果則是變幻無常而且極易造成危機的資本流動：在最不需要資本的時候，即可看到充足的資本；而一旦需要資本發揮一些正面功能，資本卻跑得無影無蹤。幾乎所有的觀察家都同意，整個監管體系都必須重新思考，包括國內與國際層面。

不過，認為我們能夠為國際金融流動建立一套完美的全球監管系統，這種想法本身就是一種幻想。狐狸懂得市場與監管這兩者都注定不可能完美。我們設計的系統必須預期這兩方面的缺點。我們必須要經過許多練習和實驗，才有可能找到適當的平衡。金融全球化與金融創新的誘惑也許很難令人拒絕，但在這個監管不完善以及主權分裂的世界裡，拒絕那樣的誘惑通常才是唯一安全的選項。

我們的國際金融結構必須照顧不同國家的需求：有些國家希望對資金施加比較嚴密的管控，有些國家對金融創新的態度則是比較放鬆。這表示我們除了必須改善國際監管標準以懲罰過度操作槓桿的行為之外，也必須保留由國家決策人士施行資本管制以及課徵金融交易稅的空間。我們無法回到布列頓森林體制，但我們還是可以從那段時期的經驗學到許多東西。在第二次世界大戰後為世界經濟注入活力的那種妥協，必須為當前這個已經大為改變的世界重新設計。

笨蛋，問題在經濟學家！

你如果問民粹主義者為什麼金融產業會不受節制而得以造成如此嚴重的浩劫，大概會聽到一段關於政治權力的論述，指稱這門產業在美國的勢力發展到極為龐大，已經把這個國家變成一個香蕉共和國，政治人物都依照華爾街的利益行事。次貸危機之後，這些民粹主義者獲得一群出人意料的盟友：主流經濟學家。最猛烈的炮火來自強森（Simon Johnson），這位當權派地位鮮明的經濟學家在二〇〇九年五月號的《大西洋月刊》（*The Atlantic*）發表了一篇措辭強烈的文章。強森在次貸危機爆發前夕曾任國際貨幣基金的首席經濟學家，所以他的言論格外具有可信度。

強森直截了當地把問題歸咎於美國內部的俄國式與亞洲式裙帶現象。華爾街的勢力已經龐大到能夠對華府予取予求。寬鬆的法規、提倡輕率購屋、低利率、脆弱的美中金融關係——促成危機的一切元素都受到金融產業倡導。強森指出，銀行雖然沒有槍炮和軍隊，卻擁有其他同樣有效的工具：競選獻金、華爾街與華府之間的旋轉門，以及促成一套擁護其利益的信念系統的能力。「一整個世代的決策人士都深深受到華爾街的迷惑，」他寫道。

由此造成的結果，就是「一長串的管制鬆綁政策，事後回顧起來實在令人震驚」。強森認為這類政策包括資本的跨國自由移動、分離商業銀行與投資銀行的法規遭到撤銷，以及投資銀行獲得的槓桿操作程度大幅提高等等。[24]

我們實在很難不同意這樣的觀點：亦即銀行產業對於經濟政策的走向發揮了大致上有害的影響。不過，產生了強森所抱怨的那「一長串管制鬆綁政策」的信念系統，在相當程度上其實是經濟學家及其觀念所造成的結果，但我認為他的文章對於這一點卻沒有給予足夠的重視。藉著將過錯歸咎於金融產業的勢力，他的文章似乎為經濟學家脫了罪。最令人費解的是，強森本身曾經積極支持全球經濟當中的金融自由化，而且直到二〇〇七年底都還對強化規範的價值保持模稜兩可的態度。[25]對資本市場心存懷疑的人士在危機之前提議的做法，都比不上強森後來在《大西洋月刊》那篇文章所提出的解決方案那麼激進，亦即以深層手術削減銀行規模。

在後來的一場訪談中，強森明白道出他是在什麼時候、又是如何改變了想法。他回憶自己初入國際貨幣基金之時，總是欣然簽字核准向開發中國家推薦金融全球化的報告。「你如果擁有健全的制度與良好的監管架構，就可以、也應該朝著資本市場自由化邁進，」他當時這麼認為。他後來的頓悟顯然發生於二〇〇八年九月的一個晚上，在金融危機臻於高峰之際。他說，他現在不會再那麼輕易縱容金融自由化了。「我們應該回頭檢視一切，」他接著說：「想想是否有任何國家的監管架構可以承擔得起隨著自由化而來的一切狀況。」[26]在現實的打擊下，強森因此變成了狐狸。

我們應當仰慕強森以如此坦率的姿態承認自己在想法上的轉變。在他所扮演的新角色當中，他已然成為對金融過度放縱的危險提出告誡的人士當中目光最清明的一位。另一方面，他本身也是一個強烈的理由，足以令人相信他在《大西洋月刊》提出的論點不夠完整。銀行在美國的政治勢力無疑已經發展得極為強大。不過，銀行之所以能夠讓決策人士聽命行事，其實受到經濟學家的許多幫助。經濟學家的論述為鬆綁資金提供了智識面貌，並且說服政治人物認定對華爾街有利的同樣也對一般百姓有利。我們先前也已看過，在美國以外，經濟學家更引發了全球對於金融自由化的追求。法國社會黨之所以擁抱金融鬆綁，不是因為華爾街的影響，而是因為該黨本身的技術官僚提不出別的選項。國際貨幣基金爭取資本自由流動的做法獲得了經濟學界最頂尖的學者支持。

強森以及其他擁有影響力並且身處決策位置的經濟學家積極鼓勵了這項進程。發現他們就是銀行業的打手，實在令我難以置信。國際貨幣基金的首席經濟學家如果對金融自由化的風險毫不擔心，並不是因為他受到銀行業的控制。我寧可相信強森自己的說法；他之所以改變觀點，原因是他對事實的瞭解改變了。經濟學家對於金融市場的運作方式產生一項特定（但是錯誤的）共識，並且將這項共識過度推銷給決策人士。經濟學家的想法與華爾街的利益恰好彼此互補。[27]

經濟學家為什麼會出錯

一項埋怨經濟學家的常見說法，就是指稱他們只有一套單一的經濟模型，而且仰賴於狹隘又不切實際的假設。這種說法搞錯了問題的真正來源。如同我們先前看過的，凱因斯、托賓，以及其他偏好對全球金融設限的經濟學家，他們心中的模型其實和那些令金融狂熱分子興奮不已的經濟學家所秉持的模型相當不一樣。一名經濟學家一旦改變自己心目中的模型（例如強森），並無損於其身為經濟學家的地位。經濟學家接受的專業訓練，就是必須熟悉各式各樣的不同模型，而且每一種都會產生不同的結果。經濟學家知道世界的複雜性，所以才會對這個世界提出那麼多的模型。經濟學家的招牌座右銘是：「把你的假設告訴我，我就告訴你市場會怎麼運作。」

既然如此，經濟學家怎麼提出政策建議呢？應用經濟學家的技藝重點是在現實與可行性之間取得適當的平衡：挑選對背後的現實傷害最少的假設，同時又還是能對不同政策的後果提出有意義的說法。模型只有審慎運用在相關情境當中才會有其用處。然而，經濟學家卻經常在這一點上犯錯。刺蝟落入的陷阱是過度強調單一模型而忽略了其他模型。刺蝟因為展現出過度的自信，又淡化了分析錯誤的風險（「我們如果用錯了模型怎麼辦？」），因此經常將自己和決策人士帶入歧途。

學院經濟學為什麼會追隨流行與熱潮，可以從社會學的角度加以解釋。新的模型與觀念自然會風靡經濟學系，而驅使學術研究朝向特定方向。不過，經濟政策的「科學」不像物理學那樣依序漸進，由下一代的觀念取代上一代的觀念。隨著每一波的新研究出現，我們頂多只能稍微進一步瞭解如何因應世界的複雜問題。

發展於一九七〇年代之後並且為金融鬆綁奠定基礎的那些新想法，並沒有令凱因斯與托賓的洞見顯得過時。「理性預期」革命的前提認為個人對於經濟的未來走向不會做出系統性的預測錯誤，於是這項革命也就讓我們進一步瞭解了企業、員工與消費者向前看的預期式行為在形塑經濟結果當中所扮演的角色。建立在理性預期以及無摩擦市場這兩項假定上的「效率市場假說」，讓我們得知金融市場在沒有交易成本的情況下能夠帶來的好處。這些觀念對經濟學與經濟政策都帶來有用的貢獻，但沒有推翻我們原本所知道的一切，只是為我們提供了額外的工具，讓我們能夠預期不同情況的經濟後果而已。

切實奉行學院經濟學的學者如果被問到自己的研究對於政策有何含義，應當會一臉茫然，而且回答應該會是：「這點取決於其他許許多多的條件。」這樣的答案聽在學生或記者耳中雖然令人洩氣，卻無減於其正確性。經濟學家一旦把學術潮流誤以為真，就會造成嚴重傷害。刺蝟提出的那種高度典型化的模型一旦成為大論述的基礎，世人就得趕緊逃難了。

要對抗這些傾向，我們必須對當下的經濟熱潮抱持健康的懷疑態度，謹記歷史的教訓，並且在經濟理論之外同時仰賴局部性與經驗性的知識。這個世界需要能夠綜合各種不同學說的經濟學家與決策人士，而不是「只會一種把戲」的經濟學家，不論在什麼情況下都只管推銷一項大觀念。[28]

7 富裕世界裡的貧窮國家

在我的哈佛大學經濟發展課程當中，每期的第一堂課我都會向學生提出這個問題：你寧可身為窮國的富人還是富國的窮人？

這個問題通常會引起學生的尷尬與困惑，所以我接著會加以釐清。我請他們只關注自己的消費，不必擔心社會上其他人的福祉。接著，我再說明我所謂的「富」和「窮」是什麼意思。我對他們說，所謂的富人就是在一國的所得分配中屬於前一〇％的人，窮人則是屬於末段的一〇％。同樣的，把全球所有國家按照人均所得次序排列，富國屬於前一〇％，窮國屬於末一〇％。然後我說，現在你可以回答這個問題了。你的選擇是什麼？

這門課的學生都是研究生，也都到過開發中國家，所以他們全都看過那裡的富人所開的拉風車輛還有所住的豪宅。大多數人都毫不猶豫地回答自己寧可身為窮國的富人。

這個答案是錯的。正確的答案是「富國的窮人」——而且窮國的富人還遠遠比不上富國的窮人。根據我設定的條件，富國的窮人和窮國的富人相比，前者的平均所得是後者的三倍以上（依照各國不同的購買力加以調整之後，前者為九千四百美元，後者為三千美元）。[1]人民福祉的其他面向，例如嬰兒死亡率，也存在同樣的差異。富國的窮人比窮國的富人遠遠幸福得多。

學生之所以會答錯，原因是他們不曉得那些開BMW的超級富人在社會中的占比有多小——也許不超過全體人口的〇．〇一％。我們一旦把所得數字壓低到能夠涵蓋典型窮國裡整整前一〇％的人口，這樣的所得水準就遠遠低於富國裡大多數窮人的所得。這是一項很容易犯的錯誤。有一次我對一群聽眾提出這個問題，當時聽眾裡有一位世界頂尖的經濟發展專家，結果他也一樣答錯了！

身為富國裡的窮人遠勝於身為窮國裡的富人：這點可讓我們得知當今全球經濟的一個基本現象。所得（連同衛生條件等其他生活福祉的指標）在不同國家之間的差異遠大於一國之內。你出生在哪個國家，大致上就決定了你的人生。

這個世界並非向來如此。在工業革命之初，全世界最富裕和最貧窮的地區差距只有二比一。今天，差距已經達到二十比一。[2]最富裕和最貧窮的國家之間的落差更是提高到八十比一左右。經過長期的演變，世界上有些地區（西歐、美洲，以及後來的東亞）經歷了經濟起飛，其他地區則成長得非常緩慢，或甚至根本沒有成長，而且經常在一陣短暫的經濟擴張之後就又再度陷入衰退。如同我在哈佛大學的同事普里切特（Lant Pritchett）所說的，全球經濟出現「非常大的分歧」。[3]

來到二十世紀中葉，世界已劃分為一小群富裕國家和許許多多貧窮程度不一的國家。往後六十年間，又出現了全球性的驚人成長。不過，除了少數幾個國家（大多在亞洲）之外，極少有貧窮國家能夠持續拉近自己與先進國家之間的差距。所幸，成功做到這一點的國家（尤其是中國）是數以億計的赤貧人口的所在地，因此過去幾十年來的發展紀錄確實非常令人驚豔。其他國家達不到這樣的表現，所以富國與窮國之間的落差也就擴大到前所未有的程度。

在這個富饒的世界裡，為什麼會有那麼多的貧窮？全球化在這項「大分歧」當中扮演了什麼角色？國家可以採取什麼措施矯正貧窮現象？這些就是本章與下一章所要回答的問題。

全球化與大分歧

貧窮的近因是低生產力。窮人之所以窮，原因是他們的勞動所生產的結果不足以讓自己安居飽食，更遑論滿足健康與教育等其他需求。低生產力本身也有許多不同的肇因，可能是缺乏信貸，導致生產者無法從事能夠增加其產出從而提高所得的投資。也可能是無法取得較佳的新科技，或是缺乏技術、知識或工作機會。也可能是因為市場規模太小，導致購置新設備與科技的獲利性不高。不然也可能是因為菁英階層剝削大眾，他們通常與政府同謀，阻擋任何可能危及其權力的經濟進步。貧窮的根本原因可以追溯到上述這些因素當中的一項或多項。

全球化承諾讓所有人都能夠獲取市場、資本與科技，而且還會促成良好的治理。換句話說，全球化擁有高度潛力，能夠消除所有產生與維繫貧窮的缺陷。因此，對於世界上的落後區域而言，全球化應當是一具強力引擎，能夠驅使其經濟趕上先進國家。然而，過去兩百年來的全球化卻造成全球的巨大經濟分歧。怎麼會這樣呢？

這個問題已經困擾經濟學家與決策人士很長一段時間。他們提出的答案主要是兩項相反的論述。一項論述認為問題在於「全球化程度太低」，另一項論述把問題歸咎於「全球化程度太高」。在歷史上的不同時期，這兩項論述曾經分別受到偏好，在世界上不同地區受歡迎的程度也各自不同。不過，針對全球化與發展的辯論最終總是會回歸到這兩項相互競爭的論述所框架出來的難題：我們如果要提高經濟成長，到底該開放自己接受世界經濟的力量所影響，還是應該保護自己免於那些力量的左右？

不幸的是，這兩項論述都無法解釋為什麼有些國家的表現優於其他國家，因此這兩項論述也都算不上是理想的政策指引。真相其實存在於一個令人尷尬的地方，在這兩者中間。全球化確實能夠大幅強化經濟成長的潛力，但善用這項潛力的最佳方法不是盡可能消除阻礙完全整合的交易成本。像布列頓森林體制那樣的「薄弱」版全球化似乎效果最好。我曾經聽過一名來自中國的學生（還真是恰好）提出這項比喻：把窗戶打開，但別忘了關上紗窗。這樣你就能夠享有新鮮空氣，同時又可以把蟲子擋在外面。

全球化在十九世紀造成的衝擊

工業革命從英國擴散到歐洲大陸以及新近受到墾殖的部分地區（北美洲、澳洲與紐西蘭）之後，就沒有再散播到其他地方。不久之後，世界經濟即劃分為二，一邊是愈來愈工業化的核心，另一邊是以生產原料為主的邊緣國家。在這方面，全球化同時扮演了黑臉與白臉。全球化一方面讓新科技得以散播至具備必要先決條件的地區，另一方面又深化並加重核心與邊緣之間的長期分歧。

世界上那些能夠接受工業革命力量的地區都具備兩項優勢。它們擁有教育程度與技術能力相對較高的大量勞動人口，足以供應新工廠的需求。此外，它們還有足夠完善的制度——運作良好的法律體系、穩定的政治、對國家的徵用行為設下限制——構成私人投資與市場擴張的誘因。有了這些先決條件，歐洲大陸大部分地區就已做好充分準備，能夠吸收那些在英國發展及應用的新式生產技術。全球化得一分。

在其他地方，工業化則取決於技術與制度的「輸入」。洲際勞動力流動在這方面是一大優勢。

在歐洲人大量殖民的地方，他們不但帶來技術，也朝向更具代議性質而且有利市場運作的制度，以促進合乎他們利益的經濟活動。這樣的殖民對本土人口造成災難性的後果，原因是歐洲人的侵略行動與他們帶來的病菌導致本土人口大量死亡。不過，經濟史學家麥迪森（Angus Maddison）稱為「西方旁支」[4]的地區——美國、加拿大、澳洲與紐西蘭——都因為大批移民而得以獲取必要的先決條件。再加上來自歐洲的大量資本流入，這些經濟體終於躋身工業「核心」國家之林。全球化再得一分。

不過，殖民活動對世界其他地區卻造成相當不一樣的影響。歐洲人一旦遇到有礙他們大量殖居的惡劣環境，或是開始開採需要動用大批體力勞動者的自然資源，就設立了與西方旁支地區大為不同的制度。這些純粹「榨取式」的制度，目的在於以成本最低的方式將原料運至核心國家。這種制度不免造成財富與權力的嚴重不平等，由一小群菁英（通常是歐洲白人）支配為數龐大的本土人口或奴隸。依照榨取模式建立的殖民地，在保護財產權、支持市場發展以及刺激其他種類的經濟活動方面都無所建樹。加勒比海地區那些以農園為基礎的經濟體以及非洲的礦業經濟即是典型案例。經濟學家與經濟史學家的研究已經證實，這種欠缺制度發展的早期經驗削弱了非洲與拉丁美洲的經濟體，而且這種影響一直延續至今。[5]全球化扣一分。

至於避過歐洲殖民的地區，也沒有完全倖免於全球化的負面影響。歐洲強國強迫邊緣區域簽署的自由貿易條約凍結了那些地區原本在原料上握有的比較利益。低關稅加上運費下滑，導致那些地區的紡織業與其他新生工業活動遭遇來自英國的競爭，因此慘遭消滅。以鄂圖曼帝國為例，紡織品進口量在一八二〇年代僅占國內市場的三％，但到了一八七〇年代卻大幅攀升至將近七五％。[6]

工業化國家與大宗商品生產國之間一旦畫出明確的界線，就有強烈的經濟動力進一步強化這項分界。全球化藉著深化國際分工而在這方面扮演了關鍵角色。以大宗商品為基礎的經濟體缺乏多元發展的誘因或機會。隨著運輸成本在十九世紀下滑，工業核心國家的成長又助長了需求，這些經濟體於是出現大宗商品榮景。這種現象對於從礦場與農園賺到意外之財的那一小群人而言自然非常好，但是對於遭到壓縮的製造業而言可就是另一回事了。[7]國際貿易的運作方式正如教科書中的模型一樣：國家擁有比較利益的經濟活動獲得利潤上升，但在其他領域則出現利潤下滑的後果。

國際貿易誘使工業國家對技術、科技，以及其他經濟成長的驅動力繼續進行投資。由於現代製造業為技術帶來高報酬，因此國際貿易也鼓勵家庭減少生育數並提高子女的教育程度。不過，位處邊緣的開發中國家所體驗到的卻是相反的效果。初級產品的專門化生產並未鼓勵技術累積，而且還延緩了生育數和人口成長的降低。開發中國家直到二十世紀仍舊維持高生育率，不像工業化國家在十九世紀末就已出現生育率大幅降低。如同經濟學家加羅（Oded Galor）與芒特福德（Andrew Mountford）所言，大宗商品輸出國放棄生產力而換取到人口。[8]

邊緣國家不只未能工業化，實際上還喪失它們原本擁有的工業。它們經歷了去工業化。在工業革命初始，亞洲與拉丁美洲的工業活動程度原本與歐洲大致相當。歐洲的工業活動程度在一七五〇至一九一三年間出現將近六倍的成長，亞洲與拉丁美洲在同時期卻反倒衰退至原本的三分之一以下。[9]在一九〇〇年，開發中國家生產的製造品數量只有一八三〇年的一半左右。做出這些估計的經濟史學家貝羅赫寫道：「第三世界的去工業化，無疑是歐洲製造品——尤其是紡織品——大量湧入這些國家的市場所造成的結果。」[10]全球化再扣一分。

一九一四年以前的國際分工確實在大宗商品輸出國創造了財富。不過，正如當今的產油大國，那些財富乃是高度集中，結果扼殺了制度與生產力的發展。在尚未獨立的地區，財富都流向殖民大國；在已經獨立的地區，財富則是落入一小群國內菁英的口袋裡。

舉個首要例子。阿根廷挾其肥沃低地彭巴草原的作物而成為世界上數一數二富有的經濟體。看看布宜諾斯艾利斯的時髦大道、馬球俱樂部、大歌劇院、就讀伊頓公學的兒童，以及品味高雅的貴族，歐洲各大首都恐怕望塵莫及。不過，這樣的財富卻是以未來經濟發展疲弱的代價換來的。穀物與牲畜的出口以及英國資本的大量挹注主要裨益的是大地主，但那些大地主卻無意促成經濟的多元發展或是建立更健全的市場支持制度。拿阿根廷和美國互相對比，可以為我們帶來極大的啟發。在高進口關稅的保護下，美國北方的工業家與西部的農民因此對南方的農場主人占了上風，並且促成範圍更廣的制度與工業化。[11]

日本的例外

所以，在第一波全球化時代，國家的經濟命運主要取決於其地理位置與自然稟賦。這項規則的一大例外，在後來成為所有依賴大宗商品出口的國家打破自身命運詛咒的典範。那個例外是日本，也就是唯一一個在一九一四年之前達成工業化的非西方社會。

日本原本帶有許多邊緣經濟體的特徵。該國的出口商品以原料為主——生絲、紗線、茶葉、海鮮——藉此換取加工品，這樣的貿易在美國海軍准將培理於一八五四年迫使日本開放自由貿易之後更是大為興盛。如果不予干涉，日本經濟想必會走上和其他許多邊緣地區相同的發展路途。不過，日本擁有一群教育程度高而且又深富愛國精神的本土企業家與商人；更重要的是，在一八六八年的明治維新之後，日本政府一心一意追求經濟（與政治）現代化。該國政府絲毫不受當時普遍流行於西方政策菁英當中的那種自由放任觀念所吸引。在一份可以稱為世界第一項發展計畫的文件裡，日本官員明白指出國家在經濟發展當中必須扮演重要角色，儘管政府採取的作為「可能干預個人自由以及投機者的得利」。[12]

明治時期的官僚所採行的許多改革措施，目標都在於創造現代民族經濟體的基礎建設：統一的貨幣、鐵路、公共教育、銀行法，以及其他法律。他們也投注許多心力設計我們當今所謂的「工業政策」，亦即目標在於提倡新工業的國家計畫。日本政府興建了許許多多產業的國營廠房，包括棉織品與造船業。儘管這些事業有許多都以失敗收場，卻產生了重要的示範效應，也訓練出許多技術精良的工匠與經理人，這些人後來把學到的技能應用在私人企業當中。這些事業後來都轉為私營，讓私部門得以在國家奠定的基礎上發展。日本政府並且支付費用讓製造業聘請外國技師與購置外國科技，還補助日本學生到海外接受訓練。此外，隨著日本從國際條約當中重拾關稅自主性，政府於是對許多工業產品提高關稅，藉此鼓勵國內生產。這些做法在棉織業帶來驚人成果：到了一九一四年，日本在這方面已建立起一門世界級的產業，不但在國內市場取代了英國出口的產品，在亞洲鄰國的市場當中也是如此。[13]

日本在第二次世界大戰前夕採行的軍國主義政策與擴張政策使這些成就蒙上陰影，但該國在經濟面的成就證明了實際上存在另一條不同的路徑。一個經濟體是有可能擺脫自己在原料上的天然專門性。只要把決心堅定的政府所採取的努力和活躍的私部門所擁有的活力結合起來，那麼一個國家就算一開始在國際分工當中處於劣勢，終究也還是有可能達成經濟成長。關鍵不在於全球化的程度要高一點或低一點，而在於全球化的種類要正確。

第二次世界大戰之後的數十年間，世人又會再度學到這些教訓。

東亞「奇蹟」

明治時代的官僚提出第一份發展計畫的一百年後，日本已是經濟強國，在全球機構中擁有高度發言權。[14]日本成為世界銀行的第二大股東，迫使該機構的管理階層對其觀點投注更多注意。日本的世界銀行執行理事白鳥正喜（他是督導該機構營運的二十四國代表之一）對於世界銀行向開發中國家提出的政策建議愈來愈感到不安。他和他在日本財務省的同僚，都認為世界銀行的建議太過依賴美國對自由市場模型的偏好，也低估了國家在提倡工業化與經濟發展當中所扮演的角色。在他們看來，世界銀行不夠留意日本自身發展經驗的教訓。[15]

日本政府促使世界銀行準備一份「亞洲奇蹟」的研究，並同意支付大部分費用。此處所謂的奇蹟指的不僅是日本的經驗，也包括另外七個自一九六〇年代初期以來即成長得非常迅速的東亞與東南亞經濟體：南韓、臺灣、香港、新加坡、馬來西亞、泰國與印尼。這些國家全都透過出口獲致巨大利益，所以也就是透過全球化獲益。不過，除了身為英國殖民地的香港之外，這些經濟體都遠遠算不上是自由市場經濟體。這些經濟體的政府全都扮演重要的引導與協調角色。

世界銀行的報告終於在一九九三年發表，標題為《東亞奇蹟：經濟成長與公共政策》（*The East Asian Miracle: Economic Growth and Public Policy*）。這份報告由一大群經濟學家與顧問編撰而成，內容涵蓋將近四百頁的文字、圖表與數據分析，還有超過四十項背景研究，因此堪稱是這項主題當中最具權威性的分析。不過，最重要的是這份報告展現了世界銀行沒有能力針對亞洲國家如何達成如此迅速的成長提出一份條理清晰的論述。亞洲的國家干預太多，因此不可能不產生若干有益的效果，但世界銀行卻不願意表示國家干預有其效果。由於世界銀行對市場與國家干預的分野相當執著，因此也就看不出這兩者如何能夠互相強化。於是，由此產生的報告也就如同精神分裂一般，提出了一項充滿矛盾的論述。

對於金融市場的分析（起草者為史迪格里茲，以其對金融自由化的懷疑觀點著稱），為日本與南韓政府的管制措施描繪了正面的圖像：包括對利率設定上限，對新產業提供信用補助，以及限制國際資本流動。這部分的報告採納日本的論點，認為向產業提供政府資助貸款有助於工業化與成長。然而，其他章節的論點卻認為產業政策（也就是透過政府誘因提倡特定產業）效果不彰，因此不該推薦給其他開發中國家。這份報告的不同章節帶給人非常不同的觀點，有些章節讓人認為政府努力提倡新產業是亞洲國家成功的助力，有些章節則讓人覺得是阻力。[16]

亞洲的經濟經驗雖然違反刻板印象，但還是能讓所有人從中學到教訓。實際上，亞洲經驗就像一面鏡子，能夠映照出觀察者的偏見。你如果認為放任市場運作是促成經濟發展的最佳方式，大概就會在亞洲經驗中找到許多這方面的證據。你如果認為市場需要政府的堅定引導，同樣也能夠找到許多這樣的證據。全球化是成長的動力嗎？東亞國家就是佐證。全球化需要受到控制嗎？東亞國家同樣也是佐證。不過，你要是把這些陳腔濫調擺在一旁，聆聽該區的成功所發出的真正訊息，就會發現實際上有效的做法是國家與市場相結合。全球化是一股極度正面的力量，但你必須要能夠加以馴化，讓這股力量對你有所助益而不是造成傷害。

想想東亞地區最成功的兩個國家：南韓與臺灣。在一九五〇年代晚期，這兩個經濟體都不比非洲撒哈拉以南地區的國家富裕多少。南韓深陷政治動盪的泥沼中，而且幾乎沒有任何工業，原有的工業都被發展程度較高的北韓奪走。臺灣也是以農業為主的經濟體，主要出口商品是糖與稻米。這兩個經濟體在一九六〇年代初期開始經歷的轉變，使它們後來成為工業大國。

這兩國採取的策略在許多方面都與日本相似。這些策略首先必須要有一個全心追求經濟成長的政府。這兩國在先前推行的土地改革，使得政府擁有不受地主菁英階層影響的獨立運作空間。這兩國也都擁有一項支配一切的地緣政治動機。南韓必須成長，才能對抗北韓的威脅。臺灣在放棄反攻大陸的想法之後，也想要先一步壓制來自中共的各種挑戰。在世界上許多地區，區域性的敵對都成為犧牲經濟以壯大國力的藉口，中東就是一個例子。不過南韓與臺灣的政府瞭解到，要追求它們的政治與軍事目標需要快速的經濟成長。培養工業實力以及強大的製造業出口基礎，尤其成為這兩國政府的主要政策目標。

這項目標的達成，乃是藉著釋放私人企業的活力。儘管這兩國政府在一九六〇年代期間大舉投資公營事業，這些投資的目的卻不是要取代私人企業，而是予以協助，例如提供價格低廉的投入要素。這種策略的其中一項原則是消除那些遏抑了其他許多低所得國家的私人投資障礙：過度課稅、繁文縟節與官僚腐敗、基礎建設不足、高通膨。這些做法就是今天所謂的改善「投資環境」。

同樣重要的還有干預政策，也就是刺激民間投資現代製造業的政府誘因。這兩國的政府都把這類產業指定為「優先部門」，並且對企業提供優渥的補貼。這些補貼在南韓主要是透過銀行部門發放的補貼貸款，在臺灣則是針對特定部門的投資提供租稅誘因。在這兩個國家，官僚經常都為新產業扮演接生者的角色：他們協調私人企業的投資、提供投入要素、必要的時候也不惜施壓或是設法籠絡。這兩國雖然消除了若干最有害的進口限制，卻是直到一九八〇年代之前都沒有讓國內的新生產業接受太多的進口競爭。國內市場受到保護，好讓「幼稚」產業能夠賺取充分利潤。南韓並且阻擋跨國企業進駐，從而使國內企業擁有最大的空間能夠從事科技學習。

這些幼稚產業雖然獲得不受國際競爭的保護，卻是從一開始就被驅使著要從事出口。達到這點的做法包括提供明確的出口補貼，並且由官僚強力施壓以確保達成出口目標。實際上，政府對私人企業提出一項條件：企業可以獲得政府的補貼，但前提是必須從事出口，而且出口量必須逐漸增加。如果在國際市場搶占灘頭堡必須在初期採取虧損定價，那麼這樣的虧損即可由政府補貼以及國內市場的利潤加以彌補。但重要的是，這些政策提供了強烈誘因，促使私人企業提高生產力，以便對抗海外那些根基雄厚的競爭對手。[17]

我們可以看出這項成長策略如何讓所有人都能夠從中看見自己喜歡的部分。總體經濟學家可以由此得出結論，認為低通膨的總體經濟穩定是關鍵所在。勞動經濟學家可以指向教育程度良好的勞動力所具備的重要性。貿易經濟學家會注意到其中的高保護率，但又會感到欣慰，因為保護措施的貿易抑制效果被出口補貼的相反功效所抵銷。政治經濟學家想必會強調強勢國家的角色以及其不受菁英階層影響的「自主性」。世界銀行可以強調私人投資與出口所扮演的首要角色。干預主義者則可以強調國家對於私人投資的強力引導作為。

然而，以上這些觀點都是見樹不見林。經濟成長需要一個務實的政府，願意採取一切必要措施激發私部門的活力。經濟成長需要對市場與全球化進行策略性的運用，以促使國內經濟出現跳脫自然資源的多元發展。達到這項目標所需的工具沒有一定，而且會隨著情境而異。特定的成功訣竅難以在不同地方一體適用。我們需要仿效的是成功背後的宏觀視野。

後來，這些教訓受到善加運用，促成了有史以來最驚人的發展成果。

走自己的路：中國與全球化

中國經濟達到的重大成就，如果不是實際發生在我們眼前，必定會令人難以置信。自從一九七八年以來，中國人均所得的成長率達到每年平均八．三％——這個速率表示所得每隔九年就會增加一倍。由於這項迅速的經濟成長，五億人口因此得以擺脫赤貧。[18]在這段期間，中國也從近乎閉關自鎖轉變為世界市場上最令人害怕的競爭者。這種情形竟然發生在一個完全缺乏私人財產權的國家（此種情況直到最近才有所改變），而且執政者還是共產黨，更是令人感到困惑不解。

中國的經驗提供了一項深具說服力的證據，顯示全球化對於窮國可以是一大利多。然而，中國經驗卻也強烈反駁了全球化的正統論述，亦即強調金融全球化以及透過世貿組織達成的深度整合。事實證明，中國將自己隔絕於全球經濟之外的能力，是該國得以建立現代工業基礎的關鍵要素，後來中國又透過世界市場善加運用這項工業基礎。

中國獲得的大好機會，乃是鄧小平與其他後毛澤東時期的領導人決定信任市場，不再採行中央計畫。不過，他們真正的聰明之處在於體認到他們所建立的市場支持制度（大多數在當時都付之闕如）必須帶有鮮明的中國特色。西方經濟學家想必會提議歐式或美式的規範，藉以強制執行合約、保護財產權、解放市場，以及鬆綁貿易。這些觀念在中國面臨實際推行的巨大困難，而且在許多地方也違反共黨的官方信條（例如私人財產權）。於是，中國領導人以務實的做法實驗另類的制度安排。在一九八〇年代初期至中期這段期間，中國的國家法規至少有半數都具有明確的實驗性質。[19]透過實驗，中國的決策人士希望找出適當的解決方案，不但能夠克服他們的限制，也更符合中國當地的條件。事實證明中國的制度創新極度成功，有效將制度缺點轉變成優勢。

中國的經濟在一九七八年仍以農村為主。鄧小平在早期面臨的一項關鍵問題，就是在價格與數量仍舊受到中央計畫決定的環境下，如何激勵農民耕作。當時所有價格由國家訂定，農民必須根據計畫向政府提交規定數量的穀物。農民都組織成公社，並且禁止在私人市場上販賣作物。國家以這種方式從鄉間抽取糧食之後，再分配給都市裡的勞工。這套體系確保勞工能夠獲得糧食供給又不必占用政府預算。缺點是，農民因此缺乏增加產量或者提高土地利用效率的誘因。

一名受過西方訓練的經濟學家，想必會建議廢除中央計畫並取消所有的價格管制。然而，一旦沒有了政府規定的穀物配額，都市勞工就會喪失價格低廉的糧食配給，政府也將失去一項重要的收入來源。屆時都市裡將會出現許許多多不滿的勞工，於是政府將不得不冒著引發惡性通膨的風險而多印鈔票。中國解決這個難題的方法，是在中央計畫上方再添加一套市場制度。公社受到廢止，恢復家庭農業制度；不過，土地仍屬國有。以管制價格強制繳交穀物的做法保留了下來，但農民只要繳交足額之後，即可依照市場決定的價格自由販賣多餘作物。這種雙軌制度為農民提供了市場誘因，同時又沒有剝奪國家的收入來源以及都市勞工的廉價糧食。[20]農產量因此遽增，開啟了中國在一九七八年後的第一個成長階段。

另一個問題是如何在國家仍是一切財產的最終所有者的情況下，提供近似於財產權的設計。傳統途徑自然是採取私有化，但中國共產黨的意識形態排除了這種做法。再一次，創新作為又解決了難題。事實證明，鄉鎮企業非常善於刺激國內私人投資。這種企業不屬於私人也不屬於中央政府，而是屬於地方政府（鄉鎮）所有。鄉鎮企業生產的產品幾乎涵蓋一切，從消費財到資本財應有盡有，從而成為一九八〇年代中期乃至一九九〇年代中期推動中國經濟成長的火車頭。

這種做法的成功關鍵，在於地方政府非常熱中於確保鄉鎮企業的昌盛，原因是鄉鎮政府可由其持股獲得可觀的收入。地方官員給予私人企業家相當程度的自由，也保護他們免於挑戰，最重要的是保護他們不受地方黨委書記的騷擾。這種做法對於企業家而言有利得多，因為他們如果擁有正式私人所有權，也必須盼望地方法院（不但力量薄弱又腐敗不已）能夠在發生爭議的時候強制執行這些權利。許多前社會主義經濟體都痛苦地發現財產權改革經常難以成功，原因是國內法院太過羸弱，無法強制執行新規定。如同柏克萊大學經濟學家錢穎一強調的，財產權一旦受到與地方政府的合作所支持，就會比歸屬在私有財產權的標準制度之下來得穩固。[21]

中國對世界開放其經濟的策略也偏離了公認理論。一般對於追求這項目標的國家會提出的標準建議包括：取消進口的數量限制；降低進口關稅及其離散度；讓貨幣能夠兌換以進行外貿交易。從這些指導原則來看，中國的政策應當表示這個國家徹底搞砸了，而不應該成為世界市場上令人望而生畏的競爭威脅。簡言之，中國開放的速度非常緩慢，而且重大改革都比成長（包括出口與整體所得方面的成長）落後了至少十年以上。國家貿易獨占權雖然取消得相當早（始於一九七〇年代晚期），取而代之的卻是一套繁複而且高度限制性的關稅、非關稅壁壘，以及限制進口的許可證。這些限制直到一九九〇年代初期才大幅鬆綁。

中國領導階層抗拒開放經濟的傳統建議，原因是消除貿易壁壘必然會導致許多國營企業倒閉，又無助於刺激對產業活動的新投資。就業與經濟成長將會因此受害，危及社會穩定。中國決定實驗其他不會對既有產業結構造成太大壓力的機制。他們尤其仰賴經濟特區來生產出口商品和吸引外資。特區裡的企業所遵循的規則和國內其他地方不一樣；它們享有比較好的基礎建設，而且進口投入要素可以免除關稅。經濟特區為出口導向的投資創造了誘因，又無損於國營企業的利益。

除了這些制度創新之外，還有一項因素也共同催化了中國的成長，就是生產力的巨幅轉變。中國經濟緊緊抓住高產量的先進產品，儘管根本沒有人預期到中國這麼一個貧窮而且勞動力眾多的國家會生產這種產品，更遑論對外輸出。到了一九九〇年代末期，中國的出口商品組合看起來已像是一個人均所得水準至少高出三倍的國家所出口的商品。[22]

這不是市場引導的自然進程所造成的結果，而是中國政府以堅定的決心努力推動所獲得的成果。低廉的勞動成本確實對中國的出口有所幫助，但不是唯一的原因。在消費性電子產品與汽車零件等領域當中，中國的生產力提升幅度令人吃驚，追上其他所得水準高出許多的國家。此外，中國也逐漸穩定轉型，不再只是從事零件組裝的工作。生產愈來愈趨於逆向整合，供應鍊也從比較富裕的國家移往中國這個組裝地。

外國投資人在中國產業演變當中扮演關鍵的角色。那些投資人是最有生產力的企業，是科技來源，也支配了出口。可讓外國生產者在良好的基礎建設以及最少的煩擾當中營運的經濟特區確實居功厥偉。不過，如果說中國歡迎外國公司，那麼中國這麼做的目的絕對是在於培育國內實力。

中國政府採用若干政策來確保技術的轉移以及強大國內廠商的出現。一開始，中國主要依賴國營企業。後來，政府則是採行各種誘因與反誘因。在手機與電腦生產方面，外國投資人必須與國內企業合資。在汽車領域，政府要求外國車商投資國內市場，以便在短時間內拉高中國內容的占比（通常在三年內達到七〇％）。[23]這種做法迫使那些公司與地方供應商密切合作，以確保供應商的科技與品質達到一般水準。國內市場受到保護，以便在尋求節省成本的廠商之外，還能吸引尋求龐大消費群眾的投資人。智慧財產權保護法的寬鬆執行，使得國內生產商能夠還原並且模仿外國科技而不必擔心遭到起訴。城市與省分都獲得相當大的自主空間，可以自行設計激勵與支持的政策，因此在上海、深圳、杭州及其他地方促成了產業群聚。[24]

許多透過政府作為所創立的中國公司都以失敗收場。關於中國產業政策的報導，指出許多國營企業都有生產力與科技吸收能力低落的問題，而且中國政策都有缺乏協調的特性（包括國家機關之間以及各階層政府之間的協調）。[25]不過，如同一個世紀之前的日本，中國的國家主導措施也在訓練勞工與主管人員以及創造示範效應當中扮演了重要角色。如果沒有國家的支持與財務資助，中國有可能出現像聯想這麼一家規模與獲利程度都龐大到足以在二〇〇四年買下ＩＢＭ個人電腦部門的公司嗎？

此外，如同在其他政策領域，政府的態度也相當務實，而且舊的做法一旦失敗，也樂於嘗試新做法。一個知名案例是彩色電視產業的早期發展。在一九八〇年代，中國的彩色電視產業共有一百多家公司從事成本高昂的少量生產。到了一九九〇年代初期，這門產業已經經過整併，原因是地方政府與國家領導層採取各種做法強迫廠商合併以及與外國公司合資。這項政策翻轉隨即造就出一門有利可圖的出口導向產業。[26]

許多這類初期政策都違反世貿組織的規則，例如禁止出口補貼以及有利國內廠商的歧視性作為——不過，中國在當時並不是世貿組織的成員。中國的決策人士在貿易與產業政策的操作上不受任何外部規則的限制，因此能夠自由採取各種措施提倡工業化。等到中國在二〇〇一年加入世貿組織之時，它早已建立了強大的工業基礎，其中大部分都不需要保護或扶助。中國為了加入世貿組織而大幅降低關稅，從一九九〇年代初期的高稅率（平均達四〇%左右）削減至二〇〇一年的個位數。其他許多產業政策也都逐步取消。

不過，中國仍然不打算讓全球市場的推拉力量決定其產業的命運，因此開始愈來愈以具有競爭力的匯率為產業提供補貼效果。藉著干預貨幣市場以及排除短期資本流動，中國政府阻止了人民幣隨著中國的快速經濟成長而升值。明確的產業政策轉變為藉由貨幣政策暗中施行。人民幣的幣值在近年來都低估達二五%左右，表示中國的出口導向產業（以及進口競爭廠商）獲得同等程度的補貼。[27]再一次，中國又依照自己的要求扭曲全球化的規則。由於浮動匯率和資本自由流動無助於其經濟發展，中國因此直接排除掉這兩者。中國對於這些「規則」的藐視終將成為中美關係的一大衝突來源。我將在第十二章回頭探討這項衝突。隨著中國在世界經濟當中扮演的角色愈來愈重要，其對外經濟政策也就成為世界在未來幾年必須面對的一項棘手問題。

總而言之，中國的決策人士保住自己的操作空間，而且運用得極有技巧。他們為市場與私人誘因賦予更大的角色，但同時考量到國內經濟現實，並且尊重政治與意識形態上的限制。國際規則不合乎他們的需求，因此他們的改革必然具備非正統的特色。他們抗拒國際紀律，只有在自身的經濟發展到夠強大之後才接受國際紀律的約束。如果不這麼做，他們一定很難擺脫農業及其他傳統產品而朝向多元化發展。中國（如同先前的南韓與臺灣）依照布列頓森林體制的規則投入全球化的遊戲，而不是採取一九九〇年之後的深度整合規則。

多元化的必要性

你生產什麼，就會變成什麼。這是國家無可避免的命運。專門生產大宗商品與原料，就會身陷於世界經濟的邊緣。如此一來，你將會受制於世界價格的波動，並且遭到一小群國內菁英的統治。你如果奮力進軍製造業以及其他現代的可交易產品，可能就有望追上世界上的富裕國家。你將會比較有能力承受世界市場的起伏，也將會獲取人數日益成長的中產階級所要求的代議式制度，而不是菁英階層需要用來保護自己的壓迫性制度。

全球化凸顯了這項困境，原因是全球化使得國家更容易落入大宗商品陷阱。在勞動的國際分工之下，國家如果願意，就可以單純只生產大宗商品，其他東西則是從富國進口而來。另一方面，全球化也大幅提高了另一種策略所能夠獲致的獎賞，正如日本、南韓、臺灣與中國的經驗所示。政府如果決心追求經濟多元化，而且有能力喚起私部門的活力，就有可能促成沒有全球化的世界所難以想像的成長率。

原則上，運作良好的市場（包括國內市場與全球市場），應該不需要政府的推促即可協助國家從生產大宗商品升級至新產業。許多經濟學家認為這種轉變不需任何助力，只需要確保市場正常運作即可。但在實務上，卻有太多面向可能出差錯。一個國家如果不是原本就已傾向於學習新科技以及投資新產品，這樣的過程就可能非常困難，而且存在著許多先天的障礙。

工業化尤其需要發展社會實力，這又取決於重大的經濟外溢效應——依照當地條件改造外國科技、獲取技術、產製生產所需的專門投入要素、協調不同領域的互補性投資等等。在這些情況當中，社會效益都超過相關私人行為者所獲取的利益，造就經濟學家所謂的「正外部性」。除了短期私人獲利之外，市場並不怎麼善於提供訊號。如果不予過問，市場提供的誘因並不足以促成生產升級。這就是為什麼哈佛商學院創新專家勒納（Josh Lerner）會說：「當今世界上每個匯聚創新企業活動的區域幾乎都是政府主動干預帶來的成果。」[28]

只有投資於國內社會實力的國家，才會獲得全球化的裨益。那些投資也需要對國內廠商給予一定程度的支持：保護性關稅、補貼、幣值低估的貨幣、廉價資金，以及其他種類的政府協助，一方面能夠增加投入新行業的獎賞，同時又不至於把經濟對外界封閉。世界其他地區如果沒有為你的勞工創造高生產力的工作，你就別無選擇，只能自行創造這些工作。全球化的深度整合模型忽略了這項必要責任。深度整合模型標舉貿易的進一步自由化，而限制了重整國家經濟以及促使其多元化發展所需的產業政策範圍，以致削弱全球化在經濟發展上所能夠發揮的正面力量。

要獲取全球化的效益，可能需要增加而不是減少國際交易成本：這麼說也許聽起來極度矛盾，但這只是表面上而不是實質上的矛盾。一個複雜的世界需要狐狸般的政策。這麼做並不比在敞開的窗戶上裝設紗窗來得矛盾；如果這是一個完美的世界，自然就不會有蚊子，也不需要裝紗窗。

為什麼沒有更多國家追隨東亞的榜樣？東亞國家的政策為什麼會這麼難以仿效？非洲與其他地區的許多國家為什麼至今仍然深陷貧窮的泥沼，無力轉型從事現代工業與服務業？不幸的是，在這些國家當中，有許多國家的政府對於真正的發展都興趣缺缺。這些政府不可能會促成足以對其權力造成威脅的經濟變革。

政治只是一部分的答案。如果要瞭解世界其他地區遭遇的失望，就必須承認經濟學家的貢獻。經濟學家提出論述解釋經濟發展為何成功與為何失敗，這些論述也引導了世界上許多地方的政策。這些論述如何受到形塑、哪些論述能夠留存下來、又會如何擴散，都是由經濟學家扮演最終裁決者的角色。我們在下一章將會看到，經濟學家不免也有犯錯的時候。

8 熱帶地區的貿易基本教義

一九六〇年三月，劍橋大學教授米德（James Meade；他後來因為國際經濟學方面的研究而獲得諾貝爾獎）伴隨一小群經濟學家前往英國殖民地模里西斯。那座島嶼正準備爭取獨立，後來終於在一九六八年達成目標。英國對於模里西斯自治之後少了倫敦支持的前景頗感擔憂。抱持左傾思想並仰慕凱因斯的米德受到當地英國總督的邀請，前去調查那座島嶼的經濟狀況，同時為其未來發展提出建議。

米德的經濟思想崇尚務實與常理，他後來提出的建議也反映了這種講究實用的態度。不過，在他造訪模里西斯的三十年後，發展經濟學卻已變得面貌全非，其中的主要觀點將自由市場與自由貿易擺在其他一切之上。米德與他的同時代人士所提出的核心洞見——亦即依照當地狀況調整改革作為，並透過主動的政府政策來刺激結構轉變——已被人拋在一旁。直到最近，這些比較老式的洞見才重新受到重視，再度納入發展策略的思考當中。本章講述的即是此一常理的喪失與（部分）尋回的故事。

打破馬爾薩斯惡夢

模里西斯是非洲外海的一座島嶼，位於馬達加斯加以東五百六十英里左右。島上居民的祖先分別來自非洲（克里歐人〔Creole〕）、印度（印度裔模里西斯人）、法國（法裔模里西斯人）與中國（華裔模里西斯人），因此當地各類種族、語言與宗教的組合可以說是「充滿活力」，也可以說是「一觸即發」，端看眾人當天的心情如何。在米德造訪當時，這個國家極度貧窮，經濟完全仰賴種植甘蔗。這門產業雇用了該國三分之一以上的勞動力，所生產的也是該國唯一的出口產品。

此外，這座島嶼也面臨人口爆炸的威脅。由於殖民政府的公衛政策消除了瘧疾，人口成長率因此從第二次世界大戰結束後的每年〇．五％左右上升到米德造訪之際的將近三％。按照預測，該島的人口將從六十萬成長至二十世紀末的三百萬。「這項前景，」米德在當時寫道：「令人深感驚恐。」[1]

就米德看來，問題在於日益增長的人口將會對有限的可耕地造成壓力，導致生活水準降低。蔗糖以及其他農產製品絕對吸收不了愈來愈龐大的工作人口。對外移民頂多能夠解決部分問題，國內投資又受限於國內儲蓄規模太小。該島的種族與社會區隔更是導致原本就已困難的問題幾乎無可解決。「依照目前存在於模里西斯的態度，」米德指出：「實在很難想像會有一個具備商業頭腦的人（恰好是中國人）經營管理一名富人（恰好是印度人）出資成立的公司，而善用一名工程師（恰好是歐洲人後裔）充滿創意的想法。」[2]

儘管悲觀，米德卻沒有放棄。他提出的解決方案是在勞力密集的輕工業當中創造大量就業機會。在他提議的策略當中，其中一項做法是遏制工資上漲，以免產生阻礙這種產業建立的反誘因。另一項做法則是要求政府採取協同一致的作為，激勵新產業創立。由於模里西斯沒什麼工業，因此他們必須從零開始，而這點就需要活躍的政府。

米德建議成立一個工業發展理事會與私部門進行商議，尋求新的投資機會，以及為最有望創造就業機會的公司提供免稅期和其他誘因。他主張創立具有充足基礎建設的工業區，向製造商低價出租工廠與作坊。米德明白模里西斯的生產商可以藉著對世界出口而克服國內市場太小的限制，就像東亞四小龍在當時開始採取的做法一樣。不過，他認為那些「幼稚產業」必須受到扶植，直到它們能夠自行在市場上競爭為止。他建議設定高一點的關稅，以保護新生產業免於外國競爭。

在米德眼中，模里西斯的未來關鍵在於經濟多元化以及新產業的成長。這座島嶼不需要停滯在單一作物的經濟中，而可以轉進製造業，減緩土地的人口壓力，並且為未來的成長鋪路。他也知道這樣的轉變不會自動發生，而是需要政府提供助力。市場力量必須受到政府方案所補充，這些方案的目標是刺激新產業。產業政策必須是經濟發展策略的一部分。

儘管出身卑微，模里西斯後來卻成為非洲極少數的成功案例之一。不久之後，紡織品與服飾就取代蔗糖，成為這座島嶼的主要出口產品。生氣蓬勃的民主政治抑制了種族緊張，使其不至於延燒到檯面上。至於人口爆炸的夢魘則根本沒有發生。迅速的經濟成長不只創造了工作機會，也促成生育率下滑。截至二〇〇〇年，該島的人口只有一百二十萬人，遠低於米德預測的三百萬人。模里西斯成為一個中上所得國家，所得水準相當於東南歐。

此一成果有很大程度必須歸功於米德設計的策略，儘管他的建議不是全都受到遵循。尤其是後續的模里西斯政府發現工資難以抑制，於是選擇以其他方式換取社會和平，包括慷慨的社會方案以及全國性的工資議價，讓工會在談判桌上享有重要的發言權。不過，米德在工業促進方面的提議確實在後續十年間成為政府政策。國內工業獲得大量誘因與貿易保護。到了一九六〇年代末期，模里西斯已創造出一大群國內市場導向的輕工業生產商。政府也在一九七〇年開始提倡出口導向企業，以服飾業為主，利用租稅誘因、進口關稅豁免與較為寬鬆的勞動規則，推行一項極為成功的加工出口區方案。後來，工業活動又因為一九八〇年代的貨幣貶值而獲得進一步激勵。

這兩個工業區塊（一個針對國內市場，另一個針對外銷出口）共存了好一段時間。遲至一九九〇年代初期，模里西斯雖然擁有欣欣向榮的加工出口區與快速的出口成長，卻仍是世界上受保護程度最高的經濟體之一。[3]受保護的部門雖然表現不如加工出口區，但就像米德預期的，卻成為培育現代工業創業精神的重要搖籃。實際上，加工出口區的成長不僅受到外國投資人與科技的挹注，也獲得國內資本與創業的推助。不同於其他國家的加工出口區，模里西斯的國內投資人與企業家都深度參與其中。[4]這點有助於解釋模里西斯的加工出口區為什麼比其他國家的模仿做法成功得多。

今天，模里西斯擁有開放的經濟以及穩固的製造業基礎，但也面臨下一階段的多元化挑戰。在國內工資上漲以及世界市場上的低成本生產商帶來的競爭壓力下，服飾部門已不再能夠推動經濟。促進成長需要新策略。

米德如果活在今天，會提出什麼建議呢？

修正主義者接手

在米德提出那份報告之後的數十年間，經濟學家對於發展政策的觀點出現奇特的轉向。在一九五〇與六〇年代，只要是研究當時所謂的低度開發國家的經濟學家，都理所當然認定那些國家裡的幼稚產業需要扶植，而且政府的領導扮演重要角色。市場與全球經濟的影響力在當時備受懷疑，甚至可以說是過度的懷疑。那時的首要發展經濟學家，諸如劉易斯（W. Arthur Lewis）、普瑞畢希（Raul Prebisch）、羅森斯坦羅丹（Paul Rosenstein-Rodan）與赫希曼（Albert Hirschman），當然也不免互相爭論。不過，他們絕對都不會贊同自由貿易與小政府是促進經濟成長與發展的最佳方式。[5]十九世紀的大分歧——世界分裂為富裕的工業核心國家與貧窮的大宗商品生產邊緣國家——是一項明顯可見的教訓。

到了一九八〇年代，北美發展專家及其追隨者的主流觀點出現大幅轉變。國家從經濟成長的基礎變成主要的障礙。國際分工則是從威脅變成救星。在一九九〇年代，對資本自由流動的熱中又加入這套觀點當中，我們在前面有談過這一點。這種論述為世界銀行等發展機構注入一股新的使命感，也重塑了它們提出的政策建議。

這套修正主義觀點的一個早期版本被納入所謂的「華盛頓共識」。這個名稱於一九八九年由威廉森（John Williamson）提出，原本指的是拉丁美洲國家在當時展開的改革當中所具備的若干共同元素。威廉森當初列出的清單包含十項不同的改革，極度強調管制鬆綁、貿易與金融自由化、私有化、避免幣值高估，以及財政紀律。經過一段時間之後，「華盛頓共識」逐漸轉變為一種教條式的做法，成為自由化狂熱分子的口號。威廉森雖然對金融全球化抱持懷疑態度，但令他深感懊惱的是，資本市場自由化卻在不久之後也納入了這套包裹當中。[6]

到了一九九〇年代中期，已經沒幾個人記得威廉森原本那份清單中究竟有哪些項目，但所有人都知道「華盛頓共識」所指的那種規畫可以由三個詞語概括：穩定化、自由化與私有化。本身是溫和派經濟學家的威廉森，因為提出這套「新自由主義教條」而在後來遭到許多謾罵。我在一九九〇年代期間走訪開發中國家的旅程上，對於決策人士（尤其是拉丁美洲的決策人士）以意識形態般的狂熱認定這種規畫是通往經濟救贖的唯一途徑印象深刻。價格誘因與世界市場的力量在東亞只是受到務實的尊重，但在這些決策人士心目中卻徹底變成不容置疑的宗教信仰。

大修正

華盛頓共識之所以具有這麼大的吸引力，歸根究柢乃是源自一項簡單的論述，指稱全球化具有讓開發中國家脫貧的力量。不過，與其提倡中國及其他國家為了發展國內工業實力而採取的那種混合式務實策略，這項論述的擁護者卻是強調對全球經濟開放的重要性。他們主張，窮國之所以窮，原因是那些國家不但國內市場小，而且充斥著政府限制貿易所造成的各種無效率。這種想法認為，只要讓那些國家開放國際貿易與投資，隨之而來的貿易浪潮即可將它們拉出貧窮的泥沼。重點不再是相對而言無足輕重的效率增進（這是一般對於貿易帶來的效益所提出的標準論點），而是迅速追上富裕國家的生活水準。

這項運動的巔峰出現在知名經濟學家薩克斯與共同作者華納（Andrew Warner，兩人當時都在哈佛大學任教）一九九五年發表的一篇文章。[7] 那篇文章的篇幅很長，而且內容非常詳盡，仔細探討了開發中國家的經濟改革以及全球化的歷史演變。不過，文章的核心卻是藉由數據分析獲致一項引人注目的發現。薩克斯與華納把國家區分為兩組：一組對國際貿易開放，另一組則是採取封閉政策。他們獲致的核心結果是，第一組國家在長期之下的成長率（人均成長率）比第二組快上二·四五個百分點。這是一個大得令人吃驚的數字，也就是說一個每年成長二%的開發中國家只要對國際貿易開放，即可使其成長率增加一倍以上。

同樣引人注意的是，薩克斯與華納的分析暗示一個國家不論國內政策有多麼匱乏，或者其他方面的不利因素有多麼嚴重，都一樣能夠獲取這樣的效益。換句話說，不管是蹩腳的政府還是教育程度低落的勞動力都無關緊要。一個國家可能極度貧窮，而且幾乎沒有什麼工業，但也沒有關係。只要單純降低貿易壁壘，就能夠促進成長。[8]

薩克斯與華納之所以會獲致這樣的結果，其實與他們用來將國家歸類為「開放」或「封閉」的方法緊密相關。[9]舉例而言，南韓、臺灣、印尼與模里西斯等成長迅速的國家都被歸類為開放，儘管這些國家實施的高進口壁壘一直持續到一九八〇年代，而且是等到自己獲致了相當程度的製造實力之後才降低這些壁壘。薩克斯本人似乎有一套比較細膩的觀點，比較強調促進製造業出口的重要性，而不是貿易自由化本身。[10]不過，這卻不是那項數據分析的重點。技術官僚與決策人士在這份研究當中看見的訊息清楚明白：如果想要追上先進國家的生活水準，最有力的工具就是降低進口關稅以及放鬆其他貿易限制。[11]

這種轉變極為徹底，以致難以理解前一個世代的經濟學家為什麼會對貿易抱持那麼懷疑的態度，而且又那麼歡迎政府干預。在一篇頌揚這種新共識的文章裡，身為該項共識主要創造者之一的安・克魯格（Anne Krueger）納悶道，比較利益原則怎麼會受到如此「輕率的拋棄」。「事後回顧起來，」她寫道：「竟有這麼高比例的經濟學家如此遠遠偏離國際貿易的基本原則，實在是令人難以置信。」[12]在八〇與九〇年代期間，任何一名具有專業聲望的頂尖西方經濟學家，都絕對不敢提出像米德那樣的計畫，否則就會被視為保護主義的怪胎。

薩克斯與華納的研究與其他研究（其中許多都由世界銀行進行）成為發展機構與技術官僚重塑發展策略的強大武器。這些研究使得開發中國家決策人士對全球化的追求更加狂熱。新共識將外國貿易與投資轉變為評判國內經濟與社會政策適足性的終極標準，這正是追求超全球化所造成的一項關鍵扭曲。要處理任何國內問題，不論是犯罪、腐敗、基礎建設不足還是技術低落，最具號召力的主張就是指稱該項問題阻礙了國家與世界經濟的整合。[13]只要提起「外資觀點」或者「在世界市場上的競爭力」等字眼，決策人士就會立刻豎起耳朵。對全球化的追求成為發展策略的替代品，它本身就是目標，而不只是一種可供策略性利用的機會。

學術界裡雖然有一些表達懷疑的聲音，卻沒幾個人打算在真實世界中對抗這股全球化狂熱。許多經濟學家會在私下說，將如此龐大的成長效果歸諸開放貿易的研究缺乏可信度。不過，他們並不想要讓人以為自己贊同保護主義。修正主義者雖然可能嚴重誇大貿易自由化的成長促進效果，但又怎麼樣？也許發展策略太過聚焦於貿易政策與貿易協定，可是又有什麼關係？只要是朝向開放貿易政策邁進的措施，一定都是好的。

我在二〇〇〇年向一群學者發表了對薩克斯與華納的研究以及其他類似著作的批判，他們的反應就深具代表性。一位著名經濟學家打斷我的發表問道：「你為什麼要這麼做？」我一時答不出話來。經濟學家本來就是一群愛爭辯的傢伙，我也早已習於別人質疑我的研究方法或者證據，可是我卻從來不曾遇過這種難以置信的態度。把自由貿易視為成長動力的觀念變得如此神聖不可侵犯，竟然需要質疑別人重新檢驗證據的動機。[14]

事實與表象一旦出現分歧

貿易基本教義之所以對許多人深具吸引力，原因是戰後的證據在表面上看來確實證明了這種想法的正確性。南韓、臺灣，以及其他東亞與東南亞國家在世界市場上的非凡崛起，推翻了一九五〇與六〇年代期間認為貧窮國家的新生工業公司不會回應貿易誘因的激勵或者無力在全球市場上獲致成功的想法。米德自己對於模里西斯的出口前景就曾經過度悲觀。不過，修正主義者卻是遠遠矯枉過正。他們把東亞經驗解讀為市場勝過政府以及自由貿易勝過管制性貿易。大量的國家干預措施不是受到忽略，就是被輕描淡寫地指稱其效果已互相抵銷，因此得到的結果也就與市場在不受干預的情況下產生的結果相同。[15]修正主義者的終極論點是，東亞經濟體如果沒有政府干預，必定會成長得更加快速。我們在前一章談及世界銀行的《東亞奇蹟》報告，就看過這種觀點所遭遇的問題。

對於巴西、墨西哥與土耳其這類國家的經驗（它們採取的是比較向內看的策略）所做出的錯誤分析，也一樣問題重重。不同於東亞國家或模里西斯，這些國家並未努力推促國內的公司從事出口，而是主要仰賴國內市場提供成長的動力。這些國家直到一九八〇年代都仍然維持高度限制的貿易體制。這就是所謂的「進口替代工業化」策略，自從一九三〇年代以來成為拉丁美洲、中東、非洲及亞洲部分地區（尤其是印度）的國家在獨立之後所採取的主要模型。如其名稱所示，這種策略的焦點在於以國內生產取代先前的進口產品：一開始是單純的消費財，後來也涵蓋比較複雜的資本財。這項目標的達成方式，是透過包括進口保護、信用補助、租稅誘因與公共投資等各式各樣的政府干預促成。這種策略一點都不強調由國內企業從事出口或者到世界市場上競爭，也對國內企業在這方面的能力毫無信心。

修正主義者將進口替代工業化的紀錄描繪成一幅嚴峻的圖像。他們指出，由於這種策略未能善用世界市場，又讓國家扮演太大的角色，使得這些國家嚴重阻礙自己的發展。再一次，這種描述又犯了過度誇大的毛病。當然，要針對過度保護與過度國家干預找出危言聳聽的例子並不難。在某些案例中，貿易壁壘對於投資誘因造成極大的扭曲，導致私人企業設立投入要素成本高於生產成品價值的廠房，還發現自己竟然有利可圖。[16]有些國家，特別是阿根廷與印度，確實表現得非常糟糕。

儘管如此，進口替代工業化的整體紀錄其實相當令人驚豔。巴西、墨西哥、土耳其，以及拉丁美洲、中東與非洲的其他許多開發中國家都在進口替代工業化策略下經歷了自身經濟史上最快的經濟成長率。拉丁美洲在一九四五年至一九八〇年代初期之間，達到了超過人均二・五%的年平均成長率，遠勝於該區域在一九九〇年以來的成長率（一・九%）。[17] 漠南非洲各國獨立之後，有二十幾個國家也成長得相當快速，並且一直持續至一九七〇年代中期至晚期。

這樣的表現是工業化促成的結果。進口替代工業化國家因為經濟的多元化發展，從傳統農業轉向製造業，經歷了生產力的快速成長。儘管令人驚訝，但我們最佳的研究顯示在六〇與七〇年代期間，採取進口替代政策的拉丁美洲，其經濟體生產力的成長速度高於出口導向的東亞。[18] 拉丁美洲經濟體的擴張速度之所以略遜於東亞，不是因為它們的科技進步速度較慢，而是因為它們用於投資的國民所得比例較低。拉丁美洲雖然經歷了二十年的經濟自由化以及和世界經濟的迅速整合（也許該說正是因為如此），至今卻還沒能重現當初那樣的生產力提高。值得稱許的是，有些進口替代工業化國家，尤其是巴西，在七〇年代期間藉著這樣的工業化而轉向世界市場。即便在進口替代工業化策略表現不佳的地方，通常也還是留下了日後證明非常有用的工業能力。以印度為例，藥品、汽車零件與基本金屬等產業當中受到高度保護的公司，最終都成為世界級的企業；受雇於國營電子公司的工程師，也構成「印度矽谷」班加羅爾許多資訊科技企業的骨幹。[19]

進口替代工業化之所以名聲不佳，部分原因是這種策略被人視為與一九八二年席捲拉丁美洲的債務危機有關。修正主義者認為那場危機是進口替代工業化的副產品：國家的過度擴張造成財政與外部的龐大不平衡，無力造就出口收益則導致它們對資本流入突然中止的調適更加困難。這種經常可以聽到的論述其實帶有重大缺陷。

實際上，有些最熱切擁護進口替代工業化的國家避過了捲入債務危機的下場。印度就是一個例子。印度的政策對經濟活動的重心造成很大影響，但是並沒有對總體經濟平衡（也就是收入與支出的平衡）或者外部融資造成破壞。後來，一九八〇年代末期的財政擴張看似即將帶來拉丁美洲式的危機，印度決策人士便立即調整總體政策，而不像拉丁美洲國家那樣坐以待斃。進口替代工業化本身沒有任何因素會導致外債危機更容易發生。

外向型策略也無助於降低這種危機發生的可能性。一九九七年的亞洲金融危機與二〇〇一至〇二年間的阿根廷危機都發生於放棄進口替代工業化政策的經濟體（東亞在一九六〇年代放棄這種政策，阿根廷在一九九〇年代放棄），而且在危機發生之際，這些國家都已經對國際貿易高度開放。然而，這樣的開放卻未能保護這些國家免於它們所遭受的傷害。如同我們先前看過的，金融危機有其本身的動態，不會只發生在施行特定貿易策略的國家。

找尋後華盛頓共識時代的共識

如同威廉森早在二〇〇二年坦承的，華盛頓共識在今天是個「破損的品牌」。[20]這種名聲的敗壞不僅是因為此項共識在意識形態上引起政治左派的反對，更根本的原因在於其令人失望的經濟紀錄。在薩克斯與華納發表於一九九五年的那篇文章裡，他們寫道：「我們找不到案例能夠證明這項經常有人提出的擔憂，亦即一個國家有可能開放卻還是未能成長。」[21]就算他們的說法在當時真確無誤，後續的證據也明白否定了這項主張。在拉丁美洲及其他地區，揚棄進口替代工業化而採行華盛頓共識的國家，大多數的成長率都低落得多。既然進口替代工業化政策以當今的標準來看顯得頗為錯誤，這樣的結果對於華盛頓共識的倡導者而言自然更是難堪。要幫修正主義論述跟這種令人失望的結果打圓場，顯然需要許許多多的解釋。[22]薩克斯很快就揚棄貿易開放本身就足以帶來迅速成長（或至少是一大成長力量）的論點。隨著他待在非洲的時間愈長，他也愈來愈聚焦於國內因素對經濟發展的限制：低落的教育程度、衛生標準與農業生產力，還有公共基礎建設投資不足。[23]

華盛頓共識的失敗導致經濟學家面臨一項難題。批駁這套計畫當中的特定改革措施不是吸引人的選項。貿易自由化、管制鬆綁、私有化，以及其他改革仍然顯得極為合理：這些做法能夠讓貧窮國家的政策看起來比較類似先進市場經濟體的政策。明確拒斥這些改革措施，將會迫使經濟學家拋棄他們若干最根本的信條。華盛頓共識的問題必定出在其他地方。

後來的修正做法是保留華盛頓共識，但加以擴張而納入許多額外的改革措施。華盛頓共識本身沒有問題，只是野心不夠大而已。這種新論述指出，先前的失敗顯示需要有更深入的制度改革，才能確保華盛頓共識產生其所宣稱的結果。不過，實際上採行的改革卻是品質不一又不完整。國際貨幣基金在二〇〇五年提出的一份報告埋怨指出：「相較於改善總體經濟與勞動市場制度以及強化法律與司法體系這類可望帶來長期效益的改革，前置成本低的措施，例如私有化，反倒獲得比較多的進展。」[24]克魯格在二〇〇四年發表的一場演說，其標題也為那樣的改革做出判決：〈立意良善，努力不夠，大幅失敗〉。[25]

華盛頓共識的支持者於是認為，開發中國家必須更加努力。單單削減進口關稅與消除貿易壁壘還不夠；開放貿易政策還必須要有其他支持條件，包括公共行政的廣泛改革、勞動市場的「彈性」，以及國際貿易協定。要鞏固總體經濟的穩定性，就必須改革財政制度，為中央銀行賦予獨立性，當然也要有更優質的政治。財產權需要治理與法律制度方面的廣泛改革。資本自由流動也需要法規、監管，以及總體經濟方面的許多前提要件。決策人士得到一份洋洋灑灑的改革清單，其中許多都需要制度上的變革，而這些制度變革卻是已開發國家在過去花了數十年乃至數百年才達到的成果。

這些新的改革被稱為「第二代改革」，以便與先前那套比較簡單的指示區分開來。這些改革後來演變成一套範圍與野心都大得不可置信的計畫，統稱為「治理改革」。這套開放式計畫對開發中世界的決策人士毫無幫助。告誡非洲或拉丁美洲的貧窮國家把目光放在美國或瑞典所採行的制度上，就像是對它們說要發展的唯一方法就是成為已開發國家。這實在算不上什麼實用的政策建議，但在建議出了錯的情況下，倒是非常有用的藉口。如同一名貿易改革的提倡者所說的：「當然，開放貿易本身並不足以促進成長，總體經濟與政治穩定**以及其他政策**也都是需要的。」（字體強調是我添加的）[26]到最後，我們總是可以怪罪接受建議的國家有什麼地方做得不夠。

就在世界銀行和大多數發展經濟學家忙著強化與擴大華盛頓共識的同時，其他以聯合國為中心的做法卻採取不同的途徑。薩克斯領導的聯合國千禧年計畫明白拒卻華盛頓共識，而建議非洲在衛生與基礎建設方面從事大規模的公共投資，資金由外援提供。世界各國在二〇〇〇年同意聯合國千禧年發展目標這項藍圖，設定了必須在二〇一五年達成的具體目標，包括將赤貧砍半（赤貧的定義為所得低於一天一美元）、遏止人類免疫缺乏病毒／愛滋病的擴散，並且普及初等教育。

相對於這些涵蓋一長串改革的全面性做法，其他人則試圖提出一項新的終極解決方案。刺蝟這一次的大構想不是貿易；必須是別的東西。不過，他們的推論採取類似的形式：「窮國之所以窮，主要是因為它們欠缺X：只要為它們提供X，即可解決世界貧窮的問題。」在祕魯經濟學家暨社會運動者德索托（Hernando de Soto）眼中，X就是財產的正式所有權。他認為，只要給窮人一張紙，藉此證明他們對自己的住宅或土地擁有法定所有權，即可將他們轉變為創業家與成功的資本家。在孟加拉經濟學家暨銀行家尤努斯（Muhammad Yunus）眼中，X則是信貸。他主張，只要為每一名創業家提供一小筆貸款（「微型信貸」），即可觸發一項由下而上的成長與發展進程。[27]這兩個構想都激起了活躍的運動，並且在世界各地吸引到為數龐大的奉行者。

這些策略雖然表面上有所差異，卻全都認定所有的開發中國家一致患有同樣的病症，也需要大致類似的治療，而且我們對那些療法的本質擁有足夠的理解，因此能夠發動一場膽大無畏、志向高遠而且經常成本昂貴的努力以消滅世界貧窮。這一切都不必然為真。畢竟，促進發展的政府與國際作為向來都是失敗居多。另一種比較不那麼自信的觀點可能會認定我們根本不曉得什麼因素在不同情境中能夠發揮效果或是為什麼會發揮效果。

曾經任職世界銀行而且反對外援的伊斯特利（William Easterly）把這種思維發揮到極致。他指出，想要推行某種在學院廳堂或華府走廊裡夢想出來的宏大方案，而強迫造成由上而下的發展，絕對是徒勞無功。[28]發展專家沒什麼有用的建議可以提供給決策人士，頂多也許能夠告誡他們如何避免嚴重錯誤而已。我們能夠採取的最佳做法，就是確保過度自信而且對民間侵擾不知節制的國家不會阻礙由下產生的發展。

在現實世界裡，全球化能夠透過工業化而促成快速成長，也可能導致國家依賴大宗商品出口，因此要等待發展自行出現，恐怕得等上很長一段時間。伊斯特利的論點為人帶來的是絕望，而不是希望。所幸，還有另外一條中庸之道。

各適其所

我在幾年前造訪一個拉丁美洲國家，該國的經濟部長滿懷自豪地對我說他的政府已經完成所有第二代改革，現在正展開「第三代改革」。該國經濟已對貿易和資本流動開放，市場管制已經鬆綁，公共事業已經私有化，總體經濟失衡也已經消除。租稅制度、銀行法規、社會安全制度、財政規定與司法體系都依照「最佳實務」的標準進行改革。勞動市場非常「有彈性」，亦即不受法規束縛。儘管如此，經濟卻還是沒什麼成長。問題出在哪裡呢？是必要的改革尚未完全施行嗎？還是說問題出在發展策略當中的基本層面？

那個國家面臨的困難，恰恰體現了這種開立改革清單做法的缺點。這套改革計畫假定所有的開發中國家都遭遇同樣的問題，而且所有的問題都同樣重要。這是一套預先制定的無差別性方案，因此無法鎖定一國經濟所面臨的最嚴重瓶頸。在最好的狀況下，這種方案只是迫使決策人士疲於奔命，忙著追逐一套野心極大的改革。而在最糟的狀況下，這種方案則可能造成反效果，原本立意良善的改革反倒惡化了經濟當中的其他問題。

我們一旦開始思考特定的瓶頸及其相對重要性，就可望找到更有效的成長策略——奠基於狐狸那種比較務實的做法。假設你有一輛開不動的破舊老車，換上新的擋泥板、裝上新的頭燈、烤上閃亮的新漆，再更換一個更有力的引擎，雖然能夠讓這輛車看起來變得更好，卻不一定可以讓這輛車開得動。另一個比較好的策略，是設法找出問題的直接來源。問題如果出在輪胎破洞，就更換輪胎。問題如果出在點火系統，就把點火系統修好。這輛車終究還是需要換上新頭燈和烤上新漆，甚至可能也需要更換新引擎，但與其根據一個根本沒檢查過這輛車的技師所提出的一長串翻修建議毫無章法地東修西換，你要是一次解決一個問題，不但花的成本比較低，也一定能夠讓這輛車開得更久。

成長策略也是如此。貧窮國家有許多缺陷，但不是所有缺陷都必須同時解決才能使其經濟獲得一段時間的迅速成長。訣竅在於找出哪一項限制最嚴重阻擋了企業家投資於能夠促進經濟成長的現代工業與服務業。最急迫的問題可能是資金短缺，可能是政府作為（例如稅率太高或者貪腐）壓低了私人利潤，可能是高通膨或公債導致風險提高，也可能是幼稚產業的學習外溢效應導致私人企業家未能獲取其投資的完整社會價值。[29]

以上提及的每一項限制以及其他各種可能存在的問題，都需要有不同的解決方法。舉例而言，最主要的限制如果是貿易管制導致私部門無法取得進口的投入要素與科技，那麼開放貿易無疑是優先要務。另一方面，如果問題出在龐大財政赤字造成的總體經濟不穩定，那麼傳統的穩定方案（包括削減政府開支以及增稅）就會為成長帶來神奇的效果，即便在沒有開放貿易或大規模制度改革的情況下也是如此。在這種案例當中，降低進口關稅可能會造成財政赤字惡化，反倒導致問題更加嚴重。同樣的，如果主要的限制在於科技投資的利益有一大部分都外溢至其他公司而導致創業誘因不足，那麼可能就需要推行某種專為私部門設計的誘因配套方案。在這個案例中，推動貿易自由化恐怕會進一步壓低產業獲利，而導致問題更加惡化。

由這些例子可見，同樣的政策在運作正常的先進市場經濟體當中也許通常是良好的措施，在開發中國家的次佳環境裡卻可能導致反效果。國際資金流動就是可以看見這種效果的一個重要領域。如果不考慮金融危機，在國內投資面臨的最大障礙是信貸不足的情況下，龐大的資本流入絕對是一件好事。不過，投資如果主要受限於低獲利（這正是許多、甚至可說是大多數新興經濟體所面臨的狀況），那麼資本流入只會惡化而不是改善問題。資本流入會造成貨幣供給增加、幣值降低，從而削弱國內產業在全球市場上的競爭力。[30]在次佳的世界裡，提高國際金融的交易成本可能才是合理的選擇。

一項特定的限制可以有各種不同的消除方法，有些比較以國內形勢為主。如果想要提高經濟的外部導向，可以採取出口補貼（例如南韓與臺灣的做法）、成立加工出口區（模里西斯的做法）、設置經濟特區（中國的做法）──或者推行自由貿易（香港的做法）。如果要提升國內產業，可以採取信用補助（南韓）、租稅誘因（臺灣）或者貿易保護（巴西、墨西哥與土耳其）。如果要強化財產權，可以輸入外國法典再加以修改（例如明治維新期間的日本），或者自行訂立法規（例如中國與越南）。國家需要有空間能夠實驗不同而且經常非正統的做法。面對汽車破胎，究竟該選擇補胎還是直接換新，必須取決於你的後車廂裡有沒有備胎，或者附近有沒有修車廠。

要促成至少一小段時間的快速成長，政府並不需要採取許多作為，只要那些作為足以消除該國經濟當中最嚴重的限制即可。印度近年來非凡的經濟表現就是一個絕佳的例證。關於印度的經濟奇蹟，普遍流傳的迷思指稱該國是在一九九一年展開的一波經濟自由化之後開始起飛。實際上，印度成長加速的出現時間比這項說法早了十年，在一九八〇年代初，原因是當時印度推行了一些試驗性的小改革，目標在於逆轉國家長久以來的反商態度。在英迪拉．甘地（Indira Gandhi）以及她於一九八四年喪命之後繼任的拉吉夫．甘地（Rajiv Gandhi）領導下，國大黨開始親近私人企業與工業界，主要是為了消除私部門導向的人民黨所帶來的政治威脅，原因是該黨曾在一九七七年的大選中大敗國大黨。[31]

這種態度的改變，以及中央政府隨之而來的小調整（例如降低若干商業稅，以及讓企業更容易取得進口投入要素），對經濟活動產生了驚人的強大效果。許多觀察家認定不可能變動的印度成長率，在一九八〇年代期間卻提高了一倍以上，從不到二%（以人均計）上升到將近四%。[32]儘管如此，一般認為阻擋了印度發展的障礙卻都沒有受到消除。官僚效率低落與繁文縟節仍然有如夢魘，貿易壁壘依舊高高聳立，基礎建設也還是非常貧乏。

一個國家的表現若是遠低於其潛力，要觸發經濟成長就不需要太多措施。印度就是這樣。該國在長期抑制私部門活動的數十年間累積了不少重要實力。印度的私部門一旦獲得解放，先前在工業與技術教育上所做的投資就隨即發揮效果。印度後來終究還是開放了經濟，但不同於拉丁美洲，該國的開放措施不但審慎漸進，而且是在成長開始加速之後超過十年才著手實施。

一項限制一旦成功消除，就會有另一項限制取而代之。因此，選擇性解決問題的做法必須隨時準備因應下一套限制。這種做法需要具有彈性的政策，也必須願意隨著情勢的要求而改變路線。能夠持續不斷成長的國家，都是長期堅定採行這種策略的國家。中國在這方面同樣又是首要的例子。中國的政策改革人士採用一種策略性而且循序漸進的做法，依序處理一套接一套的供給面限制。他們在七〇年代末期先從農業著手，接著在八〇年代轉向工業，在九〇年代又轉向外貿，現在則致力於處理金融部門。中國的領導人還沒有為現代市場經濟提供完整的制度基礎。其中最引人注目的一項欠缺，就是代議政治制度。不過，至少他們已經把自己的國家從毫無希望轉變為一個中等所得經濟體，並且讓五億人得以擺脫赤貧。

因此，說來實在諷刺又令人難過，全球化的規則竟然演變得導致其他國家更難（而不是更容易）仿效模里西斯、南韓、臺灣、印度與中國等國家所獲致的成功。世貿組織的規則、國際貨幣基金的作為，以及西方政策顧問的建議共同造成了縮減政策空間的效果，使得那些國家難以設計和施行類似的本土性漸進措施，而這一切都是打著散播全球化效益的名號為之。

南非的困境

距離米德造訪模里西斯將近半個世紀之後，南非財政部長曼紐爾（Trevor Manuel）邀請一群同僚和我為該國的成長策略提供協助。曾是抗爭運動領導人的曼紐爾在經濟學方面主要是自學而成，但他對經濟文獻極為熟稔，竟然能夠引用我最新的論文，儘管那些論文是幾天前才剛刊登於網路上而已。他知道南非的表現不如其他國家，也沒有達到其本身的潛力。

當然，二〇〇五年的南非和一九六〇年的模里西斯看起來非常不一樣。二〇〇五年的南非是個中等所得國家，擁有相當多元化的經濟，而且與世界市場高度整合，又有一個頗為成熟的金融部門。不過，南非面臨的核心挑戰卻與模里西斯相同：雇用大量低技術勞工所需的工作要從何而來？

南非自從在一九九四年民主轉型以來，經歷了非凡的政治與經濟轉變。在少數白人統治結束之後，南非避免了陷入激烈指責、無窮無盡的重分配以及民粹主義的陷阱，否則將不免淪為一個經濟敗壞的假民主國家。非洲民族議會領導的政府打造了一個穩定、和平而且種族平衡的政治體制，並且在公民自由與政治自由方面創下優異的紀錄。經濟政策也是明智而審慎，遵循著一九九〇年代盛行的一般要求。南非經濟對貿易與資本流動開放，政府採行審慎的財政政策，還有一個獨立的中央銀行專注於對抗通膨。

世界如果是公平的，如此程度的政治節制與經濟正直理當能夠造就一個完全就業的繁榮南非經濟。然而，自從一九九四年以來，成長就一直微乎其微，每年人均成長率不到二%；私人投資也在低檔盤旋；最重要的是，失業率攀升到二六%。如果把喪志勞工計算在內，失業率更是將近四〇%。這是有史以來數一數二高的失業率紀錄。不出所料，失業情形大量集中於缺乏技術的年輕黑人人口。

南非經濟未能為大量的求職者提供數量足夠而且工資合理的工作機會，不論是勞動市場的新進人員，還是在日益縮小的部門（礦業與農業）遭到裁員的勞工。勞動需求的緩慢成長與勞動供給的迅速增長所造成的失衡，代表兩種可能的後果：不是工資探底，就是高失業率。南非政府選擇了失業率，但也建立起一套相當慷慨的公共財務協助體系，以便支撐貧窮與失業人口的生活水準。

展望未來，要為失業人口創造待遇良好的工作，唯一的方法就是大幅擴張製造生產。農業與礦業不太可能復興，像金融業這樣的服務產業（當時金融業表現得相當不錯）則是以技術性勞工為主要雇用對象。要做到這一點，又必須提高南非製造業的獲利程度，如此才可刺激該部門的私人投資。歸根究柢，解決方案必然近似米德為模里西斯提倡的做法。[33]

南非必須在一個遊戲規則大不相同的世界裡面對這項挑戰。中國以低成本出口國的身分崛起之後，在製造業裡競爭變得遠比以前困難得多。南非的進口關稅已經削減，又因為國際協定而難以（或甚至可以說是不可能）大幅調升。儘管政府補貼了特定製造產業，例如汽車業，但這些方案早已遊走在世貿組織的法律邊緣。此外，由於該國擁有獨立的中央銀行以及自由開放的資本流動體制，所以也不可能讓貨幣（南非蘭特）貶值以提高出口製造品的獲利程度。

最後，我的同僚和我推薦了一套兼容並蓄的政策。我們建議緊縮財政政策，讓央行有空間能夠降低利率而造成蘭特貶值。我們提議實施暫時性的雇用津貼，藉此降低雇主雇用年輕畢業生的成本。我們也建議了一種產業政策的新做法，我們認為這種做法會比較有效，比較親近市場，而且比較不可能在世貿組織裡遭到質疑。

傳統的產業政策涵蓋一長串需要促進的部門，連同一串用來達成此一目標的工具（例如關稅保護、減稅、研發補助、低息信貸、工業區）。相對之下，我們的做法則是過程導向，致力於重新定位既有機構（例如貿易及工業部或是產業發展公司），使其成為政商對話的發生處。這樣的對話將試圖找出工業活動中幾乎全都不可能在事前預知的瓶頸與機會，並且對那些對話所發現的機會以各式各樣的不同政策做出快速回應。[34]

這些建議會不會有幫助？我們很難知道。其中有些無疑會失敗，另外有些則需要修正才會真正發揮效果。歸根究柢，最重要的是政府必須瞭解挑戰的本質，而且願意嘗試不同解決方法以克服挑戰。到了二〇〇九年，南非選出祖馬（Jacob Zuma）這位新總統，也換上新政府。政府官員紛紛針對去工業化的風險提出警告，並且認為產業政策是南非因應全球金融危機的核心綱領。[35]

經濟發展的新論述

早在一七九一年，漢彌爾頓（Alexander Hamilton）就駁斥了現代工業不需政府支持即可自行發展的觀點。[36]那些產業要在美國自發而且自然地興起，實在有太多障礙，包括更先進國家的競爭在內。針對政府措施必然無助於改善狀況而反倒會導致情形更加惡化的看法，漢彌爾頓也提出一樣強烈的反駁。重點不在於政府該不該干預，而是在於該怎麼干預。

貿易基本教義派漠視漢彌爾頓以及後來無數經濟學家的這種洞見。他們從根本層面上就誤解了開發中國家面臨的挑戰本質。只有透過在技能與科技乃至公共制度等領域長期累積實力，經濟成長與發展才有可能實現。全球化本身不會生成這些實力；只是能讓國家更善加利用它們已經擁有的實力。這就是為什麼世界上最成功的全球化國家——我們這個時代的東亞國家——都會先強化自己的國內生產實力，然後才讓自己完全暴露於國際競爭。

產業政策（不論以什麼形態呈現）又再度被視為可以接受，甚至不可或缺，充分說明我們已從一九九〇年代的貿易基本教義退卻了多少。不過，我們現在還不能宣告勝利。貿易基本教義的戒律仍然深深植根於世貿組織的規則以及其他多邊機構的實務作為當中，也扎根在太多技術官僚與決策人士的意識裡。

這點所反映的現象，主要是我們欠缺一項具備足夠吸引力的替代論述。先前那種對於發展策略的次佳思考傳統（比較接近狐狸而不是刺蝟的做法）雖然抓到了基本原則，但看起來卻已老舊過時。要重振這種思考傳統，必須重新調整國家與市場之間的平衡，同時也保住其本質。

9 世界經濟的政治三難問題

一九九〇年的阿根廷，正處於極糟的經濟困境。自從七〇年代以來，這個國家就一直處於持續不斷的危機當中，因為惡性通膨與沉重的債務負擔而站不起來。所得比十年前縮水二五％，私人投資也陷入停滯。物價以前所未有的速率飛漲，即便以阿根廷的標準來看也是如此。一九九〇年三月，通膨攀升至百分之兩萬以上（以年計算），造成混亂與困惑。深受打擊的布宜諾斯艾利斯居民難以因應這樣的狀況，只好靠著黑色幽默苦中作樂。他們對自己說，物價每分每秒都在飆漲，至少搭計程車比公車還要便宜，因為搭計程車是下車時才付費，而不是一上車就付費！

把經濟綁在全球化的桅杆上，是否就能拯救經濟？

卡法友（Domingo Cavallo）認為自己知道真正的問題出在哪裡。長久以來，阿根廷政府總是任意按照自己的需求改變遊戲規則。太多的政府決斷導致各方對於阿根廷的決策人士徹底失去信心。私部門的反應是拒絕投資並且拋售國內貨幣。為了重拾國內與國外投資人的信任，政府必須堅守一套明確的規則，尤其必須以嚴格的貨幣紀律防止政府恣意印鈔。[1]

擁有哈佛大學博士學位的經濟學家卡法友，原本在總統梅南（Carlos Menem）手下擔任外交部長。後來，梅南在一九九一年二月任命他主掌經濟事宜，他因此獲得機會實行自己的計畫。卡法友的計畫關鍵在於金融兌換法，以法律規定將阿根廷貨幣與美元的匯率釘在一披索兌一美元，並且禁止限制國外支付。金融兌換法等於是迫使阿根廷的中央銀行按照黃金本位制的規則運作。自此以後，只有在美元流入這個經濟體的情況下，國內貨幣供給才可以增加，利率也才可以降低。美元如果流出，貨幣供給就必須減少，利率也跟著提高。別想再亂搞貨幣政策了。

除此之外，卡法友還加快了私有化、管制鬆綁，以及開放阿根廷經濟的速度。他相信開放的經濟規則與深度整合能夠排除自主性干預以及特殊利益集團對政策的綁架，從而強化商業界的信心。政策一旦能夠自行運作，投資人就不必擔心規則會任意改變。到了一九九〇年代初，阿根廷在貿易自由化、租稅改革、私有化與金融改革方面的紀錄都在拉丁美洲居冠。

卡法友把全球化視為阿根廷經濟的約束力與推動力。全球化不僅在經濟政策方面提供了紀律以及建立可信度的捷徑，還會釋放出強大的力量推動經濟向前。一旦排除掉信心欠缺與其他交易成本，外國資本就會流入國內，促使國內投資增加，經濟因此起飛。來自國外的進口將會迫使國內生產商提高競爭力與生產力。與世界經濟深度整合，將可解決阿根廷的短期與長期問題。

這種想法將華盛頓共識推到極致，結果對短期的預測確實正確，但是對長期的預測卻出了錯。卡法友的策略對當時最嚴重的限制產生絕佳的效果。金融兌換法簡直可以說在一夕之間消除惡性通膨並恢復物價穩定。這套法律也建立了可信度與信心（至少在一小段時間內是如此），並且帶來大量的資本流入。投資、出口與所得全都迅速增長。如同我們在第六章看過的，阿根廷在一九九〇年代中期成為多邊組織與全球化熱衷人士標舉的典範，儘管像金融兌換法這類政策明顯可見並不屬於華盛頓共識的一部分。卡法友在國際金融界成了備受景仰的人物。

九〇年代末期，阿根廷惡夢卻來勢洶洶地重新出現。世界經濟當中的負面發展導致投資人對阿根廷的觀點突然逆轉。亞洲金融危機使國際貨幣經理人對新興市場的胃口減少，從而對阿根廷造成沉重打擊。不過，真正的致命一擊乃是一九九九年初的巴西貨幣貶值。這次貶值造成巴西貨幣對美元的價值降低了四〇%，使得巴西出口商能夠在外國市場大幅降價。由於巴西是阿根廷最主要的全球競爭對手，因此巴西的成本優勢導致阿根廷披索的幣值顯得過度高估。對於阿根廷償還外債的能力抱持的懷疑因此倍增，信心也跟著崩解。不久之後，阿根廷的信用價值已下滑至比部分非洲國家還低。

卡法友與梅南的關係也在這時轉壞，造成他在一九九六年卸任。梅南任期屆滿之後，繼任總統的德拉魯阿（Fernando de la Rúa）在二〇〇一年三月邀請卡法友回鍋政府任職，希望藉此撐起信心。卡法友的新措施證明無效。他一開始先調整了貿易與貨幣體制，卻只帶來微乎其微的效果，於是他被迫採行撙節政策與財政緊縮，儘管該國經濟早已處於五名勞工即有一人失業的狀況。他在七月推出「零赤字」計畫，執行方法是將政府薪資與退休金刪減達十三%。金融恐慌更加惡化。國內存款人因為害怕披索貶值，於是爭相把自己的錢從銀行領出，結果又因此迫使政府限制現金提領。

財政緊縮以及對銀行提款的限制引發了大規模抗議。工會號召全國罷工，暴動席捲各大城市，劫掠行為也擴散開來。在耶誕節前夕，卡法友與德拉魯阿以極快的速度接續辭職下臺。[2]在資金短缺的情況下，阿根廷政府終於被迫凍結國內銀行帳戶、拖欠外債、重新施行資本管制，並且讓披索貶值。所得在二〇〇二年縮水達十二%，跌幅為數十年來最大。超全球化的實驗以慘敗收場。

問題出在哪裡？簡單的回答就是國內政治阻礙了超全球化。深度整合需要痛苦的國內經濟調整，但國內選民難以接受，於是政治終究在這場角力中勝出。

政治與超全球化無可避免的衝突

阿根廷經濟崩潰背後的經濟問題，事後回顧起來其實相當直截了當。阿根廷的決策人士雖然成功消除了一項嚴重限制（貨幣管理不當），但接著又遇上另一項限制：貨幣缺乏競爭力。政府假如在一九九六年揚棄金融兌換法，或是加以修改而允許較有彈性的匯率，那麼後來席捲該國的信心危機也許能夠避免。不過，阿根廷的決策人士與金融兌換法的關係太緊密了。他們向大眾宣稱這套法律是成長策略的核心綱領，因此根本不可能縮手。比起僵固的意識形態，務實的態度想必可為阿根廷帶來比較好的後果。

不過，阿根廷的經驗為我們提供了一項更深層的政治教訓，是一項有關全球化本質的根本教訓。阿根廷撞上全球經濟的一項核心真理：國家民主與深度全球化彼此互不相容。民主政治是金融市場的一大障礙，國家也因此不可能與世界經濟深度整合。英國在一九三一年學到這項教訓，結果被迫放棄黃金本位制。凱因斯把這項教訓納入布列頓森林體制，但阿根廷卻忽視了這一點。

歸根究柢，阿根廷政治領袖失敗的原因不是意志不夠堅定，而是能力不足。他們推行金融兌換法以及建立金融市場信心的決心毋庸置疑。卡法友知道自己別無選擇，只能按照金融市場的規則行事。在他的政策之下，阿根廷政府不惜廢除幾乎所有與國內選民簽訂的各種契約，包括公務人員、退休人員、地方政府與銀行存款人等，就是為了絕不拖欠外國債權人一分一毫的債務。

在金融市場眼中，阿根廷的命運並非取決於卡法友與德拉魯阿所採行的措施，而是取決於阿根廷人民真正願意接受的做法。投資人與債權人愈來愈懷疑阿根廷國會、地方政府以及一般人民會願意容忍早已在先進工業國家備受質疑的撙節政策。結果證明市場的看法是正確的。全球化一旦與國內政治衝突，聰明的做法就是押注政治獲勝。

令人訝異的是，深度整合即便在其要求與目標都受到一國的政治領導者完全內化的情況下，也還是無法自我支持。對於卡法友、梅南與德拉魯阿而言，全球化的約束可不能只是三心二意地略加遵循；全球化是他們追求的終極目標。儘管如此，他們還是阻擋不了國內政治壓力破壞他們的策略。這項教訓足以警醒其他國家。超全球化如果在阿根廷都行不通，還有可能在其他環境奏效嗎？[3]

佛里曼（Thomas Friedman）在《了解全球化》（*The Lexus and the Olive Tree*）這本歌詠全球化的著作當中曾經提出一項著名的描述，指稱「電子游牧族」（就是那些能夠在一瞬間將數十億美元轉移到世界各地的金融業者與投機人），迫使所有國家套上「黃金束縛衣」。他指出，這套全球化的決定性服裝，匯聚了所有國家都必須遵守的固定規則：自由貿易、自由資本市場、自由企業，以及小政府。「你的國家如果還沒訂製一件，」他寫道：「那麼不久之後也一定會。」他接著指出，一個國家一旦套上這件服裝，就會出現兩種狀況：「經濟會成長，政治會萎縮。」全球化（在佛里曼眼中等同於深度整合）既然不允許國家偏離那些規則，因此國內政治就只能在非黑即白當中做選擇。其他各種選項，尤其是地區性的做法，都一律遭到禁止。[4]

佛里曼認定深度整合規則會造成經濟快速成長的看法是錯的，這點我們在先前早已看過。他把他所謂的黃金束縛衣視為既存的事實，也一樣是錯誤的看法。阿根廷領導人套上黃金束縛衣的熱切態度少有其他國家可比（而且他們套上束縛衣之後，還把鑰匙丟了）。正如阿根廷實驗的失敗所顯示的，在民主政體當中，國內政治終究會勝出。唯一的例外是早已身屬大型政治集團的小國家，例如歐盟的成員國；我們將在下一章檢視拉脫維亞的例子。一旦到了緊急關頭，民主會掙脫黃金束縛衣。

儘管如此，佛里曼的核心洞見仍然令人信服。超全球化與民主政治之間確實存在著一項根本上的緊張關係。超全球化確實需要國內政治的萎縮，也需要技術官僚隔絕於大眾團體的要求。佛里曼的錯誤在於誇大超全球化的經濟效益以及低估政治的力量。因此，他也就高估了深度整合的長期可行性與值得嚮往的程度。

超全球化對民主選擇的侵蝕

我們珍惜自己的民主與國家主權，卻又簽署一份接一份的貿易協定，並且把資本自由流動視為自然現象。這種不穩定又缺乏條理的情況必定會帶來災難。一九九〇年代的阿根廷為我們提供了一個鮮明又極端的案例。不過，我們不需要住在一個治理不良而且慘遭投機資本流動蹂躪的開發中國家，也能夠在日常生活中體驗到這種緊張關係。全球化與國內社會安排的衝突是全球經濟的一項核心特色。以下這幾個例子即可說明全球化如何阻礙國家民主。

勞動標準。每個先進經濟體對於雇傭實務都訂有詳細的法規。這些法條規定什麼人可以工作、最低工資、最高工時、工作條件的本質、雇主可以要求員工做什麼，以及員工被解雇的難易程度。這些法條保障員工組織工會的自由，讓工會代表他們的利益並制定集體談判工資與福利的規則。

從古典自由主義的角度來看，這些法規絕大多數都不合道理，只是在干預個人自行訂定合約的權利而已。你如果願意領取低於最低工資的薪水，在不安全的環境一週工作七十個小時，而且同意雇主任意解雇你，那麼國家為什麼應該阻止你接受這樣的條件？同樣的，你如果認為你年方十四歲的女兒到工廠從事全職工作是一件好事，政府為什麼應該禁止你這麼做？按照古典自由主義的信條，人是自身利益（及其家人利益）的最佳判定者，所以在不受限制的情況下自願訂定的合約一定會對訂約雙方都有利。

勞動市場在過去曾經受到這種信條的支配。[5]不過，自從一九三〇年代以來，美國國會與法院已認知到，對於個別勞工有益的事情，不必然對整體勞工有益。如果沒有法規強制實踐尊嚴勞動的社會常規，缺乏議價能力的勞工就可能被迫接受違反這些常規的工作條件。而這名勞工一旦接受了這麼一份契約，也就會導致其他勞工更難獲得較高的勞動標準。因此，政府必須禁止雇主提出條件惡劣的契約，就算有些勞工願意接受這樣的契約也不行。有些形式的競爭必須受到禁止。你也許願意接受低於最低工資的薪資並且一週工作七十個小時，但我的雇主不能利用你同意在這種條件下工作的意願而把我的工作提供給你。

想想國際貿易會如何影響這種協定。有了外包的選擇之後，我的雇主即可做出他先前不能做的事情。國內勞動法律仍然禁止他捨棄我而雇用你，也禁止他迫使我接受有違法律規定的工作條件。不過，這已經無關緊要了。現在他可以捨棄我而到印尼或瓜地馬拉雇用員工，那裡的員工不但願意接受先前提及的那種不合格的工作條件，甚至連更糟的條件也不排斥。在經濟學家眼中，這種行為不僅合法，而且是貿易利益的具體表現。然而，我和我的工作所遭遇的下場並不會因為拉低勞動標準的那名員工身屬別的國籍而有所不同。國家法規為什麼只保護我在雇傭實務方面不受國內勞工的向下競爭，對於外國勞工的這種行為卻不予處理？我們既然不允許國內市場透過後門侵蝕勞動法規，又為什麼應該允許國際市場這麼做？

要進一步看出這種矛盾的態度，只需想想以下這一點：一個國家會不會容許那些印尼勞工與瓜地馬拉勞工按照他們在本國接受的勞動標準，而以外籍勞工的身分到國內來接受雇用呢？即便是大多數的自由貿易主義者，也一定會反對這種做法。他們會說，一個國家內部應該只有一套勞動標準，對所有勞工一體適用，不論他們持有哪一國的護照。可是為什麼呢？對於相關各方而言，透過貿易而將工作外包，和允許外籍勞工以較低標準接受雇用所帶來的後果根本完全相同。

在真實世界裡，這些議題的重要性有多高？沒有許多勞工權益倡議人士聲稱的那麼高，但也沒有自由貿易主義者願意承認的那麼低。工資水準最主要的決定因素是勞動生產力。世界各地的工資差異，有八〇%至九〇%都是取決於生產力的差別。由於這個原因，外包很難能夠影響先進國家的雇傭實務。外國勞工的工資也許只有我的一半，但他們的生產力如果也只有我的一半，那麼我就不必太擔心雇主會把我的工作外包給他們。

不過，八〇%至九〇%畢竟不是百分之百。架構勞動市場的政治與社會制度也會在生產力的強大效果之外獨立對勞動報酬產生若干影響。勞動法規、工會化的程度，以及（在更廣泛的層面上）勞工行使的政治權利，都會形塑勞工與雇主之間的談判，並且決定企業創造的經濟價值在他們雙方之間如何分配。在任何一個國家裡，這些安排都足以造成工資升降幅度達四〇%以上。[6]這正是外包或者威脅將工作外包的舉動能夠發揮影響力的地方。將工作轉移至勞工享有較少權利的地方（或是威脅這麼做）**有可能**對雇主有利。在一定的限度內，雇主可以藉此逼迫國內勞工在工資與雇傭實務上讓步。

這些難題沒有簡單的解答。雇主選擇在哪裡營運的自由絕對是另一項值得注意的價值。瓜地馬拉或印尼勞工的利益也許和國內勞工的利益互相衝突。不過，我們不能假裝外包不會對國內勞動標準造成嚴重的困境。

公司稅的競爭。企業與資本的國際流動性也會限制國家針對自身需求與偏好而選擇適當租稅結構的能力。此一流動性尤其會對公司稅率造成向下壓力，也會將稅負從具有國際流動性的資本轉嫁到比較難以從事國際流動的勞工身上。

這種道理顯而易見，也經常出現在要求為企業減稅的人士所提出的論述當中。麥肯（John McCain）參議員在與歐巴馬的總統競選辯論當中，就明白援引了這種論點，指稱美國的公司稅率為三五％，愛爾蘭則只有十一％。他說：「如果你是生意人，而且可以把公司設置在世界上任何地方，」那麼明顯可見，「你一定會選擇稅率只有十一％而不是三五％的國家。」[7]麥肯所引述的愛爾蘭數據並不正確：愛爾蘭的公司稅率是十二．五％，不是十一％；不過，值得注意的是他接受（並且相當重視）全球化所加諸的限制。他因此得以強化自己降低稅率的論點，訴諸的理由是在全球化之下稅率降低本就是無可避免的結果。

自一九八〇年代初期以來，世界各地的公司稅都出現大幅降低。除了美國以外，經合組織成員國的公司稅率平均從一九八一年的五〇％左右下滑至二〇〇九年的三〇％。在美國，資本的法定稅率也在同一段時期從五〇％降低為三九％。[8]各國政府競相爭取愈來愈具流動性的全球企業（也就是經濟學家所謂的「國際租稅競爭」）在這項全球轉變當中具有一定的影響力。麥肯和其他無數利用全球化伸張自身理念的保守派政治人物，又為這種影響力提供了更多的證據。

一項仔細檢視經合組織租稅政策的經濟研究發現，其他國家一旦將其平均的法定公司稅率削減一個百分點，本國就會跟著削減〇・七個百分點。你可以堅守立場，但這麼一來企業恐怕會紛紛向低稅率的國家出走；如果不想冒這種風險，那麼你也可以有樣學樣跟著降低稅率。值得注意的是，這份研究也發現國際租稅競爭只發生於取消資本管制的國家。這類管制一旦存在，資本與利潤就無法輕易跨越國界，因此資本稅也就不會受到向下壓力。取消資本管制似乎是一九八〇年代以來造成公司稅率降低的主要原因。[9]

這個問題令稅捐機關深感頭痛，因此經合組織與歐盟都已開始採取措施來辨識並消除所謂的「有害租稅競爭」。截至目前為止，這些活動都只聚焦於若干超小國家當中的租稅天堂，例如安道爾（Andorra）與萬那杜（Vanuatu）。真正的挑戰是在這個企業及其資本都可自由流動的世界裡捍衛每個國家的公司稅制完整性。這項挑戰至今仍未受到處理。

衛生與安全標準。大多數人都認定國家在公共衛生與安全方面應該可以自由決定自己的標準。不過，這些標準一旦在不同國家當中各自不同，不論是原本就這麼設計，還是在實行上有所差異，這時會怎麼樣呢？商品與服務一旦輸出到標準不同的國家，應當受到如何對待呢？

世貿組織對這個問題的法律見解仍在持續演變當中。世貿組織允許國家以公共衛生與安全為由，施行違反貿易規則中一般義務的法規。不過，這些法規不能對進口品公然採取差別待遇，也絕對不可以是披著偽裝外衣的保護主義。世貿組織的《食品衛生檢驗與動植物檢疫措施協定》認同國家有權採取措施以保護人類、動物與植物的生命或健康，但這些措施必須遵從國際標準或者基於「科學原理」。在實務上，這些領域的爭端都取決於日內瓦一群仲裁人針對何謂合理或可行所做出的解釋。由於國家主權與國際義務之間沒有明確的界線劃分，因此這群仲裁人經常為貿易體制主張過大的管轄範圍。

舉例而言，關貿總協的一個仲裁小組在一九九〇年否決了泰國禁止進口香菸的規定。泰國為了推行減少吸菸運動而施行這項禁令，但仍然允許販賣國內香菸。泰國政府辯稱進口香菸的成癮性較高，同時因為廣告比較吸引人而更容易受到年輕人與婦女的吸用。關貿總協的仲裁小組無動於衷，指稱泰國政府可以藉著採行其他政策來達成其公衛目標，又不至於對貿易造成如此大的損害。泰國政府可以限制廣告、強制包裝印上警示標語，或者對香菸內容做出要求，這些措施都可以採取無差別待遇的方式施行。

關於泰國的禁令對貿易造成的衝擊，關貿總協仲裁小組的看法確實沒錯。不過，在做出裁決的過程中，仲裁小組成員卻揣測了泰國政府可以採取哪些實際可行的措施。如同法學者特比科克（Michael Trebilcock）與豪斯所指出的：「仲裁小組直接忽視了其他措施可能涉及高昂的法規成本與遵循成本，或是可能在開發中國家無法有效施行。」[10]

第四章提到的荷爾蒙牛肉案例，也引出不少棘手的議題。在這個例子裡，歐盟對於施打過特定生長激素的牛肉所發布的禁令並沒有差別待遇，不論對進口還是國內生產的牛肉都一體適用。此外，這項禁令背後也明顯可見沒有保護主義的動機，因為這項禁令乃是由於歐洲的消費者遊說團體與利益團體擔憂荷爾蒙牛肉可能有害健康而努力爭取的結果。儘管如此，世貿組織的仲裁小組與上訴機構卻雙雙裁定歐盟敗訴，指稱該項禁令違反《食品衛生檢驗與動植物檢疫措施協定》對於政策必須奠基於「科學證據」之上的要求。截至當時為止，確實沒有什麼確切證據證明生長激素帶有健康威脅。歐盟採用的是一項世貿組織沒有明文規定的廣泛原則：「預警原則」。這項原則允許國家在沒有確切科學結論的情況下採取較為審慎的作為。[11]

預警原則將舉證責任反轉過來。在這項原則之下，決策人士提出的問題不是：「有沒有合理證據顯示生長激素或基因改造生物具有負面效果？」而是：「我們可以合理確認那些東西真的**無害**嗎？」在許多尚未有定論的科學知識領域裡，這兩個問題的答案可能都是否定的。在負面效果可能極為嚴重而且無可逆轉的情況下，預警原則確實有其道理。如同歐盟執委會辯稱（但最後沒有獲得接受）的，這種領域當中的政策不能純粹依據科學來制定。由於政治匯集了社會的風險偏好，因此在這種情況中必須扮演決定性的角色。世貿組織的仲裁人確實承認國家有權套用本身的風險標準，但裁定歐盟訴諸預警原則的做法並不符合「科學證據」的準則。與其單純查明科學是否有被納入考量，《食品衛生檢驗與動植物檢疫措施協定》的規則迫使他們採用國際標準來認定應該如何處理科學證據。

如果連政策機制如此精細的歐盟都無法說服世貿組織讓他們擁有訂定自身標準的空間，開發中國家就更不用說了。相較於富裕國家，這些規則對於貧窮國家而言更是隱含單一標準。歸根究柢，問題在於民主國家是否容許決定自己的規則——並且犯下自己的錯誤。歐盟對牛肉訂定的法規（二〇〇六年還有一件類似的案例，對象是生物科技）並未對進口品採取差別待遇，所以為了促進貿易而設計的國際紀律也就因此顯得更加問題重重。我後續將會指出，國際規則可以也應該要求國內規範活動採取若干符合民主實踐的程序保障（例如透明化、廣泛代表性，以及考量科學證據）。然而，國際法庭一旦在重大事項上與國內規範相左（以牛肉案件為例，即是經濟利益與不確定的健康風險該如何取捨），就不免出現問題。在這個案例中，貿易規則明顯壓倒了歐盟內部的決策。

「法規徵收」。目前世界上存在著數以千計的雙邊投資協定與數以百計的區域貿易協定。藉著這些協定，政府能夠在世貿組織及其他多邊安排所允許的範圍之外，以各種方法促進貿易與投資連結。其中一項關鍵目標，就是藉著更堅定的外部承諾為外國投資人提供更高度的保障。

雙邊投資協定與區域貿易協定通常都允許外國投資人在新通過的國內法規對投資人的利潤造成負面影響的情況下，到國際法庭向本國政府提起損害賠償訴訟。這種做法認為國內法規的改變相當於徵用（因為法規改變減少了雙邊投資協定與區域貿易協定原本授予投資人的利益），因此需要有所補償。這種想法類似於美國的「法規徵收」學說，但這種觀點卻從來不曾在美國成為受到認可的法律實務。那些條約都包含一般例外條款，允許政府追求合乎公益的政策，但由於這些案件是在國際法院接受審判，因此可能採用不同的標準。外國投資人也許終究會取得國內投資人所沒有的權利。[12]

這類案件在一九九二年簽訂的北美自由貿易協定之下相當引人注目，尤其是在環境法規方面。在幾件案例中，外國投資人打贏了對加拿大與墨西哥政府提起的訴訟。一九九七年，一家美國企業對墨西哥一個市政府拒絕為有毒廢棄物處理廠核發建築執照的決定提起訴訟，結果獲得一千五百六十萬美元的損害賠償。同一年，一家美國化學公司對加拿大禁止汽油添加劑的法令提起訴訟，結果經由和解而收到一千三百萬美元的金額。[13]

至今為止最令人憂心的案例，也許是二〇〇七年由三家義大利採礦公司對南非提起的訴訟。那三家公司指控南非的《黑人經濟實力法案》（Black Economic Empowerment）這項平權方案違反既有的雙邊投資條約所賦予他們的權利。《黑人經濟實力法案》的目標在於翻轉南非長期以來的種族歧視現象，也是該國民主轉型當中不可或缺的一部分。這項法案要求採礦公司更改雇傭實務，並且將少數股份賣給黑人合夥人。那三家義大利公司主張此舉等於是徵用了他們的南非營運處，而要求三億五千萬美元的賠償。[14]

他們如果勝訴，得到的結果將會超越南非任何一個國內投資人所能夠獲取的條件。

開發中國家的產業政策。在超全球化對開發中國家帶來的外部限制當中，最重要的也許是對產業政策的限制。這種限制導致拉丁美洲、非洲及其他地區的國家更難仿效東亞國家獲致傑出成效的發展策略。

關貿總協基本上允許貧窮國家自由使用各種產業政策，但世貿組織卻強制施行若干限制。現在，除了最貧窮的國家以外，出口補貼已成為非法措施，導致開發中國家無法獲益於模里西斯、中國及許多東南亞國家使用過的那種加工出口區。[15]要求企業採用更多當地投入要素的政策（所謂的「國內自製率要求」）也被視為違法，儘管這類政策曾協助中國與印度發展成為世界級的汽車零件供應國。現在，專利與製作權法也必須遵循最低國際標準，從而排除工業模仿的做法，但這種做法對於南韓與臺灣在一九六〇與七〇年代的工業策略卻是至關緊要（實際上，當今許多富裕國家也都曾在早期仰賴過這種做法）。[16]不是世貿組織成員的國家，在談判加入該組織的過程中，經常都會被套上更具約束性的要求。

世貿組織的《與貿易有關之智慧財產權協定》尤其值得一提。這項協定大幅減損了開發中國家對富國使用的先進科技進行逆向工程與模仿的能力。如同哥倫比亞大學經濟學家暨科技政策專家尼爾森（Richard Nelson）指出的，模仿外國科技長久以來一直都是促使經濟迎頭趕上最重要的推動力。[17]《與貿易有關之智慧財產權協定》之所以引起不少關注，原因是這項協定對於基礎藥物的取得加以限制，因此對公共衛生具有負面影響。這項協定對開發中國家的科技實力所帶有的危害尚未受到同等的注意，但很可能一樣重要，

區域或雙邊貿易協定當中的外部限制，通常涵蓋範圍都比世貿組織的規定更廣。這些協定實際上是美國與歐盟用來向開發中國家「輸出其規範做法」的手段。[18]這些協定經常包含美國與歐盟試圖促使世貿組織或其他多邊論壇採納卻未能成功的措施。美國與開發中國家簽訂自由貿易協定之時，尤其極力要求在其中納入各種規範，限制對方政府管理資本流動與形塑專利法規的能力。儘管現在國際貨幣基金已比過去節制得多，該組織施行於個別開發中國家的方案仍然含有許多對貿易與產業政策的細部要求。[19]

開發中國家還是有些空間能夠施行促進新產業的產業政策。政府只要決心堅定，即可繞過上述的許多限制。不過，開發中國家的政府幾乎總是不斷自問，這項或那項政策是否合乎世貿組織的規定。

三難問題

我們要怎麼處理國家民主與全球市場之間的緊張關係？有三個選項。我們可以限制民主，藉

此將國際交易成本降到最低，不管全球經濟偶爾會帶來的經濟與社會動盪。我們可以限制全球化，盼望藉此建立國內的民主正當性。或者，我們也可以把民主全球化，不惜付出損害國家主權的代價。這就是我們重建世界經濟的三個選項。

這三個選項忠實反映了世界經濟在根本上的政治三難問題：我們不能同時擁有超全球化、民主與國家自決。我們頂多可以同時擁有這三者當中的兩項。我們如果要超全球化與民主，就必須放棄民族國家。我們如果一定要保有民族國家，也想要超全球化，那麼就別想要擁有民主。我們如果想要結合民主與民族國家，那麼就只能向深度全球化說再見。下頁圖呈現出這些選項。

為什麼必須做出如此嚴苛的取捨？想像一個徹底全球化的世界經濟，其中所有的交易成本都已經消除，國界也不影響商品、服務或資本的交換。在這麼一個世界裡，民族國家有可能存在嗎？除非那個世界裡的民族國家都一心一意追求經濟全球化，並且致力於吸引國際投資人與商人。這麼一來，國內法規與租稅政策就會完全符合國際標準，不然也會受到特別架構，以便對國際經濟整合造成最少的阻礙。政府只會提供有助於促成國際市場順暢運作的服務。

我們可以想像這麼一個世界，佛里曼當初提出「黃金束縛衣」一詞，心目中所想的也正是這樣的世界。在這種世界裡，政府都會施行它們認為能夠為它們贏得市場信心並且吸引貿易與資本流入的政策：緊縮貨幣、小政府、低稅率、彈性勞動市場、管制鬆綁、私有化，以及各方面的開放。「黃金束縛衣」令人回想起第一次大戰之前的黃金本位時代。當時的國家政府不需背負國內

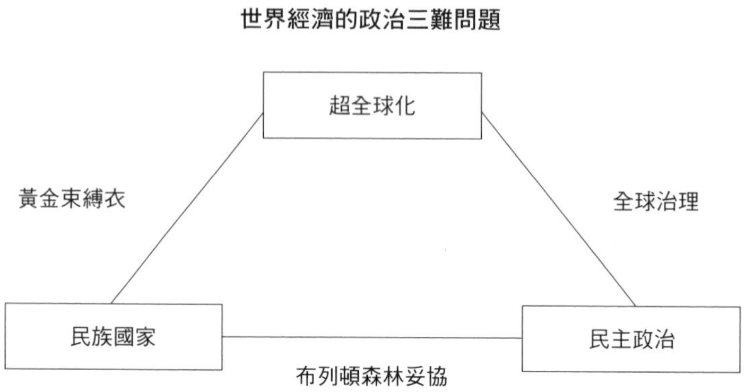

圖 9-1：選兩項，任兩項都可以

經濟與社會義務，因此能夠自由施行完全專注於嚴格貨幣規則的措施。

外部限制在重商主義與帝國主義之下更是明目張膽推行。十九世紀之前還談不上有民族國家，但全球經濟體系的運作倒是完全合乎黃金束縛衣的概念。當時的遊戲規則——開放國界、保護外國商人與投資人的權利——都由特許貿易公司或帝國強權所強制執行。那時候完全沒有偏離這種遊戲規則的可能。

今天的我們距離古典黃金本位制或是特許貿易公司也許已經非常遙遠，但超全球化的要求卻同樣必須排擠國內政治。各種徵象看起來都相當熟悉：經濟決策機構（中央銀行、財政機關、監管機構等）受到隔絕、社會保險消失（或是私有化）、要求降低公司稅稅率、企業與勞工之間的社會契約遭到侵蝕，以及國內發展目標遭到維繫市場信心的需求所取代。遊戲規則一旦由全球經濟的要求所決定，國內團體對國家經濟決策的接觸與控制必然受到限縮。你可以擁有全球化和民族國家，但條件是必須抑制民主。

我們如果要追求徹底全球化的世界經濟，一定必須放棄民主嗎？其實不一定。我們可以揚棄民族國家，而保住民主政治。這就是「全球治理」選項。擁有法規與標準設定力量的強大全球制度將會促使法律和政治的管轄範圍與市場範圍一致，並且消除與國界有關的交易成本。這麼一套制度如果可以再具備足夠的問責性與正當性，那麼政治就不需要、也不會萎縮：只是會移到全球層次而已。

把這種想法推到極致，我們即可想像一種全球聯邦制——也就是把美國模式擴展到全球。美國內部各州雖然在監管與課稅實務上有許多不同做法，但國家憲法、聯邦政府、聯邦司法制度和許許多多的管理機構確保了市場確實全國一致。或者，我們也可以想像其他形式的全球治理，不像全球聯邦制那麼理想化，而是環繞著問責與代表的新機制建構而成。朝著全球治理跨出的重大步伐，不論採取什麼形式，必定都需要大幅降低國家主權。國家政府不會消失，但其權力將會大幅受限於獲得民主正當性授權（並且約束）的超國家規則制定與執行機構。歐盟就是這種發展的一個區域案例。

這種說法聽起來也許像是虛畫大餅，實際上也可能真是如此。美國的歷史經驗顯示，一旦面臨成員之間的重大差異，建立與維持政治聯盟就會變得非常棘手。歐盟的政治制度發展得斷斷續續，又一再因其民主赤字受到埋怨，如此也顯示這種全球統合有多麼困難——尤其是歐盟的成員國還擁有相近的所得水準與類似的歷史進程。全球規模的真實聯邦制就算有可能實現，至少也還要再等上一個世紀。

全球治理模式不論有多麼一廂情願，其吸引力卻是無可否認。每當我向學生提出這個三難問題，然後請他們挑出其中一個選項，這個選項總是最受歡迎的一個。我們如果能夠同時收割全球化與民主的好處，那麼誰在乎國家政治人物是不是會因此失業？沒錯，民主全球治理確實有實務上的困難，但這些困難說不定也過度誇大了。許多政治理論家與法學者都認為民主全球治理能夠從當今的國際決策人士網絡當中生長出來，只要那些人士受到我們將在下一章探討的新式問責機制所節制即可。

我對全球治理選項抱持懷疑態度，不過主要是基於本質性而不是可行性的理由。這個世界存在著太高的多元性，實在不太可能把國家全部塞進同樣的規則裡，就算這些規則是民主程序的產物也一樣。全球標準與法規不僅不切實際，而且也不值得追求。民主正當性的限制幾可確保全球治理只會帶來眾人所能接受的最低標準，形成一套薄弱無力的規則。接著，我們在各方面又不免面臨欠缺治理的問題，原因是國家政府放棄了它們的責任，卻又沒有人出面接替。不過，這點且留待下一章再進一步討論。

剩下的最後一個選項，就是犧牲超全球化。布列頓森林體制就是採取這種做法，所以我才會稱之為布列頓森林妥協。在布列頓森林—關貿總協體制之下，國家只要取消若干邊境貿易管制，並且大致上平等對待所有貿易夥伴，即可依照自己的需求行事。國家可以保有對資本流動的管制（甚至也受到鼓勵這麼做），因為戰後經濟秩序的建築師並不認為資本自由流動能夠與國內經濟穩定相容。開發中國家的政策因此不涵蓋在國際紀律的範圍內。

直到一九八〇年代，這些寬鬆的規則都一直讓國家擁有空間自行追求各自不同的發展道路。西歐選擇區域整合並建立廣泛的福利國家。如同我們先前見過的，日本利用其獨特的資本主義做法追上西方，結合活躍的出口機器以及缺乏效率的服務業與農業。中國體認到民間創業的重要性之後，成長就隨即突飛猛進，儘管該國違反了其他各種自由化規則。東亞其他的大多數國家則是仰賴後來遭到世貿組織禁止的產業政策而達成經濟奇蹟。在一九七〇年代晚期之前，拉丁美洲、中東與非洲也有許多國家達成前所未有的經濟成長率，原因是它們藉著進口替代政策而使其經濟得以和世界經濟隔離開來。如同我們看過的，到了一九八〇年代，隨著資本流動的自由化加速發展，貿易協定也開始打破國界，布列頓森林妥協也就大致上被拋在一旁。

自此之後，世界經濟就陷入三難困境當中一個尷尬的區域裡。我們尚未正面面對這項三難困境所提出的困難抉擇。我們尤其尚未坦率接受這項事實：我們如果要讓民族國家依然擔任民主政治的主要重心，就必須降低我們對經濟全球化的追求目標。我們別無選擇，只能接受「薄弱」版本的全球化，提出適合這個時代的布列頓森林妥協。

我們不能只是把一九五〇與六〇年代的做法全盤搬到當今這個時代。我們必須發揮想像力、致力創新，並且願意實驗。在本書最後一部分，我將針對如何向前邁進提出一些想法。不過，首先必須要做的工作是抓住大方向。除非我們改變論述，否則必要的政策實驗就不可能展開。

聰明的全球化能夠強化國家民主

我先前討論過的每一個案例，都具體呈現了在國際經濟中消除交易成本以及維持國內差異之間的取捨。我們愈是強調深度經濟整合，各國當中的社會與經濟安排就愈沒有彼此不同的空間，國家層次的民主決策空間也會愈小。

比較有限的全球化不需要採用深度整合模型當中的既存假設。布列頓森林體制藉著對全球化加諸限制，從而讓世界經濟與國家民主得以共存共榮。我們一旦接受對全球化有所限制的做法，實際上就可以再更進一步。我們可以想像出實際上能夠強化國家民主運作的全球規則。

基於全球規則上的政權以及國家民主之間，其實不存在什麼內在必有的矛盾。民主在實踐上從來都不完美。如同普林斯頓大學政治學家基歐漢、馬塞多（Stephen Macedo）與莫若維席克（Andrew Moravcsik）所主張的，精心擬定的外部規則可以強化民主實踐的品質與正當性。這些作者指出，民主的目標不僅在於追求大眾參與的最大化。外部規則就算在國家層次上限制了參與，卻也可能提供其他的民主效益，例如改善審議、抑制派系，以及確保少數族群的代表權。程序保障機制能夠防止利益團體的把持，確保審議過程中採用確切有關的經濟與科學證據，從而強化民主實踐。此外，加入具有約束力的國際承諾本身就是一項主權行為。限制這種行為，就像是阻止國會將自己部分的規則制定權委託給獨立監管機構一樣。[20]

國際承諾雖然可能強化國家民主，卻不必然會發揮這項作用。專注於將國際經濟當中的交易成本降到最低的超全球化計畫之所以會與民主產生衝突，原因是全球化計畫尋求的不是改善民主運作，而是要照顧那些企圖以低成本進入市場的商業與金融利益。這種計畫要求我們信奉一種論述，把跨國企業、大銀行與投資公司的需求置於其他社會與經濟目標之上。[21]因此，超全球化的計畫主要乃是為了滿足這些需求。

我們可以選擇如何克服這項缺陷。我們可以把民主治理連同市場一起全球化；或者，我們也可以重新思考貿易與投資協定，以便擴展國家層次的民主決策空間。我將在接下來的兩章依序討論這兩種策略。

10 全球治理是否可行？是否值得追求？

民族國家已經過時。國界已經消失。距離不再是問題。地球已經變得扁平。我們的認同不再與出生地綑綁在一起。國內政治已被更加新穎、更具流動性的代議形式所取代，這種代議形式還跨越了國界。管轄權已從國內的規則制定者手上轉移到跨國監管機構網絡的手中。政治權力已轉移到匯聚成國際非政府組織的新一波運動人士手上。現在，形塑我們經濟生活的決定都是由大型跨國公司與不知名的國際官僚所做成。

我們已經聽過多少次這類說法，對於全球治理新時代的來臨或者加以讚揚，或者予以譴責？

然而，請看看近來發生於二〇〇七至〇八年間的那場危機是怎麼演變的。是誰為全球銀行提供紓困以避免金融危機造成更嚴重的災難？是誰提供了安撫國際信用市場所需的流動性？是誰透過財政擴張刺激全球經濟？是誰為喪失工作的勞工提供失業救濟及其他安全網？是誰在為大銀行設定薪酬、資本適足率和流動性的新規則？在危機發生的前、中、後，誰受到的責怪最多？

以上這幾個問題的答案都完全一樣：**國家政府**。我們也許以為這個世界的治理已經受到全球化的徹底轉變，可是背負責任的仍然是國內決策人士。各種炒作民族國家已經式微的言論，實際上就只是炒作而已。我們的世界經濟也許充斥著許許多多的國際機構，從非洲開發銀行乃至世界旅遊組織[1]，但民主決策仍舊穩穩扎根在民族國家內。「全球治理」聽起來頗為吸引人，但不可能在近期內實現。我們這個複雜又多樣化的世界只能容許薄薄一層的全球治理，而且這點存在充分的理由。

克服民族國家的專制

現在，已經不是狂熱分子和天真的烏托邦主義者才會考慮全球政府的構想了。許多經濟學家、社會學家、政治學家、法學家與哲學家都加入找尋新的治理形式的行列，打算將民族國家拋在腦後。當然，這些學者並不會倡導真正全球版本的民族國家；全球議會或全球內閣終究只是幻想而已。他們提議的解決方案奠基在政治社群、代議制度與問責性的新概念之上。他們希望這些創新能夠在全球層次複製憲法民主的許多基本功能。

在這類全球治理概念當中，最簡陋的一種形式就是直接把國家的權力交託給國際技術官僚，也就是由自主性的管理機構負責解決從全球經濟當中各種未經協調的決策所產生的「技術性」問題。明顯可見，經濟學家尤其深深著迷於這種安排。舉例而言，歐洲經濟學網站VoxEU.org曾經請求頂尖經濟學家提出建議，該如何處理全球金融體系在二〇〇八年的危機之後暴露的缺點，結果他們提出的解決方案經常都是實施更嚴格的國際規則，並由某種類型的技術官僚執行：國際破產法院、世界金融機構、國際銀行營業執照、國際最後貸款者等等。[2]柯林頓政府的商務部國際貿易助理部長嘉頓（Jeffrey Garten），長久以來一直呼籲成立全球中央銀行。[3]經濟學家萊因哈特與羅格夫則是提議成立國際金融管理機構。

這些提議看起來也許像是不懂政治的經濟學家所提出的天真想法，可是這些提議其實經常都奠基於一項明確的政治動機。萊因哈特與羅格夫提議成立國際金融管理機構，目標除了要處理國家之間的經濟外溢之外，也是為了修正一項政治失靈；這項政治動機的重要性可能還高於經濟動機。他們希望藉此消除國家層次的政治干預，原因是他們認為這種政治干預削弱了國內法規。他們寫道：「一個在運作上不需受到層層疊疊的政客干擾、擁有充分資源與專業人力的國際金融管理機構，將會提供一股迫切需要的抗衡力量，對抗強大的國內金融服務部門。」[4]這種做法背後的政治理論認為，將監管權力交託給一個獨立自主的全球技術官僚組織，將可在全球與國家這兩個層次上帶來更良好的治理。

在真實世界裡，這種授權需要立法者放棄自己的規則制定特權，也會削減他們回應選民需求的能力。因此，這種做法通常只會在一組極為有限的條件下發生。舉例而言，美國國會只有在其政治偏好與總統相當近似，而且手上的議題也具備高度技術性的情況下，才會把自己的規則制定權交託給行政機關。[5]即便在這種情況下，授權也還是只有局部性，而且附帶繁複的問責機制。授權是一項政治舉動。因此，授權給超國家機構的做法如果要能夠普及並具備永續性，就有許多前提要件必須先獲得滿足。我們必須創造某種「全球政治團體」，具有共通的規範、跨國的政治社群，以及適合全球場域的新式問責機制。

經濟學家不太重視這些前提要件，但其他學者明白這些前提要件的重要性。其中許多人都看見全球治理的新模式確實已開始出現的證據。普林斯頓大學的國際關係學者斯勞特（Anne-Marie Slaughter）將研究焦點放在由管理官員、法官、甚至立法者所組成的跨國網絡。這些網絡就算不構成政府間組織或者尚未正式制度化，也還是能夠發揮治理功能。斯勞特主張，這類網絡能夠擴展正式治理機制的範圍、允許跨國界的說服與資訊分享、促成全球規範的形成，而且能夠強化國家實施國際規範與協定的能力。[6]

金融市場的治理其實是這種網絡獲得最多進展的場域，也為斯勞特提供了最鮮明的例子。國際證券管理機構組織聚集了全世界的證券管理機構，並且頒發全球準則。巴塞爾銀行監理委員會為銀行管理機構扮演同樣的角色。這些網絡都只設有小型的祕書處（甚至連祕書處都沒有），也不具備強制執行力。然而，這些網絡卻能夠透過其標準設定的權力以及正當性（至少在管理官員的眼中是如此）而發揮影響力。這些網絡的審議經常成為國內討論的基準點。這種網絡也許無法完全取代民族國家，卻創造了國際間緊密連結的決策人士網絡。

要達成正當性，全球治理就必須超越於管理官員與技術官僚的專屬團體之上。這些網絡有可能超越狹隘的技術領域，而涵蓋更寬廣的社會目的嗎？創造「鑲嵌式自由主義」一詞以描述布列頓森林體制的拉吉認為有可能。拉吉同意跨國網絡破壞了以民族國家為基礎的傳統治理模式。他指出，要矯正這種不平衡，我們必須更強調全球層次的企業社會責任。新版的鑲嵌式自由主義必須超越以國家為中心的多邊主義，改採「另一種多邊主義，主動支持公民社會與企業行為者可能對全球社會組織做出的貢獻」。這些行為者能夠提出新的全球常規，包括人權、勞動實務、衛生、反貪腐，以及環境管理等方面，然後將這些常規納入大型國際企業的營運以及國家政府的政策當中。跨國企業資助貧窮國家的愛滋病治療方案，就是一個醒目的案例。

受到拉吉大力形塑的聯合國全球盟約（Global Compact）就體現了這種追求。全球盟約的目標在於將國際企業轉變為促進社會與經濟目標的工具。這樣的轉變將會裨益那些企業及其隸屬機構營運於其中的社群。不過，如同拉吉解釋的，除此之外還有其他好處。改善大型企業的社會與環境表現將會激勵其他小型公司跟著仿效。這麼做將可消除一般人的疑慮，亦即擔憂國際競爭會導致勞動與環境標準競相降低，從而損及國內的社會包容。此外，這麼做也可讓私部門承擔國家的部分功能，例如公衛與環保方面有些愈來愈難以由國家提供資金並執行的功能，藉此縮小國際市場與國家政府之間的治理落差。[7]

這些全球治理的新形態，不論採取授權、網絡還是企業社會責任的類型，其支持論述都引發了令人不安的問題。這些機制應當對誰負責？這些管理機構的全球俱樂部、國際非政府組織或者大型企業的授權從何而來？是誰賦予它們權力，又該由誰來監督它們？有什麼可以確保全球連結方面的弱勢者也能夠讓別人注意到他們的意見與利益？全球治理的致命缺陷就是缺乏明確的問責關係。在民族國家裡，選民是政治授權的最終來源，選舉則是問責的終極工具。你如果不回應選民的期待與渴望，就不免敗選。這類全球選舉課責概念實在太不切實際，我們需要不同的機制。[8]

其他種類的全球問責概念當中，最佳論述也許來自於兩位著名的政治學家：柯恩（Joshua Cohen）與賽伯（Charles Sabel）。他們首先指出，全球治理所要解決的問題，並不適合傳統的問責概念。在傳統模式裡，一群懷有明確界定利益的選民授權代議士依照那些利益行事。全球監管呈現了新的挑戰，不但經常具備高度技術性，而且也受制於快速演變的情勢。對於有哪些問題需要解決，以及該怎麼解決，全球「公眾」通常只懷有模糊不清的概念。

在這種情境當中，問責也就仰賴於國際管理官員對於自己選擇採取的作為能否提出「明白的解釋」。「問題的解決方式乃是由該怎麼處理問題的辯論所決定，」柯恩與賽伯寫道：「而不是〔取決於〕權力的行使、利益的表達，或是從基於利益的權力地位所進行的討價還價。」[9]這種想法並不假定所有的解決方案都會是「技術官僚式」的解決方案。他們的希望是，即便在價值觀與利益出現歧異而導致意見不一致的情況下，跨國審議也能夠產生所有人或大多數人都認同具有正當性的解釋。全球規則制定因此採取這樣的問責方式：規則背後的理由必須獲得適用這些規則的民眾信服。

柯恩與賽伯的方案至少在原則上提供了空間，讓民族國家在全球合作與協調的整體架構當中保有制度實踐的差異性。國家及其決策人士可以自由實驗並施行不同的解決方案，只要他們能夠向他們的同僚（也就是其他國家的決策人士）解釋自己為什麼會得出這樣的解決方案即可。他們必須公開證明自己的選擇具有正當性，並且和其他人做出的同等選擇互相比較。不過，懷疑人士也許不免納悶，這麼一套機制是不是會導致普遍的虛偽姿態，也就是決策人士一方面一切照舊，同時卻又以更冠冕堂皇的說詞合理化自己的行為。

歸根結柢，柯恩與賽伯希望這些審議程序能夠促成全球政治社群的發展，「散布各地的民族也許能夠共享一項新身分，成為全球大眾的共同成員。」[10]在這種政治認同的轉變尚未發生的情況下，實在很難看出他們的全球治理概念如何能夠運作。畢竟，全球治理終究需要認為自己是全球公民的個人。

也許我們距離那樣的狀態並不是太遠。普林斯頓大學倫理學家辛格（Peter Singer）以強而有力的文字探討伴隨全球化而發展出來的一種新式全球倫理。「如果說……通訊革命創造了全球觀眾，」他寫道：「那麼我們也許必須向全世界解釋我們的行為。」[11]經濟學家暨哲學家沈恩（Amartya Sen）指出，認為我們自己受縛於與生俱來的一種單一、固定不變的身分認同（無論是種族、宗教或民族認同），其實是一種相當錯誤的想法。我們每個人都有多重的身分認同，基於我們的專業、性別、職業、階級、政治傾向、嗜好與興趣、我們支持的運動隊伍等等。[12]這些身分認同並不互相排斥，而且我們可以自由選擇要對每一種認同賦予多高的重視程度。許多認同都能夠跨越國界，使我們得以形成跨國連結，在寬廣的地理範圍當中界定我們的「利益」。原則上，這種彈性與多重性創造了空間，可讓我們建立真正全球性的政治社群。

這些關於全球治理潛力的構想有許多吸引人的地方。如同沈恩所說：「認為國家的政治區隔（主要是民族國家）在某些方面具有根本性，不僅是我們必須因應的實際限制，而且具有倫理與政治哲學上的基本重要性——這種看法其實具有觀念上的專制性。」[13]此外，政治認同與社群向來都是隨著時間而以愈來愈廣闊的方式獲得重新界定。人類的連結從地方部落發展至城邦乃至民族國家。全球社群難道不該是下一個階段的發展嗎？

唯有事實能夠提供最終的證明。這些新興的全球治理形態能夠發展到什麼地步，又能夠支持多大程度的全球化？要回答這個問題，可以先看看歐盟，因為歐盟在跨國治理這條路上走得比其他民族國家集團都還要遠。

歐盟：一個驗證了常規的例外

柯恩與賽伯在提出透過審議從事全球治理這種想法的過程裡，心目中其實有一個具體的例子：歐盟。歐洲的實驗展現出這些想法的潛力與限制所在。

歐洲國家共同達成了程度驚人的經濟整合。歐洲是全世界最接近深度整合或超全球化的例子，儘管其整合只限於區域層面。歐洲的單一市場背後存在著龐雜的制度安排，目的在於消除交易成本以及促成法規的一致性。歐盟成員國揚棄了阻礙商品、資本與勞動力流動的壁壘。除此之外，它們還接受多達十萬頁以上的歐盟法規所界定的共同標準與期望，內容從科學政策乃至消費者保護無所不包。它們設立了致力於強制執行這些法規的歐洲法院。它們授權給歐盟執委會這個行政機構，使其能夠提出新法，並且在對外貿易、農業、競爭、區域協助以及其他許多領域實施共同政策。它們建立了若干方案，為歐盟裡的落後區域提供金融協助，以便促成經濟水準趨同。十六個成員國採用了共同貨幣（歐元），並且接受歐洲中央銀行施行的共同貨幣政策。不僅如此，歐盟還有許多專門機構，多得無法在此盡列。

歐盟民主制度的發展比較沒有那麼完善。直選的歐洲議會主要是一個清談俱樂部，而不是立法創制或監督的來源。真正的權力握在歐盟部長理事會手中，這是一個由國家政府的部長聚集而成的機構。該怎麼為歐洲這個龐大的超國家架構建立並維繫民主正當性與問責性，長久以來一直是棘手的問題。右翼的批評人士指責歐盟制度管得太廣，左翼的批評人士則是抱怨「民主赤字」。

近年來，歐洲領袖大力強化歐盟的政治基礎建設，但這是一條崎嶇顛簸的道路。歐洲憲法原本雄心勃勃尋求各國批准，卻在二〇〇五年遭到法國與荷蘭的選民否決而宣告失敗。在這項失敗之後，接著是《里斯本條約》在二〇〇九年十二月開始生效，但英國、波蘭、愛爾蘭與捷克共和國卻成功讓條約裡的某些要求排除適用。這項條約改革了部長理事會的投票規則、賦予歐洲議會更多權力、為歐盟的人權憲章賦予法律約束力，並且增設一個新的行政職位，也就是歐盟理事會主席。

如同英國及其他國家取得的排除適用所顯示的，歐盟成員國對於是否應該將歐洲轉變為一個真正的政治聯邦仍然意見不一。英國極力捍衛自己的憲法與法律體系，不願受到歐盟規則或制度的侵蝕。在諸如金融監管與貨幣政策等許多領域，英國都無意採取和別國一致的做法。英國對歐洲的興趣主要仍只在於經濟方面。該國對歐洲制度建構的極簡化做法，與法國及德國偶爾展現出來的那種充滿雄心的聯邦主義目標形成強烈對比。

這些針對歐盟憲法架構所進行的廣泛辯論雖然重要，但歐盟大部分的真正工作卻都是在一套非正式而且仍不斷演變的實務之中完成的，賽伯稱之為「實驗性治理」。成員國與較高層級的歐盟機構決定哪些目標需要完成。這些目標可以是缺乏清楚界定的宏大目標，例如「社會包容」；也可以是相當狹隘的目標，例如「建立統一電網」。國家管理機構被賦予相當程度的自由空間，可以依照自己認為適當的方式推展這些目標，但交換條件是它們必須在所謂的論壇、機構網絡、監管委員會或公開協調方法當中報告自己採取的行動以及獲得的結果。同儕審查可讓國家管理機構互相比較做法，而依據需要做出修正。經過一段時間之後，那些目標本身也會因為從這些審議過程中獲得的學習而更新或改變。[14]

實驗性治理有助於創造適用全歐的常規，也可藉著共同做法建構跨國共識。這些做法不必然需要造成徹底的同一化。差異如果持續存在，也是存在於彼此理解與自負其責的情況下，所以也就比較不可能轉變成摩擦的來源。要求國家必須為自己的作為提出解釋，可讓國家之間的差異較容易調和。

歐盟的成員國看起來也許差異相當大，但相較於構成世界經濟的所有國家，歐盟成員國堪稱是和諧一致的典範。這二十七個國家由共同的地理環境、文化、宗教與歷史緊緊繫在一起。除了人均所得極高的盧森堡以外，其中最富裕國家（在二〇〇八年是愛爾蘭）的富有程度也只比最貧窮的國家（保加利亞）高了三．三倍而已，但此項差距在全世界卻是將近一百九十倍。歐盟成員國都懷有一股遠超過經濟整合的強烈策略使命感。歐洲統合其實主要是一項政治目標，而不僅是經濟目標。

儘管有這種種比較優勢，歐盟的制度演變卻進展得相當緩慢，成員國之間也仍然存在巨大的差異。最具指標性意義的，就是深化聯盟與擴大聯盟以涵蓋新成員這兩者之間廣為人知的緊張關係。土耳其所引發的長期辯論就是一個例子。法國與德國之所以反對土耳其加入歐盟，有一部分是出自文化與宗教理由。不過，擔心土耳其迥異的政治傳統與制度會嚴重阻礙歐洲政治整合也是一大原因。另一方面，英國則是歡迎任何能夠對法德兩國追求歐洲政治統合的野心有所節制的事物，所以也就對土耳其的加入表示支持。所有人都瞭解，成員國數目一旦增加，致使歐盟的組成愈加多元化，歐洲政治整合的深化也就會更加困難。

歐洲面臨的困境與整個世界經濟面對的狀況並無不同。如同我們在先前的章節看過的，深度經濟整合必須要由廣泛的跨國治理架構予以支持。到最後，歐盟如果不是硬著頭皮推動政治整合，就是只能接受比較有限的經濟統合。比起只想將歐洲整合局限於經濟層面的人士，推動歐洲政治統合的人士其實比較有機會達成真正的單一歐洲市場。不過，政治倡議者還沒有贏得這項辯論。不論在國內選民還是其他懷有不同願景的政治領袖身上，他們都面臨強烈的反對力量。

因此，歐洲目前的路只走到一半：經濟整合程度高於世界其他地區，但治理結構卻仍在打造當中。歐洲有潛力將自己轉變成真正的經濟聯盟，但目前還未達成這項目標。歐洲的經濟體一旦遭受壓力，提出的回應仍舊是以國家為主。

這種治理上的落差在二〇〇八年的危機期間以及危機結束之後尤其明顯可見。歐洲的銀行都由國家的管理機構督導。這些銀行開始倒閉的時候，歐盟各國政府之間根本沒有互相協調。各國政府都個別為銀行及其他企業提供紓困，而且做法經常對其他歐盟成員國造成傷害。復甦計畫與財政刺激方案的設計也沒有經過協調，儘管這些計畫都有明白可見的外溢效應（德國企業從法國財政刺激方案獲益的程度幾乎不亞於法國企業，原因是這兩國的經濟極為緊密結合）。歐洲領袖終於在二〇〇九年十二月核准一項金融監管的「共同」架構之後，英國財政部長便強調「責任在於國家監管者身上」而凸顯出這項協定的受限本質。[15]

歐盟當中比較貧窮而且遭受打擊最大的成員國，只能仰賴布魯塞爾不情不願地提供支持。拉脫維亞、匈牙利和希臘被迫向國際貨幣基金尋求財務協助，唯有如此才能獲得較富裕的歐盟成員國提供貸款。[16]（想像看看，華府如果要求加州必須接受國際貨幣基金的監督才能獲得聯邦復甦基金的協助，該是多麼荒謬的事情。）其他面對嚴酷經濟問題的國家（西班牙與葡萄牙）更是只能自求多福。實際上，這些國家可以說是兩頭吃虧：經濟的統合導致它們無法藉著貨幣貶值而讓自己的競爭力獲得立即提振，而政治統合的欠缺又導致它們得不到歐洲其他地方的大力援助。

就這一切來看，自然可以輕易認定歐盟是個失敗的實驗。不過，這麼評判未免太過嚴苛。身為歐盟成員國確實會大幅提升小國遵循超全球化規則的意願。以拉脫維亞為例，這個波羅的海小國陷入的經濟困境與十年前的阿根廷相當類似。拉脫維亞在二〇〇四年加入歐盟之後，就藉著向歐洲銀行大量借貸以及國內的房地產泡沫而獲致迅速成長。該國累積了龐大的經常帳赤字與外債（截至二〇〇七年為止，分別占國內生產毛額的二〇%與一二五%）。不出意料，二〇〇八年的全球經濟危機與資本流動逆轉導致拉脫維亞的經濟陷入岌岌可危的境地。隨著借貸與房價崩潰，失業率在二〇〇九年攀升至二〇％，國內生產毛額則是下滑十八％。二〇〇九年一月，該國發生了自蘇聯瓦解以來最嚴重的暴動。

一如阿根廷，拉脫維亞也實施固定匯率和資本自由流動。該國貨幣自二〇〇五年以來就盯住歐元。不過，和阿根廷不一樣的是，拉脫維亞的政治人物咬牙撐過了難關，沒有讓貨幣貶值，也沒有實施資本管制（資本管制是明確違反歐盟規則的行為）。到了二〇一〇年初，拉脫維亞的經濟似乎開始穩定下來。[17]拉脫維亞之所以和阿根廷不同，原因是拉脫維亞身為一個龐大政治社群的成員，所以改變了獨自行事的成本與效益。勞工在歐盟內自由流動的權利使得許多拉脫維亞勞工得以移居國外，等於是為這個遭受壓迫的經濟提供了一道安全閥。布魯塞爾說服歐洲銀行為它們設置於拉脫維亞的子公司提供援助。最重要的是，為了採用歐元做為國內貨幣以及加入歐元區，拉脫維亞的決策人士因此排除掉任何會危及此一目標的選項（例如貨幣貶值），儘管這麼做所帶來的短期經濟成本非常高。

歐洲雖然遭遇了許多整合初期的問題，但我們還是應該視之為一大成功案例，原因是歐洲在制度建構的道路上已經獲得相當程度的進展。然而，直到目前為止，世界其他地區卻都還是對歐洲的案例引以為戒。歐盟的經驗顯示，即便在一小群志同道合的國家之間，要達成足以支撐深度經濟整合的政治統合也是極度困難的事情。歐盟頂多是一個驗證了常規的例外。歐盟證明了跨國民主治理確實可行，但其經驗也揭露這種治理的嚴苛要求。如果有人認為全球治理對於世界經濟而言是一條可行的道路，最好先想想歐洲的經驗。

全球治理能夠解決我們的問題嗎？

且讓我們假定全球治理支持者的觀點確實有理，並且檢視看看他們提議的機制能夠怎麼化解超全球化造成的緊張關係。

想想看，我們該怎麼因應以下這三項挑戰：

一、中國輸出至美國的玩具經檢驗發現鉛含量超出安全水平。

二、美國的次貸危機擴散至世界各地，原因是美國的銀行所發行並在其他國家行銷的許多證券都是「有毒」證券。

三、印尼輸出至美國與歐洲的部分商品是雇用童工製造而成的產品。

這三個案例都是某個國家出口的商品、服務或資產對進口國造成了問題。中國出口的含鉛玩具危及美國兒童的健康；美國輸出的房貸擔保資產危及世界其他地區的金融穩定；印尼輸出的童工服務則是對美國與西歐的勞動標準與價值觀造成威脅。現行的國際規則並沒有為這類挑戰提供清楚明白的解決方式，所以我們必須自己想辦法。我們可以純粹透過市場處理這些問題嗎？我們是不是需要特別制定的規則？如果需要的話，那麼這些規則應該屬於國家層次還是全球層次？這三個案例的答案會不會各自不同？

這三個問題雖然取自世界經濟當中頗為不同的領域，卻仍然帶有一些相似之處。這三個問題的核心都是有關標準的爭執，包括鉛含量、金融證券的評等，以及童工問題。在這三個案例中，都存在著出口國與進口國實施（或者渴望）不同標準的情形。出口國也許擁有比較低的標準，所以在進口國的市場中享有競爭優勢。不過，進口國的買家無法直接觀察到出口商品或服務所遵循的標準。消費者無法輕易辨識玩具是否使用含鉛漆，或者是否由童工在惡劣的工作條件下製造而成；此外，借貸者也無法徹底辨識自己持有的套裝資產所具備的風險特性。在其他一切條件不變的情況下，進口國比較不可能購買使用含鉛漆、由童工製造或者可能導致金融危害的商品或服務。

另一方面，消費者的偏好各自不同。我們每個人對於維護標準以及獲取其他利益（例如較低的價格）的重視程度可能都不盡一致。你也許願意多付兩美元購買一件獲得非童工生產認證的T恤，但我可能頂多能接受多付一美元。你也許願意多承擔一些風險以換取更高的證券收益，而我的投資哲學則比較保守。如果價差夠大，有些人說不定願意購買含鉛玩具，但其他人則認為這種行為不可置信。由於這樣的原因，任何標準一旦一體適用，就會造成有些人因此得利，有些人因此損失的後果。

我們要怎麼因應這三項挑戰？最直截了當的選項就是置之不理，等到這些問題發展到不能不處理再說。我們也許會因為若干原因而採取這個選項。第一，我們可能信任出口國所施行的標準。美國的信用評等機構理當是全世界最優秀的，所以其他國家怎麼會對於購買三A評等的美國房貸證券感到不安呢？中國的鉛含量規範在書面上看起來比美國還要嚴格，所以何必擔心中國玩具的健康危害？第二，我們可能以為外國的標準與法規和我們無關。如果是這樣，那麼買家可要注意了。第三，我們可能真心認為規範標準的不同是比較利益的來源（因此也是貿易利益的來源），就像國家之間的生產力或技術落差一樣。寬鬆的勞動標準如果可讓印尼向我們銷售比較便宜的商品，那麼這只不過是全球化效益的又一次體現而已。

這類短視近利的論點削減了全球經濟的效率，最終使全球經濟的正當性遭到破壞。那三項挑戰所提出的問題深具重要性，也值得嚴肅的回應。因此，且來看看幾項可能的答案。

全球標準。我們也許會想要尋求所有國家都必須遵守的全球標準。我們也許會要求所有生產商都遵循核心勞動標準、共同的銀行法規，以及一致的產品安全準則。這是最理想的全球治理解決方案。如同我們看過的，我們在許多領域當中都愈來愈傾向於這種做法，但明顯可見的限制仍然存在。國家不太可能對適當的標準達成全體一致的同意，而且理由經常也極為充分。

勞動標準是最簡單的例子。長久以來，聲稱富國對於童工的限制並不適合開發中國家的論點一直阻礙全球共識的出現。富裕國家的社運人士所反對的那種童工，經常是貧窮狀況下無可避免的後果。如果阻止兒童進入工廠工作的結果不是促使他們上學讀書，而是迫使他們受雇於工作條件更惡劣的國內行業（賣淫是一項經常被提起的例子），那麼豈不是弊大於利？這種反對同一化的論點也適用於其他勞動法規，諸如工時上限或最低工資。更廣泛來看，只要沒有違反無歧視與結社自由等基本人權，國家就應當可以自由選擇最適合自己的狀況與社會偏好的勞動標準。共同標準就算有助於富國接受某些種類的進口品，畢竟成本也還是非常高昂。

金融規範的領域也是如此。美國眼中的「安全」對於法國或德國而言可能「不夠安全」。比起法、德兩國，美國也許願意承擔比較多的風險做為金融創新的代價。另一方面，為了提供風險緩衝，美國可能會對銀行訂定比法、德兩國更高的資本適足要求。在這兩個案例中，兩種不同立場都不必然算是對或錯。國家之所以會抱持不同觀點，原因是它們擁有不同的偏好與情境。

產品安全規則似乎是最容易建立共同標準的領域，但即便在這方面也還是存在重要的限制。別忘了，中國的含鉛漆使用標準其實相當嚴格。問題不在於書面上的標準差異，而是在於標準實踐上的差異。如同大多數的開發中國家，中國政府也難以執行與監控產品標準。這些困難經常不是因為缺乏意願，而是由行政、人力資源與財務方面的限制所造成的能力欠缺。不論是什麼樣的全球標準，都不可能改變這種潛在的現實狀況。也許正如斯勞特所提議的，參與全球網絡能夠藉著促成資訊分享以及「最佳實務」的轉移而幫助中國管理機構改善。不過可別太興奮。改善國內制度是一項漫長的過程，外國人通常只能發揮非常有限的影響力。

就算世界各國能就全球標準達成一致意見，它們贊同的也可能會是錯誤的規範。全球金融就有一個適切的例子。巴塞爾銀行監理委員會這個銀行監管機構的全球俱樂部，雖然廣被讚譽為國際金融合作的巔峰，產生的卻主要都是不夠充足的協定。[18]第一套建議（第一代巴塞爾協定）鼓勵高風險的短期借貸，可能是促成亞洲金融危機的助力。第二套建議（第二代巴塞爾協定）仰賴信用評等機構與銀行本身的模型來計算資本適足要求的風險權數，然而由於最近那次金融危機，現在一般都認為這套風險權數並不恰當。巴塞爾委員會的標準忽略了個別銀行的行為所造成的風險取決於整個體系的流動性，因此反倒放大了體系風險。鑒於不同監管做法的優點帶有極大的不確定性，任由各種監管模式共生共榮也許會是比較好的方式。

市場導向解決方案。另外還有一種比較迎合市場的做法。與其要求遵循全球標準，不如要求提供資訊。我們如果讓進口國獲得更多資訊，更加瞭解商品與服務是在什麼樣的標準之下生產出來，那麼每個買家就能夠做出最適合自身狀況的決定。

以童工為例。我們可以想像一套認證與標示系統，讓先進國家的消費者分辨進口商品是否由童工生產。目前已經有許多這類標示方案。舉例而言，國際非政府組織地毯標誌基金會（RugMark Foundation）為印度與尼泊爾生產的地毯核發非童工生產認證。理論上，非童工生產的產品製造成本比較高，所以價格也就比較貴。消費者可以透過他們想買的產品表達自己的偏好。反對使用童工的消費者可以支付額外費用購買適當標示的商品，其他人則還是可以繼續購買比較便宜的產品。標示做法的吸引人之處，在於不會把一項共同標準強加在進口國的所有人身上。我如果覺得低標準已經足夠，就不需要為你要求的高標準付費。

這種做法看起來像是良好的解決方案，尤其是這麼做可以減輕對於全球治理的要求。此外，這種做法在許多領域中可能都順理成章。不過，做為一項通用解決方案，這種做法卻遠遠不足。

在最近那次金融危機還沒發生之前，我們必定會把信用評等機構視為標示做法的成功案例。原則上，這些機構發揮的功能正與標示相同。你如果傾向於趨避風險，就可以只購買三A評等的低收益證券。你如果願意承擔比較高的風險以換取較高的收益，也可以投資評等較低的證券。這些評等同樣在原則上讓投資人可以決定自己要立足於風險光譜上的哪個位置。政府不需要過問投資選擇這種芝麻綠豆的小事。

然而，我們在金融危機之後已經發現信用評等提供的資訊其實不是那麼有意義。由於種種因素，尤其是信用評等機構還向接受評等的證券發行公司收取費用，結果有毒資產竟然獲得最高評等。許許多多投資人都因為太認真看待評等而導致吃虧。資訊市場的運作相當拙劣。

評等缺陷的代價不僅由那些證券的投資人承擔，而且還波及整個社會。這就是體系風險的問題：高槓桿交易的大型機構一旦倒閉，就可能會拖垮整個金融體系。信用評等機構失靈所造成的後果，影響所及遠遠超過有毒證券的購買人。

實際上，每一套標示系統都不免引發一個更高層次的治理問題：那些認證必須對誰負責，或是說有誰能夠認證那些認證機構？信用評等在金融市場當中之所以沒有發揮應有的功能，原因是信用評等機構只顧著衝高收入，卻忽略它們對社會所負有的信託責任。面對一項複雜的治理問題，我們的「解決」方式是把那個問題交給追求利潤的私人企業，但那些私人企業的誘因卻與社會不一致。

在勞動或環境標準當中，標示的問題也一樣嚴重。在這些領域裡，面對政府陷入的僵局，各種非政府組織與私人企業的聯盟因此掌握了主導權。所有參與者都有自身的意圖，因此標示傳達的意義可能變得模糊不清。舉例而言，「公平貿易」標示代表咖啡、巧克力或香蕉等產品採取有益環境永續的方式種植而成，並以特定的價格下限向農民採購。這看起來似乎是一項雙贏的做法。消費者可以在啜飲咖啡的同時，知道自己對於扶助貧窮與捍衛環境有所貢獻。可是，消費者真的知道或瞭解自己手上那杯咖啡的「公平貿易」標示代表什麼意思嗎？

對於像「公平貿易」這類標示的實際運作方式，我們幾乎無從獲得任何可靠的資訊。在少數針對這個主題進行探究的學術研究當中，有一項研究檢視瓜地馬拉與哥斯大黎加生產的咖啡，結果發現種植者對於公平貿易認證興趣缺缺。鑒於公平貿易認證在表面上所帶來的好處，特別是較高的價格，這樣的結果實在頗為出人意料。實際上，相較於種植者藉著種植精品咖啡所獲得的收入，公平貿易認證提供的溢價似乎相當低。公平貿易認證提供的價格經常不足以彌補達成認證要求所需的投資。此外，這種效益也不必然會流向最貧窮的農民，也就是沒有土地的原住民種植者。[19]其他報告則指稱公平貿易咖啡的溢價只有一小部分會落入種植者手中。[20]

像公平貿易或者地毯標誌這類標示方案也許整體上而言有其好處，但我們對於這些標示提供的資訊有多充足或是其效果有多大，卻應當心存懷疑。此外，不僅非政府組織主導的方案如此，企業的社會責任更是不容信任。畢竟，企業乃是受到利潤所驅動。企業也許會願意藉由投資社會與環境計畫而博取顧客的肯定，但我們不該假設企業的動機會與社會相符，也不該誇大企業促進社會目標的意願。

反對標示以及其他市場導向做法的最根本論點，就是認為這類做法忽略了標準設定的社會層面。舉例而言，處理健康與安全危害的傳統做法是要求設定標準，而不是添加標示。標示做法如果那麼有效，我們為什麼不以同樣的方法處理這些問題，而任由個人決定自己願意冒多少風險？就我所知，即便是自由放任主義的經濟學家也不曾提議說，對於中國玩具含鉛量過高問題的最佳處理方式就是以標示指明中國製造的玩具帶有不確定或高度的鉛含量，而交由消費者根據自己的偏好以及對健康危害與價格的重視程度來做出選擇。沒有，我們的直覺反應是要求訂定更多規範以及更確切落實既有的標準。即便是美國的玩具產業，也要求聯邦政府對於在美國販售的所有玩具施行強制性的安全檢驗標準。[21]

我們在這類例子當中之所以偏好政府強制實施一體適用的標準，乃是出於幾個原因。我們也許不認為消費者能夠獲得足夠的資訊而做出正確的選擇，也可能不認為消費者有能力理解他們擁有的資訊。除了個人偏好之外，我們可能也認為社會目標與常規具有極高的重要性。儘管我們當中可能有少數人會在足夠的金錢誘惑下願意擔任契約奴工，我們的整體社會卻可能不允許他們這麼做。此外，個人雖是依照自己的最佳利益行事，卻可能會對社會其他人造成問題，所以個人的選擇自由也就必須受到限制。再想想投資了有毒資產的銀行對我們其他人所造成的影響，或是血汗工廠可能會怎麼敗壞經濟中其他人的就業條件。

這些理由不僅適用在健康與安全風險，也適用於社會與經濟議題。這些理由顯示，標示與認證在因應全球經濟的治理挑戰方面只能扮演有限的角色。

全球治理的限制。全球治理對於解決我們剛剛考慮過的這些挑戰並沒有什麼幫助。我們面對的問題乃是扎根於不同社會因為偏好、環境與能力的差異而產生的深度分歧當中。技術性的修正做法沒有用，管理者網絡、市場導向解決方案、企業社會責任或者跨國審議也一樣沒有用。這些新式的治理頂多能夠提供一種輕量級的全球治理，卻不可能承擔起超全球化世界經濟的重擔。這個世界太過多元，不可能塞進一個單一政治社群裡。

在含鉛玩具的案例中，大多數人都會認同明顯可見的正確解決方案就是由國內標準勝出。美國應該決定其本身的健康與安全標準，並且只允許合乎這些標準的玩具進口。別的國家如果想要設定不同標準，或是因為實際因素而無法達到美國的標準，當然也有權採用自己的標準。不過，那些國家的產品如果達不到美國的標準，就不能預期那些產品能夠不受約束地出口至美國。這種做法可讓國家維護自己的規範，就算付出在國界樹立壁壘的代價也在所不惜。

我們可以把同樣的原則套用在金融監管、勞動標準或其他因為國家標準不同而產生衝突的領域嗎？可以，也應該這麼做。

全球化與身分認同的復興

在尼克．宏比（Nick Hornby）的喜劇小說《赤裸的茱麗葉》（*Juliet, Naked*）裡，主角之一的鄧肯深深著迷於一位沒沒無聞而且深居簡出的美國搖滾樂手塔克．克羅。鄧肯的人生完全繞著克羅轉：他開課談論他、舉行會議和研討會，也針對這名偉大樂手寫了一本沒有出版的著作。一開始，鄧肯身邊沒幾個人能夠讓他分享自己的熱情。離他最近的克羅粉絲住在六十英里外，鄧肯和他一年只能見一兩次面。後來網路出現了。鄧肯架設起一個網站，與世界各地數百名對塔克．克羅同樣狂熱的粉絲取得聯繫。如同宏比所寫的：「這麼一來，最近的粉絲就住在鄧肯的筆電裡，」因此他隨時都可以和他們交談。[22]

新的資訊和通訊科技使得一般人都能像鄧肯這樣，因為共同的興趣而聚集在一起。包括辛格與沈恩在內的學者都希望這種現象能夠把世界縮小。由於這樣的全球連結，地方性歸屬的重要性愈來愈低，跨國的道德與政治社群則是愈來愈大。真的是這樣嗎？

鄧肯的故事聽起來雖然很熟悉（我們在自己的人生中都經歷過由網路帶來的類似轉變），卻沒有完全呈現出整體的狀況。我們的全球互動真的侵蝕了我們在地方與國家層面的身分認同嗎？現實世界的證據呈現出一幅非常不同而且出人意料的景象。且來看看網路村的例子。

一九九〇年代中期，多倫多市郊一片新開發的住宅區曾進行一項引人注意的實驗。這座加拿大社區裡的住宅在興建的時候就納入最新的寬頻通訊基礎建設，並且具有各式各樣的新式網路科技。網路村（這是個代稱）的居民享有高速網路、影像電話、線上點播機、線上健康服務、討論區，以及一套娛樂及教育應用軟體。[23]

這些新科技使這座小鎮成為培養全球公民的理想環境。網路村的居民不受距離限制，他們和全世界的任何人聯絡就像和鄰居聯絡一樣容易。他們可以建立自己的全球連結，也能夠加入網路空間裡的虛擬社群。觀察家認定他們會愈來愈以全球性而不是地方性的角度界定自己的身分認同與興趣。

不過，實際上發生的狀況卻不太一樣。由於電信供應商出了一些小問題，導致有些家庭無法連上寬頻網路。於是，研究人員因此能夠針對連線與未連線家庭進行比較，從而對連線的效果做出結論。擁有網路連線的人不但沒有荒廢地方連結，反倒強化了他們既有的地方社會紐帶。相較於沒有網路連線的居民，擁有網路連線的人認識更多鄰居，更常與他們交談，更常拜訪他們，打的市內電話也比較多。他們比較常舉辦地方活動，也比較常動員社區居民處理共同的問題。他們使用電腦網路促成各種社會活動，包括舉行烤肉乃至幫助當地兒童的功課。如同一位居民說的，網路村展現了「許多社區都看不到的緊密性」。原本應當促成全球接觸與網絡的做法反倒強化了地方社會紐帶。

資訊和通訊科技雖然非常強大，我們卻不該認定這些科技一定會帶領我們踏上全球意識或跨國政治社群的道路。距離確實有其影響。我們對地方的依存大致上仍界定了我們與我們的興趣。

世界價值觀調查（World Values Survey）定期針對世界各地隨機抽樣的對象進行調查，以瞭解他們的態度與情感依附。最近的一次調查向五十五個國家的人民詢問他們的地方性、國家性以及全球性的身分認同各自有多強。調查結果在世界各地都相當類似，也頗具啟發性。這項調查顯示，對於民族國家的依附徹底超越其他各種形式的身分認同。人主要把自己視為所屬國家的國民，接著是當地社群的成員，最後才是「全球公民」。唯一的例外，也就是人民對世界的認同勝過國家，是在暴力猖獗的哥倫比亞與國家面積極小的安道爾。[24]

這些調查揭露了菁英分子與社會其他人民之間的一道重要區隔。強烈的全球公民認同感如果存在，通常也僅限於富人以及教育程度最高的人士。相反的，社會階級較低的人對於民族國家的依附通常比較強烈（全球認同也相對比較薄弱）。這樣的分歧也許不是那麼令人意外。具備專有技能的專業人士與投資者能夠受益於全球機會，不論那樣的機會產生自何處。相較於流動力較低的勞工以及其他技能低落而只能將就接受周遭環境的人士，民族國家及其所作所為對於菁英分子而言可謂毫不重要。這種機會落差暴露出追求全球治理的一個黑暗面。建構跨國政治社群其實是全球化菁英的計畫，主要迎合他們的需求。

如果不追求全球治理，那麼該怎麼辦？

全球治理的新形式雖然引人入勝，也值得進一步發展，但終究會遭遇若干根本性的限制：政治認同與依附對象仍然圍繞著民族國家；政治社群仍然局限於國內，而不是橫跨全球；真正的全球常規只出現在範圍相當狹隘的少數議題當中，世界上不同地區所喜好的制度安排也仍然存在相當大的差異。新的跨國機制可以緩和某些具有爭議性的議題，但絕對無法取代真正的治理。這些跨國機制不足以支撐廣泛的經濟全球化。

我們必須接受世界政體分裂的現實，而做出一些艱難的抉擇。我們必須明確界定各國的權力與責任。我們不能迴避民族國家所扮演的角色，然後直接假設我們正在目睹全球政治社群的誕生。我們必須承認並接受分裂的全球政體加之於全球化的限制。**理想中的全球化，其範圍受限於**

可行的全球規範能達到的地步。超全球化不可能達成，我們不該假裝事實並非如此。

面對此一現實，終究可以引導我們走向更健全也更永續的世界秩序。

11 設計資本主義3.0

對於釋放人類社會的集體經濟活力，資本主義的表現無可比擬。這一大優點，就是為什麼所有繁盛的國家都是廣義的資本主義國家的原因：這些國家都以私有資本為中心，並且允許市場在分配資源以及決定經濟報酬方面扮演重大角色。全球化就是資本主義延伸至全世界的表現。實際上，資本主義與全球化已經極度緊密交纏，因此我們不可能將這兩者的未來分開討論。

邁向資本主義3.0

資本主義耐久性的關鍵在於其幾乎無窮的可塑性。正如我們對於市場與經濟活動需要哪些制度支持的觀點數百年來已經有所變化，資本主義也是如此。由於資本主義具備自我改造的能力，因此得以克服週期性的危機，比馬克思以來的資本主義批評者活得還要久。透過全球經濟的稜鏡看待資本主義，我們已在本書觀察到這些轉變如何發生。

亞當・斯密那種理想化的市場社會只需要「守夜人式的國家」。要確保分工，政府只需要做到幾件事情即可：落實財產權、維持和平，並且收取些微稅金以支應有限範圍的公共財，例如國防。在二十世紀初期以及第一波全球化期間，世人對資本主義的認知極為狹隘，僅注意到維繫資本主義所需的公共制度。實際上，國家的影響範圍經常超越這種觀點（例如俾斯麥在一八八九年於德國推出的老人年金）。不過，政府仍然持續以這種狹隘的角度看待自己的經濟角色。且讓我們稱之為「資本主義1.0」。

隨著社會變得愈來愈民主，工會及其他團體也開始對抗資本主義各種明顯可見的惡行，一種更加廣闊的新式治理觀於是逐漸確立起來。首先是打破大型獨占企業的反壟斷政策，由美國的進步運動打頭陣。經濟大蕭條之後，主動性的貨幣與財政政策也廣獲接受。國家在提供福利協助與社會保險方面扮演愈來愈重要的角色。在當今的工業化國家，公共支出在國民所得的占比迅速升高，從十九世紀末的平均低於一〇%提高到第二次世界大戰前夕的二〇%以上。第二次世界大戰結束後，這些國家建立了精細的社會福利制度，公部門在國民所得的占比擴張至四〇%以上。

這種「混合經濟」模型是二十世紀的最高成就。這種模型在國家與市場之間建立的新平衡在先進經濟體當中造就了一段時期，撐起史無前例的社會凝聚、穩定與繁榮，一直持續到一九七〇年代中期。且將這段期間稱為「資本主義2.0」。

資本主義2.0伴隨一種有限的全球化，也就是布列頓森林妥協。這種戰後模型要求抑制國際經濟，原因是布列頓森林妥協乃是為民族國家所建立，也在民族國家的層次上運作。就這樣，布列頓森林—關貿總協體制打造了一種國際經濟整合的「淺薄」形式，對國際資本流動有所控制、實施局部貿易自由化，但是對社會敏感部門（農業、紡織業、服務業）與開發中國家也設定了許多例外。在這種做法之下，個別國家只要遵守少數幾項簡單的國際規則，即可自由建立其國內版本的資本主義2.0。

這種模型在一九七〇與八〇年代顯露疲態，目前在金融全球化與深度貿易整合的雙重壓力下更似乎已經無可挽回地陷入崩潰。超全球化主義者提議用來取代資本主義2.0的願景帶有兩個盲點。第一個盲點是認為我們可以在世界經濟當中追求快速的深度整合，再讓支撐的制度架構在事後趕上。第二個盲點是認為超全球化對於國內制度安排不會有任何影響，就算有也大多都是良性的影響。全球化造成的金融危機與正當性危機最後導致二〇〇八年的金融崩潰，從而顯露出這些盲點有多麼巨大。

我們必須為這個經濟全球化的力量更加強大的新世紀重新改造資本主義。正如亞當．斯密的精簡資本主義（資本主義1.0）轉變為凱因斯的混合經濟（資本主義2.0），我們也必須考慮從國家版本的混合經濟過渡到全球版的混合經濟。我們必須**在全球層次上**對市場及其支持制度設想出比較好的平衡。

我們很容易認為解決問題的方法（資本主義3.0）就是直接延展資本主義2.0的邏輯：亦即全球經濟需要全球治理。不過，如同我們在前一章看到的，全球治理選項對於絕大多數的國家而言乃是死路一條，至少在可見的未來是如此。這種做法不但不實用，甚至也不令人嚮往。我們需要一個不同的願景，不但能夠保障溫和全球化的可觀效益，同時也明確認知到國家多樣性與國家治理的中心地位所具備的好處。實際上，我們需要的是二十一世紀升級版的布列頓森林妥協。

這樣的升級必須體認到當前的現實：貿易在相當程度上是自由的，金融全球化的精靈已經從瓶裡跑了出來，美國不再是支配世界的經濟超級強權，重大新興市場（尤其是中國）也不再能夠受到忽視或是任其繼續免費搭體系的便車。我們不可能回到某種傳說中的「黃金時代」，恢復高貿易壁壘、猖獗的資本管制，以及力量薄弱的關貿總協——我們也不該想要回到那樣的時代。我們能夠做的，就是體認到追求超全球化乃是徒勞之舉，從而重新排列我們的優先次序。這點所代表的意義，將在本章與下一章予以闡釋。

新式全球化的原則

假設世界的首要決策人士再度聚首於新罕布夏州布列頓森林的華盛頓山飯店，打算設計新的全球經濟秩序。他們滿心關注的自然是當今的新問題：全球經濟復甦、保護主義悄悄擡頭的危險、金融監管的挑戰、全球總體經濟失衡等等。不過，要處理這些迫切的議題，就必須把眼光放得更廣，考慮全球整體經濟安排的健全性。他們可能會對哪些全球經濟治理的指導原則取得共識呢？

我在本章提出七項常識性原則。綜合起來，這七項原則可為將來的世界經濟提供穩固的基礎。本章針對一般性的層面進行討論。在下一章，我會探討世界經濟面臨的部分關鍵挑戰所帶有的特定意涵。

一、市場必須深深嵌入治理體系之內。

認為市場具備自我監管能力的想法，在最近這次的金融危機當中受到致命一擊，也應該就此永遠埋葬。如同金融全球化的經驗所顯示，「市場的魔力」是危險的誘惑，可能會使決策人士忽略資本主義2.0的根本洞見：市場與政府唯一相反之處，在於這兩者是同一枚硬幣的正反兩面。

市場需要社會制度支持。市場仰賴法院與法律規定落實財產權，也仰賴監管機構抑制濫用行為並修正市場失靈。市場依賴最後貸款者與反景氣循環的財政政策所提供的穩定功能。市場需要重分配租稅制度、社會安全網與社會保險方案所協助促成的政治認可。換句話說，市場不會自我創造、自我監管、自我穩定，或者自我維繫。資本主義的歷史就是反覆不斷學習這項教訓的過程。

這些存在於國內市場的情形同樣也存在於全球市場。由於戰間期的創傷以及凱因斯的敏銳目光，布列頓森林體制尋求的是一種微妙的平衡，沒有將全球化推展到超出全球治理所能支持的範圍之外。如果要避免全球化在支持者的盲目簇擁下發展過度，我們就必須回歸當時的那種精神。

二、民主治理與政治社群主要存在於民族國家之中，而且在近期的未來也很可能會維持這樣的狀況。

民族國家仍然活著，而且就算活得不是很好，基本上也還是唯一的選擇。追求全球治理是徒勞之舉，不只因為國家政府不太可能把太多權力交給跨國機構，也因為規則的一致化對於具有多樣化需求與偏好的社會不會帶來有利的結果。歐盟可能是這項道理的唯一例外，但這個例外正好證明這項規則的正確性。

忽略全球治理的先天限制，構成了全球化當今的脆弱狀態。我們把國際合作浪費在野心過大的目標上，終究只造成薄弱的結果，只在大國之間達成眾人所能接受的最低標準。舉例而言，當前追求全球金融規範一致化的做法，幾可確定最後也會導致同樣的結果。國際合作一旦「成功」，產生的規則通常也只是反映出比較強大的國家懷有的偏好，而不適合其他國家的情境。世貿組織對於補貼、智慧財產權與投資措施所訂定的規則，就是這種過度擴張的典型例子。

追求全球治理導致國家的決策人士對全球安排的力量與耐久性懷有一股錯誤的安全感。銀行監管者只要以比較實際的眼光看看巴塞爾協定的規則對於資本適足率的影響或是美國信用評等的品質，應當就會對國內金融機構所招致的風險投注更多的注意。

我們對於全球治理的仰賴也混淆了我們的理解，使得我們無法正確認知民族國家建立並維護國內標準與規範的權利，還有它們實行這些權利所擁有的操作空間。擔心這種操作空間縮小太多，正是普遍擔憂勞動標準、公司稅及其他領域出現「比爛」現象的主要原因。

歸根結柢，追求全球治理的結果導致我們擁有太少的真正治理。要強化全球經濟的基礎建設，唯一的機會就在於強化民主政府提供這些基礎的能力。只要我們授予國內的民主程序更大的權力，而不是削弱這種權力，就能夠提高全球化的效率和正當性。如果這麼做必須放棄理想化的「完美」全球化，那也沒有關係。比起盲目追求超全球化，一個溫和全球化的世界絕對美好得多。

三、通往繁榮沒有「唯一道路」。

我們一旦認知到全球經濟的核心制度基礎建設必須建立在國家的層次上，國家即可放手發展最適合自己的制度。即便是當今據稱高度一致的工業化社會，也還是會追求各式各樣差異極大的制度安排。

美國、歐洲與日本都是成功的社會，長期以來全都創造了程度相當的財富。然而，涵蓋其勞動市場、企業治理、反壟斷、社會保護乃至銀行與財政的規範法規卻相差甚大。這些差異使記者與專家得以將一系列這類「模型」（每個年代都有個不同的模型）宣稱為值得所有人效法的巨大成功。在一九七〇年代，北歐是所有人的最愛；日本在一九八〇年代成為大家應當效法的國家；美國則是一九九〇年代毫無疑問的王者。我們不該受到這類熱潮的蒙蔽，而應該明白體認這項現實：在「各種資本主義」的競賽當中，這些模型絕對沒有一項可以被視為明確的贏家。在每個國家各自都有不同偏好的世界裡，「贏家」這項概念本身就難以令人信服。舉例而言，歐洲人比美國人更要求所得保障與平等，就算必須付出較高租稅的代價也沒關係。[1]

這種模型滿天飛的現象具有一種更深層的含意。當今的制度安排雖然相當多樣化，卻只構成所有潛在的制度可能性當中的一小部分。能夠支撐起健全活躍經濟的制度所在多有，現代社會不太可能已經窮盡了其中各種版本。[2]所謂只有特定類型的制度（例如特定形式的企業治理、社會安全體系或勞動市場立法）才能夠在運作良好的市場經濟中實際可行，我們必須對這類說法抱持合理的懷疑。未來最成功的社會將會有令人實驗的空間，也會容許制度隨著時間而出現進一步的演變。全球經濟如果能夠體認到制度多元性的需求與價值，就會培育這樣的實驗與演變，而不是加以遏制。

四、國家有權保護自己的社會安排、法規與制度。

前幾項原則看起來也許毫無爭議也安全無害。不過，那些原則卻帶有強烈的意涵，不免與全球化推動者認定的想法產生衝突。其中一項意涵就是我們必須接受個別國家有權捍衛自己的國內制度選擇。國家如果不能「保護」國內制度，也就是沒有工具能夠形塑並維持自己的制度，那麼對於制度多元性的認知就沒有意義。將原則明白陳述出來，會使這些關聯清楚呈現。

貿易本身不是目的，而是用來追求目的的手段。全球化的支持者一再宣稱國家必須改變自己的政策與制度，才能擴展國際貿易，變得對外國投資人更具吸引力。這種思考方式錯把手段當成目的。全球化應該是一種工具，用來達成社會所追求的目標：繁榮、穩定、自由，以及生活品質。世貿組織的批評者最感憤怒的一點，就是他們懷疑一旦到了緊要關頭，世貿組織會把貿易擺在環境、人權，乃至民主決策之上。最令國際金融體系的批評者感到氣憤的，則是全球銀行業者與金融業者的利益比一般勞工及納稅人來得優先的觀念。

全球化的反對者指稱這種做法會引發「比爛」的情形，促使各國在公司稅、金融監管，或者環境、勞工與消費者保護方面競相降低標準。全球化支持者則反駁指出，沒有證據顯示國家標準確實因此遭到侵蝕。

要打破僵局，我們應該接受國家能夠在這些領域捍衛國家標準，而貿易如果明顯危及擁有廣泛民眾支持的國內慣例，那麼在必要的情況下也可以在國界樹立壁壘。全球化的支持者如果沒錯，那麼要求保護的呼聲就會因為缺乏證據或支持而失敗。如果他們錯了，那麼就有一道安全閥可以確保這些相互對立的價值觀（也就是開放經濟的效益以及捍衛國內規範的好處）都能夠在國內政治辯論當中充分發聲。

這項原則排除了雙方最偏激的立場。在國際貿易與金融導致國內受到廣泛接受的標準遭到侵蝕的情況下，這項原則可以避免全球化主義者取得上風。同樣的，在不涉及重大公共目的的情況下，這項原則也可以避免保護主義者藉著損害社會其他人的權益而獲利。在比較不那麼黑白分明的案例中，不同價值觀一旦必須有所取捨，這項原則也會強迫促成內部審議與辯論——面對棘手的政治問題，這正是最佳的處理方式。

我們可以想像國內政治辯論可能提出的問題。引起爭論的貿易可能帶來多少程度的社會或經濟混亂？遭受危及的慣例、規範或標準享有多少國內支持？負面效應的影響對象是不是特別弱勢的社會成員？如果有補償性的經濟效益，那麼此一效益有多大？有沒有其他方法能夠達成我們希望的社會與經濟目標，而不必限制國際貿易或金融？相關的證據——經濟與科學證據——對這些問題是怎麼說的？

政策過程如果透明又包羅廣泛，支持貿易與反對貿易的利益團體之間的競爭力量就會自然產生這類問題。當然，實際上沒有什麼保障機制能夠斷定那些規則是否獲得「廣泛民眾支持」並受到貿易的「明顯危及」。民主政治相當混亂，不一定能夠獲致「正確」認知。不過，我們一旦必須在不同價值與利益之間取捨，民主絕對是我們唯一能夠仰賴的制度。

把這類問題從民主審議的範圍當中移走，然後交給技術官僚或國際組織，絕對是最糟的解決方案。這麼做不但無從確保正當性，也無法確保經濟效益。國際協定可以做出重要貢獻，可是國際協定扮演的角色在於強化國內民主程序的完整性，而不是取而代之。我在下一章會再回頭討論這一點。

五、國家沒有權利將自己的制度強加在別人身上。

藉由限制跨國貿易或金融以捍衛國內的價值與規範，必須和利用這些手段將自家價值與規範強加於其他國家的做法明確區分開來。全球化的規則不該強迫美國或歐洲的民眾消費用那些國家裡的大多數公民都覺得難以接受的方式所生產的商品，也不該要求國家提供毫無阻礙的行使管道給那些標準低於國內規範的金融交易，同樣也不該允許美國或歐盟利用貿易制裁或其他種類的壓力來改變其他國家在勞動市場、環境政策或財政方面的行事方法。國家擁有與眾不同的權利，但沒有權利強迫促成趨同的結果。

在實務上，捍衛第一種權利有時候可能會造成與捍衛第二種權利相同的後果。假設美國決定禁止進口由童工製造的印度商品，原因是美國政府擔心這種進口品會對國內生產的商品造成「不公平競爭」。然而，這麼做不也等於是對印度施加貿易制裁，迫使印度的勞動實踐與美國更加近似？應該說是也不是。在這兩個案例中，印度的出口都一樣受到限制，而且印度如果要不受阻礙地進入美國市場，唯一的方法就是趨同於美國的標準。不過，意圖仍然有其重要性。保護我們自己的制度是正當的行為，但想要改變別人的制度卻不是正當的行為。我的俱樂部如果訂有要求男士打領帶的服裝規定，那麼你如果到我的俱樂部來和我共進晚餐，我自然可以期望你遵守這項規則，不論你有多麼痛恨打領帶。不過，這不表示我也有權限定你在其他場合的穿著。

六、國際經濟安排的目的，是要制定規則來管理國家制度的相互接合。

仰賴民族國家提供世界經濟的基本治理功能，並不表示我們就應該揚棄國際規則。畢竟，布列頓森林體制確實擁有明確的規則，儘管那些規則的範圍與深度都頗為有限。徹底去中心化的自由放任對任何人都不會有益；一個國家的決定有可能會影響其他國家的福祉。開放的全球經濟——也許不像超全球化主義者希望的那樣免於交易成本，但畢竟還是開放的經濟——仍然是一項值得讚譽的目標。我們不該試圖削弱全球化，而應該為全球化尋求更穩固的基礎。

由民族國家的中心地位，可見得規則的制定必須注意制度的多樣化。我們需要的是一套交通規則，能夠幫助大小、形狀與速度各異的車輛順暢行駛，而不是要求所有人都開同樣的車或者要求所有車輛都維持相同的速度。我們應該致力達到程度最大的全球化，同時又為多樣化的國家制度安排保留空間。與其問道：「什麼樣的多邊體制能夠讓世界的商品與資本流動達到最大化？」我們應該問的是：「什麼樣的多邊體制最能促使世界各國追求自己的價值與發展目標，並且在自己的社會安排當中達成繁榮？」要做到這一點，國際場域的談判者就必須大幅轉變自己的心態。

在這項轉變當中，我們也可以考慮讓國際經濟規則中的退出條款扮演更大的角色。任何國際紀律的緊縮都應該包含明確的逃脫條款。這類安排將有助於促進規則的正當性，而民主國家本身最重視的事務一旦與它們對全球市場或國際經濟制度所負有的義務產生衝突，這樣的安排也可讓那些國家重申自己的優先次序。逃脫條款不該被視為「墮落」或違反規則，而是永續國際經濟安排當中固有的成分。

為了避免遭到濫用，退出條款可以由多邊協商形成，並且納入特定的程序保障。這麼做即可將退出的選擇與赤裸裸的保護主義區分開來：國家必須先達成事前經過協商並且載入那些紀律當中的程序要求，才可以選擇退出。這類退出雖然不是毫無風險，卻是促使開放的國際經濟能與民主相容的必要元素。實際上，退出條款的程序保障——亦即對於透明化、問責性，以及依據證據做出決策的要求——將會提高民主審議的品質。

七、在國際經濟秩序當中，非民主國家不能享有和民主國家相同的權利與特權。

到目前為止我們草擬的國際經濟架構當中，民主決策的優先性具有最根本的地位。這點迫使我們認知民族國家的關鍵重要性，因為民主政體的影響範圍極少能夠超越國界。這點要求我們接受國家在標準與規範上的差異（因此是背離超全球化的做法），原因是民主決策的優先性假設這些差異乃是以民主方式集體做出的選擇。此外，這點也為那些限制國內政策行為的國際規則賦予了正當性，前提是那些規則必須由代議式政府談判而成，並且含有容許及強化國內民主審議的退出條款。

民族國家如果不民主，這套架構就不免崩潰。我們就無法認定國家的制度安排反映出國民的偏好。我們也無法認定國際規則以足夠的強度施行即可將威權政體轉變為正常運作的民主政體。所以，非民主國家必須遵循放任度較低的不同規則。

以勞動與環境標準為例。貧窮國家聲稱它們在這些領域中無力採取和先進國家相同的嚴苛標準。實際上，嚴厲的排放標準或禁止使用童工的法規可能會造成工作機會減少以致貧窮狀況更嚴重的反效果。像印度這樣的民主國家可以挾著正當性指稱其作為合乎本國人民的需求。當然，印度的民主制度不完美；但民主制度本來就不可能完美。由於印度保障公民自由，政府透過自由選舉選出，對於少數族群的權利也有所保護，所以不怕別人指稱該國犯了系統性剝削或排他的罪行。[3]民主制度為印度提供了一層保護罩，不至於遭人指控其勞動、環境及其他標準過於低落。然而，像中國這樣的非民主國家就無法通過同樣的初步檢驗。在這類國家裡，聲稱少數人的利益踐踏了勞動權與環境的指控並無法輕易打發。因此，非民主國家的出口品也就必須接受更嚴格的國際審查，尤其是這些出口品如果會對其他國家造成代價高昂的影響，不論是在經濟分配還是其他方面。

這不表示國際社會應該對非民主國家全面設立更高的貿易壁壘或其他形式的壁壘。非民主國家的法規當然不是全部都會對其他國家造成負面的國內影響。中國雖是威權政體，卻擁有優異的經濟成長紀錄。而且，國家從事貿易既然是為了提高自己的福祉，全面性的保護主義絕不可能合乎進口國的利益。儘管如此，在特定案例當中，對威權國家施加比較嚴格的規則仍是正當的做法。

舉例而言，非民主國家的貿易如果損及進口國，那麼對該國的貿易施加限制的門檻可以比較低。如果動用逃脫條款必須對出口國提供補償，那麼在出口國是非民主國家的情況下就可以不必遵守這項條件。此外，在威權政體尋求動用退出條款的情況下，舉證責任可能必須由該國負擔——它們必須證明自己的退出確實是為了國內某一項真實的發展或社會目的。

對於非民主國家的差別待遇原則早已存在於當今的貿易體制裡。二〇〇〇年的《非洲成長暨機會法》規定只有民主國家才可以輸出商品至美國的免稅市場。非洲國家的政權一旦壓迫政治反對勢力或者有對選舉動手腳之嫌，就會從貿易優惠對象的名單中遭到移除。[4]

把這項原則普遍化無疑頗具爭議性。貿易基本教義派與威權政體想必都會表示反對。儘管如此，這種做法其實非常有道理，放在此處所考慮的這一整套原則當中尤其如此。畢竟，民主乃是全球常規。民主應當是國際貿易體制的基石原則之一，必要的時候甚至應該置於無差別待遇原則之上。

「全球共有財」怎麼辦？

此處列出的原則可能會引來若干反駁。我將在下一章探討其中許多論點，但有一項重大反駁必須立即回應，原因是這項反駁衍生自一種根本性的誤解。有些人認為全球化經濟的規則不能任由個別民族國家決定。這項論點指出，這麼一套系統將會大幅降低國際合作，而隨著每個國家各自追求其本身的狹隘利益，世界經濟將陷入保護主義猖獗的下場。這麼一來，所有人都是輸家。

這項推論邏輯乃是誤將全球經濟類比為全球共有財。要瞭解這種類比的錯誤何在，可以看看全球氣候變遷這個全球共有財的典型例子。愈來愈多的證據顯示全球暖化乃是由大氣中累積的溫室氣體（主要是二氧化碳與甲烷）所造成。這個問題之所以不僅是國家問題，而是全球性的問題，需要全球合作加以解決，原因是溫室氣體沒有國界之分。全球只有一套單一的氣候系統，碳不論在何處排放，造成的結果都一樣。就全球暖化而言，重點在於碳與其他氣體在大氣中的累積，而不是排放的來源。如果要避免環境災難，就需要所有人一起合作。也許有人會說世界上所有經濟體全都緊密連結在一起，這樣的說法在相當程度上確實沒錯。一個開放而健全的世界經濟是對所有人都有好處的「公益」，就像溫室氣體低的大氣一樣。

不過，這兩者之間的相似之處僅止於此。在全球暖化的例子裡，國內限制碳排放的措施對於本國幾無效益。全球只有一套單一的氣候系統，我個人的行為頂多只能造成微小的影響。如果沒有世界性的思慮，每個國家的最佳策略必然都是盡情排放，大占其他國家的碳排放管制的便宜。要因應氣候變遷的問題，民族國家就必須超越自身利益，合作發展共同策略。如果沒有國際合作與協調，全球共有財必定會遭到摧毀。

相對之下，個別國家的經濟命運則主要取決於國內而不是國外的狀況。一個國家如果追求開放經濟政策，原因必定是開放經濟對其本身有利，而不是因為這麼做能夠幫助其他國家。別忘了馬廷支持自由貿易的論據：從印度購買價格比較低廉的棉織品，就像是國內的科技進步。正如我們在本書一再看到的，國家不想落實自由貿易其實有其正當理由。國際貿易或金融的壁壘有可能強化社會凝聚力、避免危機，或是提高國內成長。在這種例子裡，世界其他地區通常也能夠從中獲益。貿易壁壘如果只是把所得從某些群體轉移到其他群體手中，而且造成整體經濟大餅縮水的後果，那麼這些代價的主要承擔對象也會是國內群體而不是外國群體。[5]在全球經濟當中，國家之所以追求「良好」的政策，原因是這麼做對它們自己有利。開放仰賴於自利，而不是全球精神。

支持開放貿易的論據必須在國內政治場域提出，也必須在國內政治場域獲得勝利。

有幾個小問題會導致這種情形複雜化。其中一個問題是，大型經濟體也許有能力操控進出口商品的價格，而將更多的貿易利益轉移到自己身上，石油輸出國組織對石油的影響就是一個例子。這種政策無疑會傷害其他國家，因此必須受到國際紀律的約束。但在今天，這類動機主要是例外，而不是常例。外國經濟政策主要受到國內考量所形塑，實際上本來也就應該如此。另一個問題涉及龐大的外部失衡（不論是貿易逆差還是順差）對其他國家造成的負面影響。這種現象也需要國際監督。我在下一章談到中國的貿易順差，會再探討這項議題。

上述原則為這些議題及其他議題保留了許多國際合作的空間。不過，在促成全球體系運作所需的國際合作與協調程度上，前述原則確實假定貿易領域和其他領域（例如氣候變遷）存在著一大差異。在全球暖化當中，自利心態導致國家漠視氣候變遷的風險，只有大國因為自己對溫室氣體累積的影響無可忽視，才偶爾推行對環境負責的政策。在全球經濟當中，自利心態促使國家趨向開放，只有擁有市場力量的大國才會偶爾禁不起誘惑而採取以鄰為壑的政策。[6]在第一個案例中，健全的全球體制必須仰賴國際合作；但在第二個案例裡，則是必須仰賴以國內經濟為導向的良好政策。

落實七項原則

一項常見但具有誤導性的論述形塑了我們對全球化的集體理解。根據這項論述，世界各國的經濟已經緊密交纏在一起，只有新式的治理與新的全球意識能夠充分因應我們所面臨的挑戰。我們一致面對共同的經濟命運，這項論述這麼告訴我們。負責任的領導人向我們懇求指出，我們必須超越自己的狹隘利益，為所有人共同的問題提出共同的解決方案。

這項論述聽起來頗具可信度，也帶有明確的道德性。不過，這項論述卻也搞錯了重點。適用於氣候變遷或人權等領域（這些領域都是真正的「全球共有財」）的做法，並不適用於國際經濟。全球經濟的致命弱點不是缺乏國際合作，而是未能充分認知一個簡單概念所帶有的意涵：全球市場的影響範圍必須受限於其治理範圍（以國家治理為主）。只要交通規則制定得當，世界經濟即可在民族國家擔任駕駛的情況下順暢運作。

12 明智的全球化

前一章提議的原則要怎麼在實務上落實？我們有可能設計明智的規則，不但能維護這些原則，又能夠避免陷入國際經濟的無政府狀態嗎？這些規則又如何因應世界經濟當前面臨的挑戰？最後這一章將聚焦於那些挑戰的四個關鍵領域並提出若干答案。我首先要把我的原則套用在世界的貿易體制上，闡明這些原則所要求的規則與貿易談判人士近年所追求的規則具有什麼樣的重大差異。接著我將轉向全球金融，提議一種做法，可讓不同國家的規範一同並存，又不至於互相破壞。第三個領域是勞動力遷移，這種現象在本書雖然討論得不多，但若是加以適當管理，即可帶來重大效益。最後，我將探討一個在近年內可能令世界經濟最感頭痛的問題：如何將中國納入全球經濟。

改革國際貿易體制

我們當今的貿易策略以開放市場的貿易協定為中心，為了少得可憐的經濟利益而浪費許多政治資本與談判資本。更糟的是，這種做法忽略了此一體系的重大缺陷，也就是缺乏一般民眾的廣泛支持。

當今的挑戰不再是開放貿易體制；這個戰役早在一九六〇與七〇年代就打過了，也已經獲得決定性的勝利。一九三〇年代惡名昭彰的《斯姆特－霍利關稅法案》已經變成一種象徵，代表國家拒絕世界經濟所可能造成的各種問題。「保護主義」變成一句髒話。進口關稅以及政府加諸國際貿易的其他限制已降到有史以來最低的程度。限制與補貼雖然在部分領域仍然占有重要地位，尤其是在特定農業產品當中（例如米、糖與乳製品），但世界貿易的自由度卻令人吃驚。因此，消除目前殘餘的保護主義措施所能得到的好處實在微乎其微，遠低於專家及金融媒體認定的程度。近來一項研究估計指出，這種效益不會超過世界各國國內生產毛額一％的三分之一（這還是用整整十年的時段去計算的結果）。[1]其他可信的估計，大多數也都在這個範圍左右。

自由貿易支持者，包括部分經濟學家，都經常刻意混淆這一點，宣稱某一項貿易協定將會創造出價值「數千億美元」的貿易。不過，造就更高的所得、更好的工作與經濟進步的因素，並不是更多的貿易。單純把T恤或個人電腦賣到國外不會提高我們的福祉。能夠以較低的價格消費那些商品，並將我們的產品以較高的價格賣到國外，才會提高我們的福祉。這就是為什麼我們要降低人為的貿易壁壘。不過，由此獲得的利益在當前非常小，原因是貿易壁壘已處於極低的程度。[2]

我們今天的挑戰是如何讓既有的開放程度能夠長久存續，同時又合乎廣泛的社會目標。要做到這一點，多邊談判就必須明確移轉焦點。各國的貿易部長一旦齊聚一堂，談論的應該是如何擴張個別國家的運作空間，而不是透過削減關稅與補貼而進一步縮小這樣的空間。他們應該創造出必要的國內空間，以便保護社會方案與規範法規、更新國內社會契約，以及追求專為地方量身訂做的成長政策。他們應該爭取政策空間而不是市場進入權。這樣的重新定位將對富國與窮國同樣有益。擴張政策空間以達成國內目標並不會損及開放的多邊貿易體制，而是這種貿易體制的前提要件。

世界的貿易規則早已允許國家在進口突然遽增而危及國內企業的情況下採取提高進口關稅的「防衛措施」。[3]我希望看到世貿組織的《防衛協定》（由關貿總協遺留下來）受到修訂，讓政策空間能夠在更廣泛的條件下有所擴張。以較寬鬆的角度解讀防衛措施，即是承認國家除了在產業受到競爭威脅的情況下，也可以基於其他原因而希望限制貿易或暫停負擔世貿組織的義務，亦即行使「退出」權。分配考量、與國內常規及社會安排產生衝突、避免國內法規遭到侵蝕，或是經濟發展方面的優先目標，都是行使退出權的正當理由。

說得更明確一點，世貿組織的規則一旦危及國內的勞動與環境標準，或是阻礙了對健全發展政策的追求，國家即可「違反」這些規則。[4]實際上，這項協定將重塑成一項大幅擴展的「**發展與社會防衛措施**協定」。國家如果要動用這樣的防衛措施，必須滿足一項關鍵的程序要求：證明自己是遵循民主程序而得出實行防衛措施合乎公眾利益的結論。其中的細節標準可能包括透明性、問責性、包容性，以及審議必須奠基於證據之上。這樣的障礙將取代當前協定中主要聚焦於國內企業財務獲利的「嚴重損害」標準。

世貿組織的仲裁小組仍然擁有管轄權，不過是在程序面，而不是實質面。仲裁小組將檢驗民主要求的達成程度。相關各方的觀點，包括消費者與公益團體、進口商與出口商、公民社會組織，是否都獲得充分表達？最終的決定是否考量過所有相關的科學與經濟證據？動用退出權或防衛措施的行為是否擁有足夠廣泛的國內支持？仲裁小組可以因為國家的內部審議排除了某個利害關係人或相關科學證據而否決該國的要求，卻不能根據實質理由做出裁定，例如該防衛措施是否能夠促進某一項國內社會目標或國內經濟發展而有助於國內的公益。這點呼應了當前的《防衛協定》對於程序的強調，只是大幅擴張適用範圍而已。[5]

支持經濟開放的論據必須於國內提出，也必須在國內贏得論戰。永續的貿易體制終究不是取決於外部限制，而是國內的政治支持。以上提議的程序將會強迫促成更深度也更具代表性的公共辯論，探討貿易規則的正當性以及暫停適用這些規則的恰當條件。要避免退出權的濫用，最可靠的保證就是國家層次的知情審議。要求審議過程必須納入進口商與出口商等所得將會因動用退出權而減損的群體，以及國內程序必須以透明的方式平衡考量相互競爭的利益，即可避免國家採取僅僅造福一小部分產業而導致社會承擔龐大成本的保護主義措施。這麼一道安全閥可讓合理反對自由貿易的立場勝出，因此也就比較容易遏制保護主義的氣燄。

儘管這類審議想必會受到國內利益的支配，但外國受到的影響並不會完全遭到忽略。舉例而言，社會防衛措施一旦對貧窮國家造成嚴重威脅，非政府組織與其他團體可能會群起反對提議的退出行為，於是這些考量就有可能最終壓過國內失調所造成的成本。一國的工會成員如果被迫與外國勞工競爭，而且外國勞工又是在明目張膽的剝削性勞動環境中工作，那麼本國的工會就可能會贏得保護。不過，如果外國的勞動條件反映的是低生產力而不是權利受到壓制，那麼本國的工會就不太可能勝過與之對立的國內利益。如同法學者豪斯指出的，我們一旦對國內審議區辨正當國內規範與保護主義「欺詐」行為的能力提高了信心，應該就能平撫國內措施皆是出自保護主義動機的擔憂。「要求這些規範必須在理性、審議式的公共論辯過程提出正當理由，即可提高這樣的信心，同時又對民主有所助益，而不是對民主加以阻撓。」[6]

擴張防衛措施以涵蓋環境、勞動與消費者安全標準或國內的發展優先目標（並以適當程序來避免濫用），將可提高世界貿易體系的正當性與韌性，同時也使其更加適合發展的需求。這樣的做法會讓下面這項原則更具真實的血肉：貿易一旦危及廣受公眾支持的國內作為，國家即有權捍衛自己的標準，在必要的情況下可以禁止對方進入市場或是暫停承擔世貿組織義務。從勞動權執行能力低落的國家進口而來的商品若是拉低本國的勞動條件，先進國家即可尋求暫時性的防衛措施。貧窮國家說不定也可以獲准補貼工業活動（從而間接補貼其出口產品），前提是這些補貼必須有助於受到廣泛支持並以促進科技實力為目標的發展策略。

當前的防衛程序要求對出口品實施最惠國待遇，只允許暫時性的措施，而且採用防衛措施的國家也必須提供補償。這些要求必須參考我所提議的廣泛安排而進行重新思考。這麼一來，最惠國待遇就會常常顯得不合理。防衛措施如果是對某個國家的勞動剝削所做的反應，那麼適當的做法就是僅對該國的進口商品實行這項措施。同樣的，剝削情形如果持續存在，就必須持續實行該項防衛措施。與其規定只能尋求暫時性的救濟，比較好的做法是要求定期檢討或者訂定日落條款，但如果問題持續不停，也可以撤銷日落條款。一旦採取這種做法，有害其他國家利益的貿易限制或規範就比較不容易變得僵固。

補償的議題比較棘手。要求補償的思維認為，一個國家一旦採取防衛措施，就是撤銷先前在一項具有國際約束力的協定當中授予其他國家的「貿易讓步」。因此，那些國家也就有權獲得其他同等的讓步，或是撤銷它們自己的部分讓步。在不斷變化的動態世界當中，我們無法精確預測一個國家對其他國家的讓步具有什麼性質。這種不確定性使得國際貿易協定變成「不完全契約」。無可預見的發展一旦改變了貿易流動的價值或成本——例如因為遺傳工程的新科技，或是看待環境的新價值觀，或是對理想的發展策略有新的想法——那麼誰有權利控制這些貿易流動？補償的要求將這些權利完全放在國際貿易體制手中：出口國可以繼續要求依照原本的條件獲取市場進入權。不過，我們也可以提出同樣正當的論述，指稱原本那些讓步的價值取決於當初提出那些讓步的情境。按照這種詮釋，出口國就不能主張實際上不存在的利益，進口國也不能被迫遭受在簽署該項協定之時沒有考慮到的損失。如此將使控制權比較偏向民族國家，並且大幅限制出口國能夠期望獲得的補償。

威權政體如果要行使退出權，還必須遵守額外的實質要求。這類國家可能必須提出明確的社會或經濟發展論據，為自己的防衛措施提供正當理由。它們可能必須證明自己採取的防衛措施將會有效達成一項具體的公共目的。

在出口商品對進口國造成問題的情況下，威權政體可能會比較容易成為民主國家實行防衛措施的對象。威權國家的某些勞動實踐雖然很容易提出正當理由，另外那些卻可能不是如此。遠低於富裕國家的最低工資，在國內辯論當中可以藉著指出較低的勞動生產力與生活水準而予以合理化。經常用來為寬鬆的童工法規辯護的理由，則是指稱在國內貧窮普及的情況下，將年幼勞工撤出勞動力不但不可行，也不可取。在其他例子當中，這類論述就比較不那麼具有說服力。無差別待遇、結社自由、集體談判與禁止強迫勞動等基本勞動權推行起來並沒有任何成本。遵守這些權利不但不會損及經濟發展，可能還會對經濟發展有所助益。嚴重違背勞動權會構成對勞工的剝削，也會導致進口國採取防衛措施，理由是出口國的商品將造成分配不公的成本。

以這種方式將防衛協定一般化也不免有其風險。批評者擔心補償範圍縮小恐將降低貿易協定的價值。他們擔憂這種新程序會造成「滑坡效應」，導致我們陷入保護主義。這樣的不安必須加以平撫，我們可以想想看，在當前既有規則下出現的濫用情形也沒有對整個體系造成重大危害。專為促成保護主義壁壘而設計的機制（例如關貿總協的反傾銷規則）如果至今還沒有摧毀多邊貿易體制，那麼實在很難看出設計良好的退出條款為什麼會造成更糟的後果。

比較不具彈性的規則不必然會比較好。這種規則容易導致政府在應當採取行動的時候卻發現自己被綁住手腳。因此，這種規則可能反倒會降低而非提高貿易協定的價值，並且減低國家簽署協定的動機。

想想看，我們如果按照當前的道路繼續走下去，將會造成什麼後果。至今仍然令世界上的貿易官員難以忘懷的杜哈回合貿易談判，把焦點聚集於降低仍然存在於國界上的壁壘，尤其是農業方面的壁壘。杜哈回合談判於二〇〇一年展開，經歷了一次又一次的談判破裂。這些談判雖然備受矚目，但我們大概可以確切地說，杜哈回合談判就算成功，可望產生的利益也是相當小，甚至還不如完全自由化所可能帶來的利益（世界所得的一％再除以三）。

當然，杜哈議程當中仍然可能有些大贏家。西非的棉花種植者尤其可從美國取消補貼獲得重大利益，所得攀升達六％——對於勉強足以餬口的農民而言，這樣的增加幅度可是相當高。[7]另一方面，都市裡不會自己種植糧食的貧窮消費者以及低所得的糧食進口國，則會在富國取消補貼的情況下因為農業商品的世界價格提高而受到傷害。[8]

整體來看，杜哈回合談判只能算是小意思而已。看過出口導向的東亞經濟體在近數十年達成的進步幅度（而且它們面對的壁壘還比當今更高），絕對不會再有嚴肅的經濟學家敢聲稱限制市場進入會嚴重壓抑窮國（或是其他任何國家）的成長前景。實際上，杜哈回合談判背後之所以缺乏政治動力，至少有部分原因就是出在重大經濟利益的前景薄弱。

國界確實會對貿易造成重大的交易成本。不過，這些成本並非來自國界上的保護主義，而是來自於標準、貨幣、法律體系、社會網絡等等的不同。要從世界貿易體制中榨取出大量利益，必須進行大規模的制度改革，超越傳統的貿易自由化，把範圍擴大到國界之外，促成各國標準與規範的一致。那些利益只會是短暫的，因為那樣的利益乃是藉著犧牲制度多元化與政策空間的好處而來。這麼一項策略的優點令人懷疑；實際上，在關貿總協最後一回合的貿易談判（烏拉圭回合）令人失望之後，這種策略已經失去市場，而且原因不難理解。

杜哈回合談判面對的困難代表了貿易體制本身所陷入的僵局。那些困難體現出當前盛行的這種低報酬高成本策略所遭遇的問題，導致世界經濟只能在兩項不吸引人的選項當中做選擇。其中一個可能性，就是公眾壓力將會迫使政府採取既有規則以外的單邊保護主義，引來其他國家的報復。國家將會拒絕簽署重大貿易協定，原因是它們害怕這樣的承諾會嚴重縮減政策空間。國際合作將會逐漸遭到侵蝕。另一個可能性，則是「深度整合」的精神終究會勝出，於是各國政府將會簽署更具束縛性的貿易協定。這麼一來，制度多元化的空間將會縮小，貿易體制的正當性與經濟發展的前景都將因此受害。

不論選哪一條路，「一切照舊」的做法對全球化造成的風險比我在此處提出的改革更大。這麼說也許像是矛盾，但其實不是：重新將權力賦予國家民主，是開放世界經濟的前提要件，而不是阻礙。

監管全球金融

次貸崩盤讓當前盛行的監管做法（包括國家與國際層面的監管作為）當中的不足之處暴露無遺。規則裡的漏洞允許金融機構承擔高度風險，不但危及它們自身，也拖累整個社會。由此造成的後果引發了許多努力，試圖改善金融監管的嚴格性與健全性。受到討論的措施包括提高資本適足標準、限制槓桿、對高層薪酬設定上限、制定有助於銀行停業的規則、實施更廣泛的資訊揭露要求、更嚴格的管制監督，以及限制銀行規模。

這些努力被嚴重敷衍。決策人士對於監管規範多元性僅是嘴上說說而已，國內政治的影響又促使美國與歐盟等大國自行設計本身的規範。然而，這些決策人士卻也強力要求規範法規一致化，深怕多元化的監管規範會提高交易成本，阻礙金融全球化。如同美國財政部一名資深官員向一群歐洲聽眾指出的：「我們不能各行其是，大幅偏離國際標準或實踐，而導致全球市場暴露於分裂的風險之下。」然而他又接著指出：「但我們如果不是彼此一模一樣，也不該把同樣的標準相互強加在對方身上。」[9] 沒有人提出該怎麼在這些互相競爭的目標之間走出一條明智的道路。企圖魚與熊掌兼得不僅是錯誤的想法，還會導致世界經濟暴露於差點毀掉世界經濟的那種災難之下。

在熱衷全球治理的人士眼中，國際合作在次貸危機之後已經產生若干成果。不過，這些成果距離真正將管轄權移出國家決策人士手中仍然很遠。舉例而言，全球監管者或是世界中央銀行仍舊是遙不可及的幻想。那些變革都只是表面上的小改變而已。最引人注意的是，七國集團這個由富國組成的全球經濟清談俱樂部已由二十國集團取代，其中包括幾個主要的開發中國家。國際貨幣基金獲得了額外的財源。由二十幾個國家的監管機構與中央銀行組成的金融穩定委員會（原本稱為金融穩定論壇），也被賦予新的監控職責。巴塞爾銀行監管委員會負責為銀行監管擬定一套新的全球原則，這是二十多年來的第三套。

金融監管的真實面是一段充滿國際爭執而非國際和諧的歷史。國內壓力迫使國家政治人物迅速推動金融改革，無法等待銀行業者提出全球一致的規則。[10] 工業國家之間的斷層線分布正如預期。除了少數的重要例外，歐陸國家通常偏好比較嚴格的做法，美國與英國則是對可能阻礙其金融產業的監管過度擴張滿懷戒心。二〇〇九年，歐盟執委會在社會主義政黨的敦促下對避險基金與私募基金公司提出範圍廣泛的規範，限制債務水準、強制推行資本適足要求、要求嚴格的資訊揭露，並且對高層薪酬設定上限。這些措施不但遠遠超出美國的提議，也同樣適用於想在歐洲做生意的美國企業。美國因此急忙展開遊說，為英國削弱這些措施的努力爭取支持。[11]同樣的，歐洲議會在二〇〇九年四月通過對信用評等機構的廣泛規範，引起美國的信用評等機構對這些新要求所造成的額外成本多所埋怨。接著，法、德兩國在受到英國支持的情況下，致力推動對跨國金融交易課徵全球稅（即是我們先前看過的托賓稅的變種），結果遭到美國政府否決。此外，歐洲管制銀行業者紅利的態度也比美國強硬得多。

而對其他議題，則是美國帶頭要求嚴格管制，歐洲反倒頑強抵抗。歐巴馬總統支持所謂的「沃爾克規則」（Volcker rules），對銀行規模設定上限，並且禁止銀行以自己的帳戶進行交易。後來，沃爾克規則的部分構想以折衷過的版本納入國會在二〇一〇年七月通過的金融改革法案當中。除此之外，美國也通常比歐洲更願意提高銀行的資本適足要求。[12]在這兩個例子裡，歐洲都指控美國自行其是、破壞國際協調。

我們不能把這些差異視為悖離國際調和常規的現象，而應該視之為國家環境不同的自然結果。在這個不論是想像中還是實際上的國家利益都有所差異的世界裡，協調規範的渴望可能弊多於利。就算成功，這種作為也只會造就奠基在最低共同標準上的薄弱協定，不然就是不適合所有國家的嚴格標準。承認這些差異的存在，遠勝於假定這些差異能夠因為足夠的時間、協商與政治壓力而受到撫平。

我們在這方面應該採用的原則，就和我們在消費者安全方面所採用的原則一樣。如果別的國家想要向我們輸出玩具，就必須確保那些玩具能夠通過我們的鉛含量標準及其他安全標準。同樣的，金融公司如果要到我們的經濟體當中做生意，就必須遵守我們的金融規範，不論該公司的總部設在何處。這表示那家公司必須和我們的國內公司擁有同樣的資本適足水準、面對同樣的資訊揭露要求，並且遵守相同的貿易規則。這是個很簡單的原則：你如果想要玩我們的遊戲，就必須遵守我們的規則。

如同強森所質疑的，美國的立法者既然一致認為資本適足水準必須提高或是「大得不能倒」的銀行必須受到拆解，那麼美國又為什麼應該受制於歐洲的抗拒？[13] 他指出，美國應該獨斷獨行，不該受到「國際經濟外交的遲滯本質以及歐洲的自利」拖累。

以美國要求比歐洲嚴格的資本適足水準為例，強森的提議如下：其他國家如果不提高資本適足水準，那麼它們的銀行就不該獲准進入美國市場或者與美國銀行交易，除非那些美國銀行擁有額外的緩衝資本儲備。美國銀行及其主管人員如果違反這些法規，就會面臨刑事處罰。強森認為這種做法能讓歐洲各國屈服，迫使它們為了進入這個全世界最大而且發展程度最高的市場而遵守美國的高標準。

不論其他國家是否跟進，強森的想法確實沒錯。如同他說的，美國應該「別再擔心其他國家可能會做或不會做的事……〔而應該〕在美國境內建立高資本適足要求，使其成為安全又有生產力的金融經營的燈塔」。[14] 美國如果覺得設定某一套標準才會比較安全，就應該要能自由地落實這套標準——不是為了迫使其他國家採取相同的做法，而是基於國家利益的要求。

美國如此，其他國家也是一樣。儘管其他國家不一定有足夠的實力迫使別人仿效自己的做法，但那些國家如果想要特定種類的規範，就應該覺得自己有權建立這些規範，就算這麼做必須對跨國金融加諸限制也沒關係。一如貿易，健全的全球金融體制也應該保有國家標準多元化的空間。

問題是，在金融可以自由跨越國界的情況下，要維持規範的差異是非常困難的事情。銀行與投資公司都可直接遷往限制比較寬鬆的轄區。就實際上來看，金融全球化使得國家規範的差異完全發揮不了效果。這就是業界所謂的「監管套利」，導致金融規範競相降低標準。[15]

由於這個原因，追求監管多元性會帶來一項非常重要的後果：對全球金融加諸限制的必要性。遊戲規則必須允許為了反制監管套利以及保護國家規範的完整性而對跨國金融採取限制。政府應該要能夠排除銀行與金融流動——但這不是金融保護主義，而是為了避免國家規範遭到侵蝕。截至目前為止，世界上的首要國家政府都還沒有明確承認這項需求，但只要沒有這種限制，國內規範就毫無效果，國內企業也難以和規範寬鬆的轄區所輸出的金融服務互相競爭。國內經濟仍然不免受制於這些交易所產生的風險。

因此，我們必須在一套最低限度的國際指導方針上，以有限的國際協調建立一套新的全球金融秩序。[16]這些新安排無疑將涵蓋經過改善而擁有更多資源的國際貨幣基金，也將賦予開發中國家更大的發聲權。這樣的安排可能會要求制定目標有限的國際金融憲章，聚焦於鼓勵金融透明化、倡導國家監管者之間的相互諮詢及資訊分享，以及對輸出金融不穩定性的轄區（例如逃避監管的金融庇護所）施加限制。對金融交易課徵一小筆全球稅（例如〇．一％的稅率），即可帶來數百億美元的資金，用於因應氣候變遷或流行疫病等全球挑戰，又不會造成多少經濟代價。[17]不過，管理槓桿資金、設定資本適足標準，以及更廣泛督導金融市場的責任，將直接落在國家層次上。最重要的是，這些規則將會明確認可政府限制跨國金融交易的權利，前提是國家這麼做的意圖與效果乃是要防止規範較為寬鬆的轄區所帶來的外國競爭對國內的監管標準造成破壞。

貶抑國際監管標準的重要性、改為強調國家監管標準，將會把權力從技術官僚轉移到國內團體手中，尤其是立法機構。這麼做將會把金融監管政治化和民主化。[18]技術官僚支配了巴塞爾委員會或二十國集團等國際組織的討論。國家議會比較強烈的民主問責性將會降低這類技術官僚的影響力，而把規範奠基於更廣大的國內選民的偏好上。許多經濟學家想必會把政治化視為一大退步。不過，鑑於技術官僚近來的慘淡紀錄，我們在這方面也許可以保有一些懷疑空間。如同伊拉斯姆斯法學院（Erasmus School of Law）的多恩教授（Nicholas Dorn）指出的：「民主促成的監管多元性可保護我們免於近來在全球金融監管與市場當中所經歷的那種瘋狂現象。」[19]

對於開發中國家而言，這些規則將會帶來額外效益。這些規則將會為開發中國家擴展政策空間，讓它們管理國際資本流動，避免資本流動突然停止以及幣值遭到高估。過度專注於國際一致性，導致新興國家的個別利益遭到忽略。如同我們看過的，金融整合經常可能對這些國家造成出乎意料的負面影響。短期資本流動嚴重傷害國內的總體經濟管理，並且導致有害的貨幣移動更加惡化。「熱錢」會使巴西、南非或土耳其這類金融開放的經濟體難以維持貨幣的競爭力，將一種有效的產業政策從它們身上奪走。在情勢平穩的時期，用對抗景氣循環的方式從事審慎管制以遏阻過度的金融流入，乃是良好的經濟政策當中不可或缺的一部分。全球金融的氛圍既然有可能在短時間內從樂觀亢奮轉為悲觀沮喪，更可見得這種做法的重要性。國際貨幣基金與二十國集團等國際組織必須以贊同的眼光看待這類管制措施，而不是抱持反對的態度。[20]

當然，志趣相投的國家如果渴望達成更深度的金融整合，自可調和其規範，前提是它們不能藉此做為掩飾，而在實際上推行金融保護主義。我們可以想像歐洲採取這條道路，選擇成立共同的監管機構。東亞與東南亞國家也許終究會以一個亞洲貨幣基金為中心，而建立一個區域性的深度整合區。

世界其他地區則是必須接受一定程度的金融分裂，這是監管多元性的必然現象。這是應有的情形。在主權分割的多元世界裡，深化金融全球化的前景才應該令我們晚上睡不著覺。

收割全球勞工流動的效益

國際貿易與金融的問題來自於全球化程度太高，而且沒有受到適當管理。相對之下，世界經濟卻有一大部門的全球化程度遠遠不足。在世界勞動市場當中追求進一步的經濟開放，可望帶來巨大效益，對世界上的貧窮人口而言尤其如此。先進國家對於雇用外國勞工的限制就算只是出現些微的自由化，也足以對全球所得造成巨大影響。實際上，由此帶來的利益將會大幅超越目前檯面上的其他各種提議，包括杜哈回合談判所考慮的整套貿易措施！勞動市場是全球化當中尚未受到開發的邊疆。

指稱勞動市場的全球化程度不足也許令人感到意外。新聞媒體充斥著外國勞工身在富裕國家的故事，報導內容從激勵人心乃至令人驚恐都有：矽谷的印度軟體工程師、紐約血汗工廠內的墨西哥非法移民、波斯灣國家遭到惡劣對待的菲律賓女傭，或是歐洲心懷不滿的北非勞工。性工作者的走私與販賣顯現的是全球勞動貿易當中特別醜陋的一面。然而事實毫無疑義。在世界經濟的這個部門當中，跨越國家的交易成本遠比其他部門來得高。此外，這些成本主要是由政府在邊界明確設立的壁壘所構成，也就是簽證限制。這種壁壘只要用筆一揮即可降低。

看看所得數字。能力相當的勞工，在貧窮國家與富裕國家拿到的工資可能有高達十倍的落差；勞工只要跨越國界，所得就可能增加數倍。直接比較不同國家的工資是充滿問題的做法，原因是我們很難將簽證限制的影響，與技術、教育、經驗或才能等其他因素區別開來。近來的一項研究針對這些因素做過調整，結果得到若干驚人的發現。牙買加勞工一旦遷移至美國，收入平均至少可以增加兩倍；玻利維亞或印度勞工至少是三倍，奈及利亞勞工則是超過八倍。要對這些數字有正確認知，可以和波多黎各勞工的情形做個比較。當然，不同於其他外國勞工，波多黎各勞工可以自由進入美國，但他們遷移到紐約市之後，收入的增加幅度卻僅有五〇％。[21]或者，我們可以和不同國家的商品價格或金融資產的差異做比較，這些差異幅度也同樣小了許多（頂多只有五〇％，甚至更少）。

勞動市場的國際區隔比其他市場都還要深刻。這種極端的區隔以及因此造成的巨大工資落差，誘使低所得國家的非法移民甘冒高度風險並且忍受極度艱苦的環境，只盼能夠增加自己的所得並且提高故國家人的生活水準。這麼大的工資落差之所以持續存在，原因並不難理解。富裕國家的簽證政策只允許人數有限的窮國勞工合法入境，在其經濟當中從事工作。此外，這些限制通常對擁有技術與高教育程度的外來勞工比較有利，而且愈來愈是如此。

先進國家的領袖如果認真想要提振世界所得，並以公平的方式做到這一點，那麼他們就應該全心致力於改革支配國際勞工流動性的規則。他們計畫裡的其他工作，不管是杜哈回合談判、全球金融監管還是擴張外國援助，對於擴大全球大餅的影響效果都遠遠比不上勞工流動的改革。我主張的不是全面自由化。先進國家如果徹底消除簽證限制，或甚至只是大幅降低簽證限制，造成的效果都會太過強烈。這麼做將會引發龐大的移民潮，導致先進國家的勞動市場與社會政策陷入混亂。不過，增進勞工流動性的小規模方案將處於能夠因應的範圍內，但仍可為移工及其故國的經濟帶來非常大的經濟收益。

我的想法是這樣的。富裕國家可以推行**短期**工作簽證方案，使其整體勞動力擴張不超過三%。這項方案將允許貧窮國家的技術性與非技術性勞工到富裕國家從事工作，時間最長為五年。為了確保外國勞工會在契約屆滿後返回母國，這種方案將由母國與地主國所實施的種種獎勵與懲罰所支持。第一批勞工回國之後，將會由來自同樣國家的另一批勞工取代他們。[22]

這麼一套制度據估計將為世界經濟帶來一年三千六百億美元的利益，遠勝於透過協定取消目前全球商品貿易當中仍然存在的**所有**關稅與補貼所能夠帶來的好處。[23]所得增加的獲利者將以開發中國家的國民為主，也就是世界上最貧窮的勞工。我們不必像貿易自由化與金融自由化那樣等待產生的利益慢慢下滲到貧窮勞工身上。同樣重要的是，這些數字其實低估了整體的效益，原因是這些數字並未計入那些勞工返國之後為母國帶來的額外經濟利益。勞工在富裕國家累積了實際知能、技術、人脈網絡與儲蓄，回到母國之後即可成為帶來改變的真正動力。他們的經驗與投資將會觸發經濟與社會的正向變革。印度與臺灣的出國工作者在返國之後，對於軟體業及其他技術密集產業的起飛有極大貢獻，由此即可看出這項計畫的潛在效益。[24]

短期工作簽證方案雖可帶來龐大效益，卻必須考慮一系列的反對意見。其中有許多反對論點聲稱這種方案會創造出新的下層階級，或者這種方案會導致辛勤工作的外來移民無法取得正式公民身分，這些說法頂多只能算是不完整的論點。[25]這種論點忽略了維持旋轉門的做法能夠為移民母國的經濟帶來更大效益，促使利益散布得更廣；也忽略了短期工作方案的替代做法很可能不是放寬移民，而是大幅緊縮；並且也沒有體認到相較於其他替代選項，開發中國家的勞工會大排長龍爭取國外的短期工作機會。不過，有兩項反對論點值得更加仔細的檢視。

第一項論點是，在外國勞工的工作許可到期之後，強制他們返回母國將會非常困難，甚至不可能做到。這種擔憂確實有其道理，因為許多「客工」方案的確在實際上造成許多永久移民，有時候也產生一大批地位不明的外國裔下層階級（例如德國以及歐洲其他許多國家的狀況）。另一方面，過去的方案通常沒有提供促使「短期」勞工返回母國的誘因，而只是仰賴他們遵守簽證條件的意願。因此，在母國與地主國的工資差距如此之大的情況下，也就難怪有許多人都不願返國。

真正可行的短期工作簽證方案必須提供明確的獎勵與懲罰措施。此外，這些誘因也必須適用於相關各方，包括勞工、雇主，以及母國與地主國的政府。其中一種做法是把勞工的部分收入扣留於凍結帳戶裡，直到他們返回母國之後才予以解凍。外來勞工如果在簽證到期之後仍然滯留不走，就會損失不少錢。像這樣的強迫儲蓄計畫還有另一項額外效益，就是外來勞工返回母國之後將會有一大筆資源可供投資。

也許更重要的做法是，外來勞工如果不遵守返國要求，也可以對那些勞工的母國政府施行懲罰。舉例而言，勞工輸出國的勞工配額可以依照未返國人數的比例縮減：簽證期滿未返國的勞工人數愈多，下一回分配的短期簽證數量就愈少。勞工輸出國如果能夠成功促使出國工作的勞工返國，即可獲益於旋轉門效應。做不到這一點的國家，則是會被排除於短期工作簽證方案之外。如此即可為勞工輸出國政府創造強烈的誘因，促使它們在國內建立適宜人居的經濟與政治環境，鼓勵出國工作的勞工返國。民主政府尤其會受到選民的壓力，因為許多選民都會是未來工作許可證的候選人，所以也就會要求政府確保本國的簽證分配數量不得遭到縮減。

任何短期簽證方案都不太可能完美無缺。必須經過相當程度的實驗，才能夠把細節搞定；不過，我們還沒付出足夠的努力，也還沒發揮足夠的想像力，因此不能就此放棄這個構想。

第二項反對論點認為外來勞工會與本地勞動人口形成競爭，導致先進經濟體的工資下滑。外來勞工取代國內勞工的程度究竟有多高，至今在經濟學家之中仍是個備受爭論的議題。許多分析家從既有的證據得出結論，指稱外來勞工對工資的負面影響微不足道，甚至還有正面的效益。我不打算在此辯論這一點，而是要單純承認有出現負面影響的可能性。但即便如此，我提倡的那種有限方案拉低國內工資的幅度將會非常小，最多不會超過一%。[26]

不過，讀者還是有充分的理由可以提出這個問題：你既然對於和低所得國家從事一般貿易所可能造成的工資下滑深感擔憂，又怎麼能夠支持這麼一項方案？別忘了，我們在第三章討論貿易造成國內混亂的道德問題之時，曾經提出一項論點。當時在討論科技進步的比喻，我總結指出，反對貿易更加自由的「合理」論點必須通過兩項檢驗的其中一項。第一，相較於更自由的貿易所造成的分配「成本」，整體經濟獲益必須相當小。第二，該項貿易必須涉及違反本國普遍常規與社會契約的行為。

從分配角度對小型短期工作簽證方案提出的反對論點，完全通不過以上兩項檢驗。如同先前討論的，鑒於當前的國界壁壘高度，依照提議中那些條件所實行的方案將會帶來龐大的淨效益，遠大於其可能造成的重分配影響。[27]外來勞工在本國受到雇用，也一樣適用與本國勞工相同的勞動標準與保護規範。這點就推翻了任何以立足點不平等為基礎而提出的不公平競爭論點。這兩項主張如果有一項不成立，反對者的論據才會比較有力。

不過，短期工作簽證能否在先進國家獲得廣泛的國內政治共識仍在未定之天。二〇〇六年的《移民改革綜合法案》(Comprehensive Immigration Reform Act)含有若干條款，原本能夠擴張美國的外籍勞工計畫，但這項法案在國會裡甫提出即遭到否決。不論在美國還是歐洲，引進更多外國勞工顯然是不受歡迎的做法。鑒於這一點，自然很容易把這種方案視為在政治上不切實際。

不過，這麼認為可是個錯誤。貿易自由化也從來不曾獲得龐大的國內政治支持。來自開發中國家的進口商品一樣會對富裕國家的工資造成與外來勞工相同的向下壓力。然而，這點並沒有阻止決策人士消除貿易壁壘。貿易自由化之所以能夠成功，乃是結合了政治領導、出口商與跨國企業的遊說，以及經濟學家的構想。相對之下，短期移民在先進國家卻極少擁有一群界定明確的選民所支持。這種方案帶來的效益不小於貿易自由化，但受益對象卻難以清楚指出。只有在一名墨西哥勞工進入美國而且取得一份工作之後，他的雇主才會產生需要將他留在國內的利害關係，而這名勞工本身也才能在國內辯論當中表達自己的意見。至於經濟學家，他們一方面對於鞏固著高度限制性的國際勞工流動體制的政治現實保持過度寬容的態度，但另一方面又譴責保護主義力量阻擋了早就非常開放的貿易制度更進一步自由化。

今天的全球勞動體制看起來就像是一九五〇年的國際貿易體制——充滿了高度壁壘，阻止世界各經濟體收割其中的巨大效益。貿易體制自從那時以來所出現的轉變，令人希望類似的狀況也能發生在移民領域當中。要達到這項目標，需要坦率誠實而且目光清明的政治辯論，允許支持者提出擴大勞工流動性的論據。經濟學家可以在形塑這項辯論當中扮演重要角色。他們可以說明這種做法能夠為富國與窮國帶來的巨大效益，並且釐清這一點：擴大勞工流動性能夠帶來唾手可得的大量好處，不像貿易與金融的進一步自由化只會帶來微不足道的殘餘利益。

促使中國融入世界經濟

中國是全球化在過去二十五年來最重大的成功案例。然而，中國卻也可能在未來的二十五年間成為全球化崩解的原因。

中國體現了全球經濟必須克服的一切重大挑戰。與低價國家貿易所造成的分配與調整難題，要怎麼與開放經濟互相調和？我們要怎麼因應這類貿易對福利國家、勞動市場、租稅體制，以及先進國家的其他社會安排所造成的負面影響？我們要怎麼協助開發中國家重新架構其經濟，同時又保有開放而且規章化的世界經濟？在一個主要成員都是民主國家的全球經濟當中，我們要怎麼把一個龐大的威權政體整合進來？

這些難題全都源自存在於全球各地的巨大制度多樣性。中國的制度獨特性，以及在世界市場中的巨大身影，都少有其他國家可比。適切回應這些挑戰的方式，並非透過更嚴格的國際規則或協調，儘管我們經常聽到這樣的說法。我們其實可以為所有國家，包括中國在內，提供更大的空間，讓它們執行自己的經濟與社會政策，並以減低對其他國家負面影響的方式進行。

中國仍是個貧窮國家，平均所得在近數十年雖然上升得非常快，卻仍僅介於美國所得水準的八分之一至七分之一，比土耳其和哥倫比亞還低，也不比薩爾瓦多或埃及高出多少。中國沿岸地區以及上海與廣州等主要大城雖然反映出巨大的財富，但中國西部仍有廣大地區深陷於貧窮當中。中國不可能接替美國成為全球經濟領袖，也不可能成為全球霸主，至少短時間內不可能。不過，十三億的人口與迅速增長的財富確保該國在全球占有非常重要的地位。

中國的經濟崛起，大體而言對世界經濟是一件好事。該國的工廠所生產的產品種類多得令人難以想像，從玩具到汽車應有盡有，這對於世界其他地區的消費者而言實在是不折不扣的贈禮。

對貧窮人口來說尤其如此，因為其中許多產品的價格終於首度下降到他們負擔得起的程度。此外，中國也為非洲及其他地區的開發中國家提供了希望，儘管那些國家的經濟困境有時顯得難以克服。中國是首要的範例，證明國家可以利用全球經濟追求經濟成長與減少貧窮，方法是把外銷出口與針對國內量身訂做的經濟多元化與制度創新策略結合在一起。

不過，並非一切都美好無缺。近年來，中國和貿易夥伴在產品安全、專利與著作權侵害、政府補貼、傾銷、貨幣操控，以及各式各樣的市場進入限制等方面陷入愈來愈多的貿易糾紛。來自中國的進口商品已成為美國工資中位數停滯不漲的首要代罪羊。在中國的巨大貿易順差之下，即便是像克魯曼這樣頭腦清明的經濟學家也不禁埋怨該國的「重商主義」政策導致美國流失超過一百萬個工作機會。[28]此外，中國也因為在非洲尋求自然資源的過程中對於人權與良好治理等問題一意孤行而廣受責備。

近期內可能造成最大威脅的衝突來自於中國的貿易失衡。該國的經常帳盈餘（這是一種廣泛的計量，表示出口收入超過進口支出）在近年來攀升到極高的程度，在二〇〇七年金融危機前夕達到國內生產毛額十一％的驚人數字（在十年前僅有個位數）。這項失衡使得全球對中國製造商品的需求提高，導致其他地區的商品受到的需求因此減少，讓世界其他地區的經濟復甦大幅惡化。這種現象對中國以外所有地區的製造部門都有負面影響。不過，這種問題不只是經濟問題。歷史上，嚴重貿易失衡向來是保護主義的溫床。中國的貿易順差如果不縮減，美國可能就會對中國出口商品樹立貿易壁壘，從而引來中國的報復以及其他國家採取類似策略。如此一來，中國貿易與整體的全球化很有可能會遭遇巨大的政治反撲。

中國對出口的依賴是否必然導致世界經濟的衝突？在中國的發展策略，以及世界其他地區的經濟與社會穩定之間，我們是否面臨一項無可消除的根本性衝突？

不必然。貿易順差只是中國成長策略的一項附帶後果，這比較是當前的全球規則所造成的結果，而不是源自中國成長策略的內在邏輯。要瞭解為什麼，我們必須短暫回顧中國的成長歷史。中國的策略仰賴迅速的結構改變，中國政府達成這一點的方式是一面倡導工業化，同時也持續升級國內的生產結構。政府鼓勵的大多數經濟活動都可以從事貿易，主要是製造業。這項策略與外部貿易帳平衡完全相容，只要中國工廠生產的電子產品、鋼鐵、汽車，以及其他製造商品的供給量增長，等於中國對這類商品的需求量增長即可——不需要每一件產品都如此，只要整體的供給和需求增加量相等就行。

直到最近，中國模式一直都是以這種方式運作。儘管中國政府自從一九八〇年代以來就一直大力提倡製造業，卻是藉由沒有外溢造成貿易失衡的產業政策（包括貿易限制、投資誘因、補貼，以及國內加工要求等）而做到這一點。

在一九九〇年代下半，隨著中國政府準備加入世界貿易組織，狀況也開始改變。政府大幅調降關稅，也逐步取消許多補貼與國內加工要求，以便使政策合乎世貿組織的要求。不過，中國政府並不打算放棄本身的成長策略。為了彌補製造業的保護與直接支持措施減少，中國政府於是允許人民幣的幣值愈來愈受低估。[29]

廉價的國內貨幣所具備的經濟效果，等同於補貼出口再加上對進口課稅。不同於傳統產業政策，這種做法必定會產生貿易順差。[30]因此，中國在二〇〇一年十二月獲得的世貿組織會員身分帶來一項不受歡迎的副作用：貿易順差大約在同時期急遽上升。

現在，我們比較能夠瞭解中國政府為什麼如此強烈抗拒要求人民幣升值的外部壓力。這麼一項政策將有助於減少全球失衡，卻也會危及中國的經濟成長。我自己的研究顯示，人民幣如果充分升值到消除幣值低估現象，中國的成長可能會減少兩個百分點。[31]如此龐大的減少幅度將會導致成長率低於八%，而中國領導階層認為八%的成長率正是該國經濟維持充分就業並且避免社會動盪的必要門檻。鑒於中國的大小以及地緣政治重要性，任何可能破壞中國政治穩定的事物都應該受到世界其他地區的嚴正關注。

不同於西方媒體常見的評論所指出的，這不是一齣黑白分明的道德劇，由中國扮演「壞蛋」的角色。中國的貿易順差雖然會威脅世界經濟，但中國成長速度的大幅減緩也一樣會如此。

這就是我們當前的規則所造成的難題。許多人認為世貿組織能夠限制補貼及其他產業政策，是世界經濟的一大成就。不過，這樣的勝利其實得不償失。限制產業政策迫使中國採用通貨低估的做法，但這個工具對於世界其他地區而言卻是糟糕得多。由於中國政府必須買進美元以避免其貨幣升值，因此中國也就不得不累積超過兩兆美元的外匯存底，都是中國根本用不著的低報酬美國國庫券及其他資產。[32]此處的矛盾（比較屬於表面現象，而非實際狀況）在於，更嚴格的全球規則反倒導致更糟糕的全球問題。

正確的做法應是任由中國乃至所有的新興國家自由追求其本身的成長政策。世貿組織對於補貼以及其他產業政策的限制應該廢止，或是納入對開發中國家的一般例外條款。這麼一來，即可合理預期中國及其他新興國家將會追求各種不會造成龐大貿易失衡的貨幣、財政與總體經濟政策。其中的交換條件是：你可以追求自己的成長策略，但也必須確保你的做法不會產生貿易順差而對世界其他地區造成龐大的負面影響。這麼一來，中國即可採用明智的產業政策以支持其就業與成長目標，又不必擔心遭到世貿組織制裁。這麼做也可讓中國任由人民幣升值，而不必擔心對成長造成負面影響。至少，這麼做可以消除中國拒絕縮減其貿易順差的唯一正當理由。

只要中國邁向貿易平衡，對世界經濟而言最嚴重的立即威脅就會消退。不過，中國在全球市場上原本就相當龐大而且又愈趨成長的地位，將會持續導致其貿易產生各種問題。隨著中國經濟繼續轉型，並且在愈來愈精密的產品當中增加市占率，我們可以確定該國的貿易必定會一再招致其他國家的不滿，埋怨中國的貿易破壞了國內分配協議、勞動標準、環境法規，或者社會常規。在中國擁有龐大整體貿易順差的情況下，這些埋怨會比較有力；不過，就算中國沒有貿易順差，這些埋怨也不會就此消失。中國以及進口國家必須做出適切的因應。

我在本書提供了一種思考這些衝突的方式，可以將正當合理的做法與「保護主義式」的短視行為區分開來。我也提議了一種逃脫條款機制——一種伴隨著國內程序的擴大防衛協定——可以用來適切處理那些衝突。中國也許會認為這種新機制為進口國家提供的彈性將會對其出口商品造成過度限制。不過，中國政府（連同其他主要新興國家的政府）必須體認到全球經濟的一項基本現實。中國及其他開發中國家如果想要擁有政策空間，就必須允許富裕國家也擁有其本身的政策空間。中國絕對有權維持其獨特的制度，但不能期待其他國家在中國競爭的威脅之下改變其經濟與社會模式。此外，由於中國的政治體制並不民主，因此該國的貿易也就必須比巴西、土耳其或印度等其他國家的貿易接受更嚴格的檢視。

儘管如此，只要提議的防衛機制設計良好，那麼這種機制所許可的政策就不會對整體貿易造成太大的傷害。對於出口國而言，由此帶來的後果比保持開放的全球經濟需付出的代價小上許多。中國必須以平常心看待自己在此一機制下所遭遇的貿易限制：這種限制不是該國必須竭盡全力反抗的保護主義措施，而是體系維護的必要作為。

歸結到底，面對中國的文化、社會與政治體系以及至今為止一直支配世界經濟的西方價值觀與制度，世界經濟必須調和這兩者之間的巨大差異。美國與歐洲也許認定經濟成長會促使中國向西方靠攏：自由開放，實行資本主義與民主制度。不過，正如英國學者暨記者賈克（Martin Jacques）提醒我們的，實際上並沒有什麼理由相信這樣的趨同現象會發生。[33]中國擁有自己的獨特觀點，根源於其長久的歷史，根源於其經濟、社會與政府的組織方式，也根源於這些組織之間的適當關係。隨著中國的經濟實力愈來愈大，該國倡導的世界秩序將會更加反映這些觀點。

由此造成的緊張關係並不容易處理。不過，比起當前這種深深依賴協調與共同標準的做法，全球規則如果能夠尊重多元性並且將國際限制的需求降到最低，那麼因應這項挑戰的困難度會降低許多。這些規則不需要由單一霸權撐起（不論這個霸權是美國還是中國）；而在美國的角色無可避免地式微之後，這些規則也將為世界經濟帶來更高的穩定性。[34]這個說法也適用於中國。在十九世紀遭到英國及其他帝國強權羞辱的經驗，使中國領導人成為國家主權與國內事務不受外人干涉的堅定信徒。寬鬆的全球規範將會合乎這樣的價值觀。

結語

只要閱讀探討全球化未來的書籍、文章或專欄，或是聆聽任何一名政治家針對這項主題發表的言論，一定會立刻感受到種種問題沉重得令人難以承擔。我們能否誘使大國的政治領導人從事足夠的國際合作？我們能否成功建立世界經濟需要的全球治理結構？我們要怎麼說服世界經濟的一般成員，讓他們相信經濟全球化對他們有益，而不是一股造成不平等與不安全的力量？隨著美國的經濟實力衰退，全球經濟將會遭遇什麼樣的下場？中國會不會成為全球新霸權，而如果答案是肯定的，那麼國際秩序將會出現怎麼樣的轉變？

這些問題雖然令人頭痛，卻是衍生自錯誤的前提：亦即認為超全球化是值得追求（或者無可避免）的發展，而且重新賦予民族國家權力將會引發足以嚴重傷害世界經濟的力量。這些問題毫無必要地讓我們的工作變得相當複雜。

我們可以為全球化提出不同的論述，也確實應該這麼做。與其認為全球化是需要單一套制度或一個主要經濟超級強權的體系，我們應該把全球化認知為各式各樣不同國家的集合，由一套簡單、透明而合乎事理的交通規則來規範這些國家的互動。這種願景不會建造一條通往「扁平」世界的道路，帶領我們邁向沒有國界的世界經濟。沒有任何東西能建造這麼一條道路。這種願景能夠帶來的結果，是促成健全永續的世界經濟，同時又保有空間讓民主國家決定自己的未來。

後記

一則成人的床邊故事

很久很久以前，在一個湖泊邊緣有一座小漁村。村民都很窮，只能靠著捕魚以及縫製衣物謀生。他們和其他內陸村莊沒有接觸，因為那些村莊都位於好幾英里之外，必須花費數天的時間穿越濃密的森林才能抵達。

後來，湖裡的魚群突然大幅減少，導致村民的生活更加艱苦。他們因此更加努力工作，可是卻陷入了惡性循環。湖裡的魚愈少，漁夫待在湖上的時間就愈長，結果又導致湖裡的魚減少得更快。

村民向村裡的巫師尋求幫助，他聳聳肩說：「我們的長老會是做什麼用的？他們整天無所事事，只會說長道短。這個問題應該由他們解決。」「怎麼解決？」村民問道。「很簡單，」巫師說：「長老會應該成立一個漁民合作社，訂定每個人一個月可以抓多少魚。這樣魚群數量就會復育增加，我們以後再也不會遇到這個問題。」

長老會依照巫師的建議行事。村民對於自己的工作受到長老指點雖然不高興，但都理解節制的必要性。沒過多久，湖裡就又充滿了魚。

村民回到巫師面前，向他行禮感謝他的智慧。就在他們準備離開的時候，巫師開口說了：「既然你們喜歡我提供的幫忙，那麼你們要不要我再提供一項建議？」「當然好，」村民異口同聲大聲答道。

巫師說：「你們全都花那麼多時間縫製自己的衣服，可是你們其實可以從森林另一邊的村莊買到更好更便宜的衣服，這樣不是很可笑嗎？要到那些村莊去雖然不容易，可是你們一年只需要去個一、兩趟就行了。」

「哦，可是我們有什麼可以和他們交換？」村民問。「我聽說內陸居民喜歡魚乾，」巫師說。

於是，村民採用了他的建議。他們把一些魚醃製成乾，然後開始和森林另一邊的村莊交易。漁民因為魚乾的價格很高而因此致富，村裡的服裝價格則是大幅下跌。

不過，不是所有的村民都對此感到開心。那些沒有漁船而以縫製衣物謀生的村民因此陷入困境。他們必須和其他村莊那些價格較低而且品質又較佳的服裝競爭，同時又更難取得價格低廉的魚貨。他們找上巫師，詢問該怎麼辦。

「欸，這也是長老會應該解決的問題，」巫師說：「村裡的每個家庭不是在每個月的盛宴上都必須捐錢嗎？」「是啊，」他們答道。「那麼，既然漁民現在比以前有錢多了，他們就該多捐一點，你們則是應該捐少一點。」

長老會認為這樣很公平，於是要求漁民增加每個月的捐款數額。漁民對此覺得不太愉快，但這似乎是避免村裡不和的明智做法。不久之後，村裡其他人都對此感到滿意。

這時候，巫師又有了另一個主意。他說：「想想看，我們的商人如果不必花上幾天的時間穿越濃密的森林，我們的村子是不是可以賺進更多的錢？想想看，如果在森林裡開闢一條道路，我們是不是可以從事更多的貿易？」「可是要怎麼做？」村民問。「很簡單，」巫師說：「長老會應該組織工作隊伍，在森林裡鋪設一條道路。」

不久之後，這座村莊就可透過一條道路和其他村莊聯繫，不但節省旅行的時間，也節省了成本。貿易活動擴張開來，漁民變得更加富有，但他們並沒有忘了在每月的盛宴上和其他村民分享自己的財富。

然而，隨著時間過去，情形卻開始轉壞。這條道路使得森林彼端的村民也能輕易前來湖泊捕魚，於是他們成群結隊蜂擁而來。由於長老會和漁民合作社都無法強制外人遵守捕魚限制，魚群因此再度迅速耗竭。

新來的競爭也損及當地漁民的收入。他們開始埋怨盛宴稅太重。「我們怎麼能夠和不受同樣要求的外人有效競爭？」他們氣急敗壞地問道。有些當地漁民甚至從此刻意在盛宴之日出遠門——那條道路使得出入村莊極為容易——藉此逃避捐款義務。這種行為惹得其他村民憤怒不已。

又該是去找巫師的時候了。村民舉行了一場冗長喧鬧的會議，各方都熱切陳述自己的立場。所有人都同意當前的狀況難以長久維持，但提出的解決方案卻各自不同。漁民想要改變規則，減少他們在每月盛宴上的捐款。另外有些人要求終止和其他村莊的魚貨貿易。有些人甚至要求以巨石封閉道路，阻止任何人進出村莊。

巫師認真聆聽這些論點。「你們必須講道理，找出折衷妥協的方案，」他沉思了一會兒之後說道：「我的提議是這樣。長老會應該在道路入口處設置一座收費亭，進出的所有人都應該付過路費。」「可是，這樣我們交易的成本會提高，」漁民抗議道。「確實沒錯，」巫師答道。「可是這樣也能夠減少過度捕撈的情形，並且彌補盛宴上流失的捐款。此外，這麼做也不會徹底斷絕交易活動，」他接著指出，頭傾向那些想要封閉道路的村民。

村民一致認同這是合理的解決方案，於是心滿意足地走出會議。村莊因此恢復了和諧。所有人從此過著幸福快樂的日子。

注釋

引言：重新框架全球化論述

1 這篇文章後來發表於二〇〇九年。見Dani Rodrik and Arvind Subramanian, "Why Did Financial Globalization Disappoint?" *IMF Staff Papers*, vol. 56, no. 1（March 2009）, pp. 112–38。

1 市場與國家

1 關於哈德遜灣公司的早期歷史，見Beckles Willson, *The Great Company*（Toronto: Copp, Clark Company, 1899）。

2 當然，蓋拉威咖啡館本身即是全球化的產物，因為咖啡在十六世紀才從近東地區傳至歐洲。十七世紀下半葉，咖啡館在英國如雨後春筍般冒出，成為社會與商業活動的熱門聚會場所。見Deborah Hale, "The London Coffee House: A Social Institution"（April 2003）, available online at http://www.rakehell.com/article.php?id=206。有一本以阿姆斯特丹為中心的歷史小說，對十七世紀的咖啡貿易提供了相當豐富的資訊。見David Liss, *The Coffee Trader*（New York: Random House, 2003）。

3 關於無雙號的航程以及其他有關哈德遜灣公司的資訊，可以參見網路上的《加拿大百科全書》：http://www.

thecanadianencyclopedia.com/index.cfm?PgNm=ArchivedFeatures&Params=A256。

4 特許狀全文可見於http://www.solon.org/Constitutions/Canada/English/PreConfederation/hbc_charter_1670.html。

5 Peter C. Newman, *Empire of the Bay: An Illustrated History of the Hudson's Bay Company*（New York: Viking/Madison Press, 1989）, p. 39。

6 此處換算為二〇〇九年的美元，係參考Lawrence H. Officer, "Five Ways to Compute the Relative Value of a UK Pound Amount, 1830 to Present," MeasuringWorth, 2008。http://www.measuringworth.com/ukcompare/。

7 分別為一%與〇．四%。見Kevin H. O' Rourke and Jeffrey G. Williamson, "After Columbus: Explaining Europe' s Overseas Trade Boom, 1500–1800," *Journal of Economic History*, vol. 62, no. 2（June 2002）, pp. 417–55。

8 在鄭和於十五世紀初前往東非的著名航程之後，中國皇帝卻不曉得為什麼禁止了這種洲際考察活動。

9 Ronald Findlay and Kevin H. O' Rourke, *Power and Plenty: Trade, War, and the World Economy in the Second Millennium*（Princeton and Oxford: Princeton University Press, 2007）, p. 146。

10 此處針對他們的論點所提出的概要，援引自Eric Williams, *From Columbus to Castro: The History of the Caribbean 1492–1969*（New York: Random House, 1984）, pp. 138–39。

11 George Bryce, *The Remarkable History of the Hudson's Bay Company*, 3rd ed.（London: Sampson Low, Marston & Co., 1910）, pp. 22–23。

12 引用於Newman, *Empire of the Bay*, p. 165。

13 這段話的全文為：「衍生出如此多優點的專業分工，並非源自於人類智慧，儘管專業分工促成的繁華乃是人類智慧所預見並且志在追求的成果。專業分工是人性中某種習性的必然結果，雖然那種習性沒有展望到如此廣泛的應用，產生這種結果的速度也極為緩慢漸進；而那種習性，就是交易、買賣和以物易物」——Adam Smith, *An Enquiry into the Nature and Causes of the Wealth of Nations*（1776）, Bk. I, chap. 2。

14 見David R. Cameron, "The Expansion of the Public Economy: A Comparative Analysis," *American Political Science Review*, vol. 72, no. 4（December 1978）, pp. 1243–61。

15 Vito Tanzi and Ludger Schuknecht, *Public Spending in the 20th Century: A Global Perspective*（Cambridge: Cambridge University Press, 2000）, chap. 1。

16 Dani Rodrik, "Why Do More Open Economies Have Bigger Governments?" *Journal of Political Economy*, vol. 106, no. 5（October 1998）, pp. 997–1032。關於這些發現的新資料，見Giuseppe Bertola and Anna Lo Prete, "Openness, Financial Markets, and Policies: Cross-Country and Dynamic Patterns," Unpublished paper, University of Torino, November 2008。

17 Jeffrey Immelt, "A Consistent Policy on Cleaner Energy," *Financial Times*, June 29, 2005, quoted in Daniel W. Drezner, *All Politics Is Global: Explaining International Regulatory Regimes*（Princeton: Princeton University Press, 2007）, p. 44。

18 要理解印地安人所得到的貿易條件，可以看看這一點：在其中一年（一六七六），哈德遜灣公司從英國出口的商品價值僅有六百五十鎊，進口的毛皮價值卻高達一萬九千鎊。見Willson, *The Great Company*, p. 215。即便扣掉運輸及其他成本，該公司仍然賺取了龐大的利潤。

2 第一波大全球化的興衰

1 關於世界貿易在不同歷史時代的成長率估計，參見Kevin H. O' Rourke and Jeffrey G. Williamson, "Once More: When Did Globalisation Begin?" *European Review of Economic History*, 8（2004）, pp. 109–17。

2 John Morley, *The Life of Richard Cobden*（London: T. Fisher Unwin, 1905）, p. 711。引用於維基百科條目：http://en.wikipedia.org/wiki/CobdenChevalier_Treaty。

3 十九世紀關稅史有一篇不可或缺的參考資料：Paul Bairoch, "European Trade Policy, 1815–1914," in Peter Mathias and Sydney Pollard, eds., *The Cambridge Economic History of Europe*, Vol. 8: *The Industrial Economies: The Development of Economic and Social Policies*（Cambridge: Cambridge University Press, 1989）, pp. 11–161。

4 同上，p. 138。

5 南方利益團體在美國憲法中安插了一個禁止對出口課稅的條款。不過，他們沒有預料到後來由已故經濟學家阿巴·勒納（Abba Lerner）提出的「勒納定理」，亦即進口關稅造成的經濟後果與出口稅相同。

6 Robert O. Keohane, "Associative American Development, 1776–1861: Economic Development and Political Disintegration," in John G. Ruggie, ed., *The Antinomies of Interdependence*（New York: Columbia University Press, 1983）, p. 48。

7 拉丁美洲的經驗提供了一項相關的比較。拉丁美洲的經濟體一直依賴大規模農場式農業以及對當地人口的威權控制機制。如同恩格爾曼（Stanley L. Engerman）與蘇克洛夫（Kenneth L. Sokoloff）以深具說服力的論點指出的，這點充分解釋了這些經濟體為什麼沒有發展出高品質的代議制度以及良好的治理體系。巴靈頓·摩爾（Barrington Moore, Jr.）也曾在更早之前提出過同樣的論點，他推測美國南北戰爭如果由南方獲勝，將會導致美國落入「當今某些現代化國家的處境，實施大莊園經濟、由一群反民主的貴族所支配，還有一群軟弱而且依賴性高的商業與工業階級，沒有能力也沒有意願追求政治民主」。見Stanley L. Engerman and Kenneth L. Sokoloff, "Factor Endowments, Institutions and Differential Paths of Growth Among New World Economies: A View from Economic Historians of the United States," in Stephen Huber, ed., *How Latin America Fell Behind*（Stanford, CA: Stanford University Press, 1997）; Barrington Moore, Jr., *Social Origins of Dictatorship and Democracy: Lord and Peasant in the Making of the Modern World*（Boston: Beacon Press, 1966）, p. 153, quoted in Keohane, "Associative American Development," p. 73。

8 見Bairoch, "European Trade Policy"，其中提出了一系列的估計。

9 同上，pp. 88–90。

10 如同奈伊（John Nye）提醒我們的，英國雖然抗拒了保護主義的誘惑，但是該國對於自由貿易的熱中卻沒有延伸到少數非製造品，例如紅酒的關稅就仍然相當高。見John V. C. Nye, "The Myth of Free-Trade Britain," March 3, 2003, available at http://www.econlib.org/library/Columns/y2003/Nye freetrade.html。

11 引述於Bairoch, "European Trade Policy," p. 84。

12 這是一項重商主義謬論，但奇怪的是，自由貿易主義者卻經常劫持這項論點為己所用。舉例而言，布里坦（Samuel Brittan）就以贊同的態度引用格萊斯頓那個論點的第一部分，藉此批評當代的「公平貿易主義者」，而沒有提及其中為重商主義辯解的說法。見Brittan, "Free Trade versus 'Fair Trade'," Remarks at Foreign Policy Centre meeting with Hilary Benn, January 10, 2005, available online at http://www.samuelbrittan.co.uk/spee39_p.html。一個聽來特別刺耳的例子，就是某些北美自由貿易協定的支持者聲稱這項協定有助於美國對墨西哥獲得貿易順差，因此能夠增加美國的就業。見Gary Clyde Hufbauer and Jeffrey J. Schott, *NAFTA: An Assessment*, rev. ed., Peterson Institute for International Economics, Washington, DC, October 1993。

13 Niall Ferguson, *Empire: The Rise and Demise of the British World Order and the Lessons for Global Power*（New York: Basic Books, 2003）, p. xxi。

14 Kris James Mitchener and Marc Weidenmier, "Trade and Empire," Working Paper 13765, National Bureau of Economic Research, Cambridge, MA, January 2008, p. 2。這兩位作者發現英國的貿易促進效果和其他帝國並沒有統計數據上的顯著差異。

15 John Gallagher and Ronald Robinson, "The Imperialism of Free Trade," *Economic History Review*, new series, vol. 6, no. 1（1953）, pp. 1–15：「在任何一個特定區域，如果經濟機會大而政治穩定度低，那麼在國家受到權力施壓之前，通常無法完全融入整個區域的經濟當中。相反的，令人滿意的政治架構一旦以這種方式建立起來，帝國主義式干預的頻率就會降低，帝國主義式的管制也會相對放鬆。」(p.6)

16 一金衡盎司等於四百八十喱黃金，所以一喱相當於〇・〇〇二一盎司。

17 見Barry Eichengreen, *Globalizing Capital: A History of the International Monetary System*, 2nd ed.（Princeton and Oxford: Princeton University Press, 2008）, p. 29。

18 Liaquat Ahamed的*Lords of Finance: The Bankers Who Broke the World*（New York: Penguin, 2009）探討了兩次大戰之間各個重要央行總裁的關係。

19 Eichengreen, *Globalizing Capital*, chap. 2。

20 John Maynard Keynes, *The Economic Consequences of the Peace*（London: Macmillan, 1919）, p. 11。

21 這場演說的結尾如下：「我們背後有這個國家以及全世界的生產大眾，並且受到商業利益、勞動利益與世界各地的勞工所支持，我們對他們要求的黃金本位制將提出這樣的回答：你們不能把這頂荊棘之冠強戴在勞工頭上，你們不能把人類釘在黃金十字架上。」其中的「他們」指的是銀行業者以及其他東北部利益團體。見http://en.wikipedia.org/wiki/Cross_of_gold_speech。

22 信譽支持國際貸款的功效，經濟學家與政治學家至今仍持續辯論。近來一項評估認為信譽頗為有效，見Michael Tomz, *Reputation and International Cooperation: Sovereign Debt across Three Centuries*（Princeton: Princeton University Press, 2007）。

23 引用於Gallagher and Robinson, "The Imperialism of Free Trade," pp. 4–5。

24 David J. Mentiply, "The British Invasion of Egypt, 1882," March 23, 2009, available online at http://www.e-ir.info/?p=615。

25 Kris James Mitchener and Marc Weidenmier, "Empire, Public Goods, and the Roosevelt Corollary," *Journal of Economic History*, vol. 65, no. 3（September 2005）, pp. 658–92。

26 Quoted in Ahamed, *Lords of Finance*, p. 231。

27 同上，p. 220。我對戰間期的陳述深深仰賴Ahamed引人入勝的著作。

28 Laura Beers, "Education or Manipulation? Labour, Democracy, and the Popular Press in Interwar Britain," *Journal of British Studies*, 48（January 2009）, p. 129。

29 同上。

30 Findlay and O' Rourke, *Power and Plenty*, p. 451。

31 此一經驗的經典研究，是Albert O. Hirschman的*National Power and the Structure of Foreign Trade*（Berkeley: University of California Press, 1980, first published 1945）。

32 Findlay and O' Rourke, *Power and Plenty*, Table 8.3。如同這兩位作者指出的（p. 467），證據顯示位處邊緣的國家如果訴諸保護主義，從經濟大蕭條當中復甦的速度比較快（或者比較不受經濟大蕭條影響）。

33 見Barry Eichengreen and Doug Irwin, "The Protectionist Temptation: Lessons from the Great Depression for Today," VoxEU.org, March 17, 2009, http://voxeu.org/index.php?q=node/3280。

34 Jeffry Frieden, "Will Global Capitalism Fall Again?" Presentation for Bruegel' s Essay and Lecture Series.

Brussels, June 2006, available online at www .people.fas.harvard.edu/~jfrieden/Selected%20Articles/Misc_Works/GlobalCapFallAgainWebversion.pdf。

3 為什麼不是所有人都懂得自由貿易的理由？

1 相關探討請見Andrea Maneschi, "The Tercentenary of Henry Martyn's *Considerations Upon the East-India Trade*," *Journal of the History of Economic Thought*, vol. 24, no. 2（2002）, pp. 233–49。一項絕佳的自由貿易學說演化史可見於Douglas A. Irwin, *Against the Tide: An Intellectual History of Free Trade*（Princeton: Princeton University Press, 1996）。

2 P. J. Thomas, *Mercantilism and the East India Trade*（London: P. S. King & Son, 1926）, Appendix B。

3 Henry Martyn, *Considerations Upon the East-India Trade*（1701）, p. 32, reprinted in John R. McCulloch, ed., *Early English Tracts on Commerce*（Cambridge: Cambridge University Press, 1954）, pp. 541–95。

4 Paul A. Samuelson, "The Way of an Economist," in P. A. Samuelson, ed., *International Economic Relations: Proceedings of the Third Congress of the International Economic Association*（London: Macmillan, 1969）, pp. 1–11，引用於http://www.wto.org/english/res_e/reser_e/cadv_e.htm。其中提及的數學家為Stanislaw Ulam。

5 Frank W. Taussig, "Abraham Lincoln on the Tariff: A Myth," *Quarterly Journal of Economics*, vol. 28, no. 4（August 1914）, pp. 814–20。

6 World Values Survey online database（http://www.worldvaluessurvey.org/）。

7 這點可見於世界價值觀調查公布在網路上的交叉表。出處同上。

8 Anna Maria Mayda and Dani Rodrik, "Why Are Some Individuals（and Countries）More Protectionist Than Others?" *European Economic Review*, 49（August 2005）, pp. 1393–1430。

9 所以，亞當．斯密當初為了替自由貿易辯護而寫下的這句名言：「在每個私人家庭當中算是審慎精明的作為，在大王國裡也不會算是愚行」其實不正確。見Smith, *The Wealth of Nations*, Bk. IV, chap. 2。

10 對於新科技的規範決策可能對特定團體產生巨大的經濟衝擊，就像貿易政策一樣。舉例而言，美國食品藥物管理局在二〇〇九年十月針對一種為停經婦女治療骨質疏鬆症的藥物發布了否定判斷，生產該藥物的公司股價隨即下跌超過二%。見Andrew Pollack, "F.D.A. Says No, for Now, to an Amgen Bone Drug," New York Times, October 19, 2009; http://www.nytimes.com/2009/10/20/business/20amgen.html?_r=1&ref=business。

11 Lori G. Kletzer, "Job Displacement," *Journal of Economic Perspectives*, vol. 12, no. 1（Winter 1998）, pp. 115–36。

12 Wolfgang F. Stolper and Paul A. Samuelson, "Protection and Real Wages," *Review of Economic Studies*, 9（1941）, pp. 58–73。這項定理有若干假設，其中有些比另一些更具限制性，但其中心直覺相當合乎實際。

13 另一項常見的錯誤，是認定就算有些人會因為貿易而蒙受損失，大多數人也必定能夠得利。見Robert Driskill, "Deconstructing the Argument for Free Trade," Unpublished paper, February 2007。值得注意的是，他在文中引用《紐約時報》的一份人物簡介為例，但該份簡介卻誤將那種觀點歸之於我！

14 不產生分配衝突的模型通常都仰賴相當特殊的假設。舉例而言，奠基於規模經濟上的貿易有可能產生全面性的利益，但這點要能夠成立，必須要貿易國在要素稟賦與科技實力方面都具有相當程度的近似性才行。這種情境可以適用於兩個富裕國家之間的貿易，卻不能適用在先進國家與開發中國家之間的貿易。同樣的，貿易確實有可能不造成分配衝突，但前提是進口的商品必須屬於「非競爭性」商品，也就是說沒有國內產品遭到取代。不過，國內產品消失的常見原因，就是在較早之前因為進口競爭而導致無法生存下去。

15 Dani Rodrik, "The Rush to Free Trade in the Developing World: Why So Late? Why Now? Will It Last?" in S. Haggard and S. Webb, eds., *Voting for Reform: Democracy, Political Liberalization, and Economic Adjustment*（New York: Oxford University Press, 1994）。

16 同上，正如該文指出的，除了關稅以外，我們還需要另外兩項資訊才能計算這個比率：進口需求彈性，以及進口在國內生產毛額當中的占比。在這個例子當中，我為這兩項參數設定了（相當寬鬆的）數值，分別為負二與〇．二。

17 嚴格來說，這種現象的原因是關稅造成的效率損失以關稅的平方增加，而分配效應則是呈線性變化。

18 見Antoine Bouët, "The Expected Benefits from Trade Liberalization: Opening the Black Box of Global Trade

Modeling," *Food Policy Review*, no. 8, International Food Policy Research Institute, Washington, DC, 2008（http://www.ifpri.org/sites/default/files/publications/pv08.pdf）。這項研究估計指出，到了二〇一五年，美國將會因為世界達成完全自由貿易而獲得國內生產毛額〇．一%的總利益，而且此一利益的大部分都是來自其他國家的自由化，而不是美國本身邁向自由貿易的效果。

19 舉例而言，我在前一章提及那篇探討國家與市場互補性的文章（"Why Do More Open Economies Have Bigger Governments?"）發表於芝加哥大學經濟系的旗艦期刊，而芝加哥經濟系絕對稱得上是自由市場學說的大本營。此外，我寫過一篇論文質疑一般認為貿易的自由化促成了世界各地成長的觀點，而發表那篇論文的刊物也是屬於美國國家經濟研究局這個應用經濟學家的首要聯繫網。見Francisco Rodriguez and Dani Rodrik, "Trade Policy and Economic Growth: A Skeptic' s Guide to the Cross-National Evidence" in Ben Bernanke and Kenneth S. Rogoff, eds., *Macroeconomics Annual 2000*（Cambridge, MA: MIT Press for NBER, 2001）。

20 Driskill, "Deconstructing the Argument for Free Trade," p. 6。

21 同上，p. 2。

4 布列頓森林、關貿總協與世貿組織

1 John Maynard Keynes, "National Self-Sufficiency," *The Yale Review*, vol. 22, no. 4（June 1933）, pp. 755–69。這篇文章是以下這句名言的出處：「因此，我贊同那些希望將國家之間的經濟交纏最小化（而不是最大化）的人士。觀念、知識、科學、食宿、旅行——這些事物都具備國際性的特質。不過，只要是在合理而且方便的情況下，商品就應該在國內生產，金融尤其應該以國家為主。」

2 Raymond Mikesell, *The Bretton Woods Debates: A Memoir*（Princeton: Princeton Dept. of Economics, International Finance Section, Essays in International Finance, no. 192, 1994）。

3 拉吉將「鑲嵌式自由主義」稱為一種妥協。見John G. Ruggie, "International Regimes, Transactions, and Change: Embedded Liberalism in the Postwar Economic Order," *International Organization*, vol. 36, no. 2（Spring 1982）, pp. 379–415。我後續會再回頭探討拉吉的想法。

4 John G. Ruggie, "Multilateralism: The Anatomy of an Institution," *International Organization*, vol. 46, no. 3（1992）, pp. 561–98。

5 這幾個回合的談判起初都僅是小活動，只花了不到一年的時間即告完成。創立世貿組織的烏拉圭回合談判則是花了八年的時間。見 http://www.wto .org/english/thewto_e/whatis_e/tif_e/fact4_e.htm。

6 實際上，量化研究如果不特別強調經濟成長本身，即難以解釋戰後的貿易擴張。關稅與運輸成本的下降顯然不足以造成這樣的效果。見 Andrew K. Rose, "Why Has Trade Grown Faster Than Income?" Board of Governors of the Federal Reserve System, International Finance Discussion Papers no. 390, November 1990。

7 Ruggie, "International Regimes," p. 393。

8 Peter A. Hall and David W. Soskice, eds., *Varieties of Capitalism: The Institutional Foundations of Capitalism*（Oxford and New York: Oxford University Press, 2001）。

9 Thomas L. Friedman 的 *The Lexus and the Olive Tree: Understanding Globalization*（New York: Farrar, Straus & Giroux, 1999）充分捕捉了這個時代的精神。

10 Susan Esserman and Robert Howse, "The WTO on Trial," *Foreign Affairs*, vol. 82, no. 1（January–February 2003）, pp. 130–31。

11 關於美國與歐洲在荷爾蒙牛肉貿易議題上的爭端，見 Charan Devereux, Robert Z. Lawrence, and Michael D. Watkins, *Case Studies in U.S. Trade Negotiations*, Vol. 2: *Resolving Disputes*（Washington, DC: Institute for International Economics）, chap. 1。

12 Mike Moore, *A World Without Walls: Freedom, Development, Free Trade and Global Governance*（New York: Cambridge University Press, 2003）, p. 114。另見我對該書的評論：Dani Rodrik, "Free Trade Optimism: Lessons from the Battle in Seattle," *Foreign Affairs*, vol. 82. no. 3（May–June 2003）, pp. 135–40。

13 最近的估計顯示，消除貿易的所有政府壁壘會帶來的全球「福祉」增益，僅有全世界國內生產毛額的〇・三%，這樣的影響在現實當中幾乎不會讓人注意到。見 Bouët, "The Expected Benefits from Trade Liberalization"。

14 杜哈發展回合談判的艱困進展記述於Paul Blustein, *Misadventures of the Most Favored Nations*（New York: Public Affairs, 2009）。

15 Robert Z. Lawrence, *Regionalism, Multilateralism, and Deeper Integration*（Washington, DC: Brookings Institution, 1996）。

16 "Krugman' s Conundrum—Economics Focus," *The Economist*, April 19, 2008, p. xx。克魯曼的研究為Paul Krugman, "Trade and Wages, Reconsidered," *Brookings Papers on Economic Activity*（Spring 2008）, pp. 103–37。

17 我在這場辯論當中採取不同的立場，指稱全球化可能透過許多管道危及低薪者的所得與經濟保障。見Dani Rodrik, *Has Globalization Gone Too Far?*（Washington, DC: Institute for International Economics, 2007）。當時的實證研究僅檢視了這些管道當中的少數幾個，因此排除一般人對於貿易的擔憂可說過於草率。當時經濟學家的傾向就是對這類論點嗤之以鼻。更糟的是，他們認為像我所寫的這類著作很危險，因為這種書籍將會成為「野蠻人的彈藥」。在我的著作出版之前，克魯曼本身就曾在私人通訊當中這麼警告過我。

18 工資不平等在所得後半段的人口當中已停止擴大，但在前半段當中卻仍持續加大。生產與非生產職務（亦即管理職與督導職）之間的工資落差在二〇〇〇年之後已有所縮減。

19 Christian Broda and John Romalis, "Inequality and Prices: Does China Benefit the Poor in America?" University of Chicago Graduate School of Business, March 2008。

20 見*Brookings Papers on Economic Activity*（Spring 2008）, pp. 138–54，Douglas Irwin、Larry Katz與Robert Lawrence在克魯曼的論文之後的討論。

21 以進口滲透率衡量。

22 這項資訊來自Avraham Ebenstein, Ann Harrison, Margaret McMillan, and Shannon Phillips, "Estimating the Impact of Trade and Offshoring on American Workers Using the Current Population Surveys," National Bureau of Economic Research, Working Paper 15107, Cambridge, MA, June 2009。

23 Lawrence Summers, "America Needs to Make a New Case for Trade," *Financial Times*, April 27, 2008（http://www.ft.com/cms/s/0/0c185e3a-1478-11dd-a741-0000779fd2ac.html）; and Summers, "A Strategy to Promote

Healthy Globalization," *Financial Times*, May 4, 2008（http://www.ft.com/cms/s/0/999160e6-1a03-11dd-ba02-0000779fd2ac.html?nclick_check=1）。

24 Summers, "America Needs to Make a New Case"。

25 Alan Blinder, "Offshoring: The Next Industrial Revolution," *Foreign Affairs*, vol. 85, no. 2（March–April 2006）, pp. 113–28。

26 同上，p. 119。

27 Jagdish Bhagwati, "Does the U.S. Need a New Trade Policy?" *Journal of Policy Modeling*, 31（July–August 2009）, pp. 509–14。

28 事後補償為什麼總是不及事前的承諾，有一項很簡單的解釋。在貿易協定通過之前，出口利益團體想要盡量減少勞工團體以及其他擔憂負面影響的團體所提出的反對，因此會承諾例如調整協助等方案，藉此減弱反對力量。不過，協定一旦通過之後，贏家就失去了討好輸家的誘因。因此，事前承諾的調整協助就會隨著時間過去而落入資金不足且缺乏效果的下場。美國貿易調整協助的歷史就是依循這種邏輯，所以現在的工會對於擴大調整協助的承諾通常不為所動。

5 金融全球化的愚行

1 我在二十四國集團擔任過幾年的研究協調員。這個國際貨幣基金裡的開發中國家利益團體，在國際貨幣基金年會期間舉行的全體大會，正代表開發中國家的部長（除了少數的例外）通常受到的待遇。世界銀行與國際貨幣基金的總裁總是會在會議剛開場的時候走進會場，和幾個人握握手，宣讀事先準備的講稿，接著就隨即離開，由世界銀行與國際貨幣基金的低階官員代表坐在他們的座位上，負責聆聽（忍受？）開發中國家本身提出的報告。

2 引用於Rawi Abdelal, *Capital Rules: The Construction of Global Finance*（Cambridge, MA: Harvard University Press, 2007）, p. 156。艾博戴拉充分記述了一九九七年的會議以及會議前的準備過程。

3 Communiqué of the Interim Committee of the Board of Governors of the IMF, IMF Press Release #97–44,

September 21, 1997（http://www.imf.org/external/np/sec/pr/1997/pr9744.htm）。

4 Stanley Fischer, "Capital Account Liberalization and the Role of the IMF," Presentation at the Seminar on Asia and the IMF, Hong Kong, September 19, 1997（http://www.iie.com/fischer/pdf/Fischer144.pdf）。

5 Stanley Fischer, "Globalization and Its Challenges," *American Economic Review*, vol. 93, no. 2（May 2003）, p. 14。我們後續談到貿易與成長，將會看出費希爾提及的貿易自由化證據其實本身就頗有問題。

6 見Rudiger Dornbusch, "It' s Time for a Financial Transactions Tax," *International Economy*（August–September 1996）, 以及Dornbusch, "Capital Controls: An Idea Whose Time Is Past," in Stanley Fischer, et al., *Should the IMF Pursue Capital-Account Convertibility?* Essays in International Finance, no. 207, Princeton University, May 1998。我自己在當時的觀點，可見於我的一篇文章標題，和多恩布希的第二篇文章收錄於同一部文集裡。見Rodrik, "Who Needs Capital-Account Convertibility?" in Fischer et al., *Should the IMF Pursue Capital-Account Convertibility?*。

7 Rodrik, "Who Needs Capital-Account Convertibility?" p. 55。

8 出處為這篇文章："ASEAN' s Sound Fundamentals Bode Well for Sustained Growth" in International Monetary Fund, *IMF Survey*, November 25, 1996。引用於Jonathan Kirshner, "Keynes, Capital Mobility and the Crisis of Embedded Liberalism," *Review of International Political Economy*, vol. 6, no. 3（Autumn 1999）, pp. 313–37。

9 Dani Rodrik, "Governing the World Economy: Does One Architectural Style Fit All?" in Susan Collins and Robert Lawrence, eds., *Brookings Trade Forum: 1999*□Washington, DC: Brookings Institution, 2000）。

10 關於薩克斯這項論點的進一步闡述，見Steven Radelet and Jeffrey Sachs, "The Onset of the East Asian Financial Crisis." in Paul Krugman, ed., *Currency Crises*,（Chicago: University of Chicago Press for the NBER, 2000）。亞洲金融危機的前因後果以及關於這場危機的辯論，在Paul Blustein, *The Chastening: Inside the Crisis That Rocked the Global System and Humbled the IMF*（New York: Public Affairs, 2001）當中有詳實的記述。

11 Arthur I. Bloomfield, "Postwar Control of International Capital Movements," *American Economic Review*, vol. 36, no. 2, Papers and Proceedings of the Fifty-eighth Annual Meeting of the American Economic Association（May

1946）, p. 687。

12 John Maynard Keynes, “Activities 1941–1946: Shaping the Post-war World, Bretton Woods and Reparations,” in D. Moggridge, ed., *The Collected Writings of John Maynard Keynes*, Vol. 26（Cambridge: Cambridge University Press, 1980）, p. 17。

13 Abdelal, *Capital Rules*, p. 48。

14 See Eichengreen, *Globalizing Capital*, p. 119，以及其中引述的研究。

15 Barry Eichengreen, “From Benign Neglect to Malignant Preoccupation: U.S. Balance-of-Payments Policy in the 1960s,” National Bureau of Economic Research, Working Paper 7630, March 2000。

16 弗里頓提供了明白的陳述。見Jeffry A. Frieden, *Global Capitalism: Its Fall and Rise in the Twentieth Century*（New York: W. W. Norton, 2006）, chap. 15。

17 舉例而言，藉著操弄（表面上的）貿易交易的付款時機即可做到這一點。

18 見Eric Helleiner, “Explaining the Globalization of Financial Markets: Bringing States Back,” *Review of International Political Economy*, vol. 2, no. 2（Spring 1995）, pp. 315–41。

19 同上。

20 同上。

21 這段記述大量參考了Abdelal, *Capital Rules*, chaps. 4 and 5。

22 引用於同上，p. 63。

23 經合組織的前身是成立於一九四八年的歐洲經濟合作組織，目的在於管理馬歇爾計畫對歐洲提供的美國援助。

24 Abdelal, *Capital Rules*, pp. 106ff。這些案例當中相當引人注意的一點，就是在金融危機發生之前不到幾個月的時候，經合組織對於資本流動可能造成的影響竟然抱持如此正面的觀點。

25 這是國際清算銀行的估計。見http://www.forex-brokerage-firms.com/news/currency-markets-rises.htm。

26 James Tobin, “A Proposal for Monetary Reform,” *Eastern Economic Journal*, vol. 4, nos. 3–4（July–October 1978）, pp. 153–59。

27 英國金融服務總署署長Lord Turner在二〇〇九年八月因為對全球托賓稅表達支持而引發強烈抗議。這是美國與英國這兩大全球金融中心當中首次有主要決策人士公開表示支持托賓稅。

28 Luc Leaven and Fabian Valencia, "Systemic Bank Crises: A New Database," International Monetary Fund, Working Paper WP/08/224, September 2008。

29 Guillermo A. Calvo, "Explaining Sudden Stops, Growth Collapse and BOP Crises: The Case of Distortionary Output Taxes," in his *Emerging Capital Markets in Turmoil: Bad Luck or Bad Policy?*（Cambridge, MA: MIT Press, 2005）。

30 Laeven and Fabian, "Systemic Bank Crises," p. 25。

31 Charles P. Kindleberger, Manias, *Panics and Crashes: A History of Financial Crises*（New York: Basic Books, 1989）。

32 Carmen M. Reinhart and Kenneth S. Rogoff, "This Time Is Different: A Panoramic View of Eight Centuries of Financial Crises," Unpublished paper, Harvard University, April 16, 2008, p. 7（http://www.economics.harvard.edu/faculty/rogoff/files/This_Time_Is_Different.pdf）。

33 國際貨幣基金的研究顯示，開發中經濟體的消費波動在金融全球化之下出現了增長。見M. Ayhan Kose, Eswar S. Prasad, and Marco E. Terrones, "Growth and Volatility in an Era of Globalization," *IMF Staff Papers*, vol. 52, Special Issue（September 2005）。資本流入與經濟成長之間缺乏正相關的現象，可見於Eswar Prasad, Raghuram G. Rajan, and Arvind Subramanian, "Foreign Capital and Economic Growth," *Brookings Papers on Economic Activity*, 1（2007）, pp. 153–209。

6 金融的狐狸與刺蝟

1 Isaiah Berlin, *The Hedgehog and the Fox: An Essay on Tolstoy's View of History*（New York: Simon & Schuster, 1953）。

2 以經濟學家的術語來說，這種區別符合最佳經濟分析與次佳經濟分析之間的差異。刺蝟採用最佳原則，狐狸則是採用次佳工具。

3 Stanley Fischer, "Capital Account Liberalization and the Role of the IMF," September 19, 1997, http://www.imf.org/external/np/speeches/1997/091997.htm。

4 Frederic S. Mishkin, *The Next Great Globalization: How Disadvantaged Nations Can Harness Their Financial Systems to Get Rich*（Princeton: Princeton University Press, 2006）。

5 巴格沃蒂與沃夫這兩位著名經濟學家雖然支持全球化，卻對解放資本流動的是否明智表達懷疑。

6 Frederic S. Mishkin, "Why We Shouldn' t Turn Our Backs on Financial Globalization," *IMF Staff Papers*, vol. 56, no. 1（2009）, pp. 150ff。

7 引用於 http://www.imf.org/external/np/sec/mds/1996/MDS9611.htm。

8 Mishkin, "Why We Shouldn' t Turn Our Backs," p. 106。

9 Michael Lewis, "The End," Portfolio.com, Nov. 11, 2008（http://www.portfolio.com/news-markets/national-news/portfolio/2008/11/11/The-End-of-Wall-Streets-Boom?print=true#）。

10 James Tobin, "A Proposal for International Monetary Reform," *Eastern Economic Journal*, 4（July–October 1978）, pp.153–59。

11 一般考慮的托賓稅率通常介於〇．一〇％至〇．二五％之間。以〇．一〇％的稅率為例，如果要讓投機商願意在一天內即可從事雙向交易的極短期交易中支付這筆稅，投機商就必須預期每天至少〇．二〇％的報酬（這樣才能在雙向交易中足以抵付稅金），或是相當於一年七．四％。報酬差別只要低於這個門檻，托賓稅就會令人望之卻步。因此，托賓稅可以減少追求小額短期報酬的金融交易，從而使得利率可以隨轄區的不同而異。

12 見 Joseph E. Stiglitz, *Globalization and Its Discontents*□New York: W. W. Norton, 2002）。

13 Jagdish Bhagwati, "The Capital Myth: The Difference Between Trade in Widgets and Dollars," *Foreign Affairs*, vol. 77, no. 3（May–June 1998）, pp. 7–12。

14 Jagdish Bhagwati, *In Defense of Globalization*（New York: Oxford University Press, 2004）, p. 239。

15 M. Ayhan Kose, Eswar Prasad, Kenneth Rogoff, and Shang-Jin Wei, "Financial Globalization: A Reappraisal," *IMF Staff Papers*, vol. 56, no. 1（April 2009）, pp. 8–62。

16 Louise Story, Landon Thomas, Jr., and Nelson D. Schwartz, "Wall St. Helped to Mask Debt Fueling Europe' s Crisis," *New York Times*, February 13, 2010（http://www.nytimes.com/2010/02/14/business/global/14debt.html?emc=eta1）。

17 這個笑話來自戰間期的首要經濟學家Ragnar Nurkse，引述於Frieden, *Global Capitalism: Its Fall and Rise in the Twentieth Century*, p. 197。

18 說來矛盾，這種現象的最佳證據來自於國際貨幣基金的研究。見M. Ayhan Kose, Eswar S. Prasad, and Marco E. Terrones, "Growth and Volatility in an Era of Globalization," *IMF Staff Papers*, vol. 52, Special Issue（September 2005）。

19 "Crisis may be worse than Depression, Volcker says," Reuters, February 20, 2009（http://uk.reuters.com/article/idUKN2029103720090220）。

20 Craig Torres, "Bernanke Says Crisis Damage Likely to Be Long-Lasting," Bloomberg News Service, April 17, 2009。

21 David A. Moss, "An Ounce of Prevention: Financial regulation, moral hazard, and the end of 'too big to fail,' " *Harvard Magazine*（September–October 2009）（http://harvardmagazine.com/2009/09/financial-risk-management-plan?page=0,1）。

22 Enrque G. Mendoza and Vincenzo Quadrini, "Did Financial Globalisation Make the US Crisis Worse?" VoxEU.org, November 14, 2009（http://voxeu.org/index.php?q=node/4206）。

23 而且還不僅限於逃避監管的金融庇護所。美國國際集團信用違約互換交易之所以在倫敦進行，原因是那裡的監管措施比紐約來得寬鬆。

24 Simon Johnson, "The Quiet Coup," *The Atlantic*（May 2008）（http://www .theatlantic.com/doc/200905/imf-advice）。

25 強森和我經常站在這項論點的對立面，但我們仍然保持友好關係，互相尊重彼此的觀點。強森對於我認為資本管制幫助馬來西亞在亞洲金融危機期間避開更嚴重衰退的觀點不以為然。我對金融全球化抱持懷疑的觀點一出現在金融媒體上，強森隨即在讀者來函中質疑我和共同作者低估了資本自由流動的效益，並且忽略了有利於資本自由流動的「附帶效益」論點。他投書給《經濟學人》與《金融時報》的這兩篇讀者來函都收錄於國際貨幣基金的網站上，網址分別為http://www.imf.org/external/np/vc/2008/030608.htm與http://www.imf.org/external/np/vc/2008/050108.htm。身為國際貨幣基金首席經濟學家的強森遲至二〇〇七年十月都仍不願建議更嚴格的金融監管，原因是他認為我們還無法確認金融市場的問題究竟是需要加緊監管還是放鬆監管。見Transcript of a Press Briefing by Simon Johnson, Economic Counsellor and Director of the IMF’s Research Department, on the Analytic Chapters of the World Economic Outlook, Washington, DC, October 10, 2007（http://www.imf.org/external/np/tr/2007/tr071010.htm）。

26 Tim Fernholz, “The Unlikely Revolutionary,” *The American Prospect*, online, April 22, 2009（http://www.prospect.org/cs/articles?article=the_unlikely_revolutionary）。

27 近來有不少傑出的文章與書籍都強調這一點，尤其是Barry Eichengreen, “The Last Temptation of Risk,” *The National Interest*, April 30, 2009; John Cassidy, *How Markets Fail: The Logic of Economic Calamities*（New York: Farrar, Straus & Giroux, 2009）; and Yves Smith, ECONned: *How Unenlightened Self Interest Undermined Democracy and Corrupted Capitalism*（New York: Palgrave/Macmillan, 2010）。

28 二〇一〇年二月，國際貨幣基金發表了一份少有人注意的政策說明，其中提出一項驚人的坦承。國際貨幣基金的經濟學家寫道，在特定狀況下，資本管制是處理資本流入的「正當」做法。所以，國際貨幣基金也從一九九〇年代期間的金融狂熱態度轉變了許多。也許狐狸終究取得了上風。見Jonathan D. Ostry, et al., “Capital Inflows: The Role of Controls,” IMF Staff Position Note, February 19, 2010。

7 富裕世界裡的貧窮國家

1 這些數字係以一九九四年的美元為單位。這樣的結果是怎麼計算出來的呢？在中位數的「貧窮」國家當中，人均所得為八百六十八美元，而全國前一〇%富裕人口的所得占比為三五%。因此，貧窮國家裡的富人平均所得為 10 × 868 × 0.35 = $3,039。在中位數的「富裕」國家當中，人均所得為三萬四千七百六十七美元，後一〇%貧窮人口的所得占比為二・七%。因此，富裕社會裡的窮人平均所得為 10 × 34,767 × 0.027 = $9,387。

2 Angus Maddison, *Growth and Interaction in the World Economy: The Roots of Modernity*（Washington, DC: American Enterprise Institute, 2004）, Table 2。

3 Lant Pritchett. "Divergence, Big Time" *Journal of Economic Perspectives*, vol. 11, no. 3（Summer 1997）, pp. 3–17。

4 Angus Maddison, *The World Economy: A Millennial Perspective*（Paris: OECD Development Centre, 2001）。

5 Daron Acemoglu, Simon Johnson, and James A. Robinson, "The Colonial Origins of Comparative Development: An Empirical Investigation," *American Economic Review*, vol. 91, no. 5（December 2001）, pp. 1369–1401。另見 Stanley L. Engerman and Kenneth L. Sokoloff, "Factor Endowments, Institutions and Differential Paths of Growth Among New World Economies: A View from Economic Historians of the United States," in Stephen Huber, ed., *How Latin America Fell Behind*（Stanford, CA: Stanford University Press, 1997）。

6 Şevket Pamuk and Jeffrey G. Williamson, "Ottoman De-Industrialization 1800–1913: Assessing the Shock, Its Impact, and the Response," National Bureau of Economic Research, Working Paper 14763, March 2009。

7 Jeffrey G. Williamson, "Globalization and Under-development in the Pre-Modern Third World," The Luca d' Agliano Lecture, Turin, Italy, March 31, 2006。

8 Oded Galor and Andrew Mountford, "Trading Population for Productivity: Theory and Evidence," *Review of Economic Studies*, vol. 75, no. 4（October 2008）, pp. 1143–1179。

9 我此處所指的是按照人口平均計算的製造業產出水準。

10 Paul Bairoch, "International Industrialization Levels from 1750 to 1980," *Journal of European Economic History*, 11（Spring 1982）, pp. 269–310。

11 有關阿根廷與美國所採取的不同路線，見 Alan Beattie, *False Economy: A Surprising Economic History of the World*（New York: Riverhead Books, 2009）, chap. 1。

12 Ichirou Inukai and Arlon R. Tussing, "Kogyo Iken: Japan' s Ten Year Plan, 1884," *Economic Development and Cultural Change*, vol. 16, no. 1（October 1967）, p. 53。

13 國家與私人企業在日本棉紡業的起飛當中所扮演的角色有各種不同說法，見W. Miles Fletcher, "The Japan Spinners Association: Creating Industrial Policy in Meiji Japan," *Journal of Japanese Studies*, vol. 22, no. 1（Winter 1996）, pp. 49–75，以及Gary Saxonhouse, "A Tale of Japanese Technological Diffusion in the Meiji Period," *Journal of Economic History*, vol. 34, no. 1（March 1974）, pp. 149–65。

14《日本第一：對美國的啟示》這部一九八〇年代暢銷書的書名，充分捕捉了日本在當時的製造實力。見Ezra F. Vogel, *Japan as Number One: Lessons for America*（Cambridge, MA: Harvard University Press, 1979）。

15 日本致力爭取世界銀行對日本模式投以更多注意的始末可見於Robert Wade, "Japan, the World Bank, and the Art of Paradigm Maintenance: *The East Asian Miracle* in Political Perspective," *New Left Review*, 217（May–June 1996）, pp. 3–36。

16 我對這份報告的觀點闡述於Dani Rodrik, "King Kong Meets Godzilla: The World Bank and the East Asian Miracle," in Albert Fishlow, et al., *Miracle or Design? Lessons from the East Asian Experience*, Overseas Development Council, Policy Essay No. 11, Washington, DC, 1994。

17 對於這兩個國家的起飛，我的解讀提出於Dani Rodrik, "Getting Interventions Right: How South Korea and Taiwan Grew Rich," *Economic Policy*, 20（1995）, pp. 55–107。在這個主題上最傑出的兩部著作仍然是Robert Wade, *Governing the Market: Economic Theory and the Role of Government in East Asian Industrialization*（Princeton: Princeton University Press, 1990），以及Alice H. Amsden, *Asia's Next Giant: South Korea and Late Industrialization*（New York: Oxford University Press, 1989）。

18 見Shaohua Chen and Martin Ravallion, "China Is Poorer Than We Thought, But No Less Successful in the Fight Against Poverty," World Bank, Policy Research Working Paper No. 4621, Washington, DC, May 2008。

19 Sebastian Heilmann, "Policy Experimentation in China' s Economic Rise," *Studies in Comparative International Development*, vol. 43, no. 1（Spring 2008）, pp. 1–26。

20 Lawrence J. Lau, Yingyi Qian, and Gerard Roland, "Reform Without Losers: An Interpretation of China's Dual-Track Approach to Transition," *Journal of Political Economy*, vol. 108, no. 1（February 2000）, pp. 120–43。

21 Yingyi Qian, "How Reform Worked in China," in Dani Rodrik, ed., *In Search of Prosperity: Analytic Narratives of Economic Growth*（Princeton: Princeton University Press, 2003）。

22 Dani Rodrik, "What's So Special About China's Exports?" *China & World Economy*, vol. 14. no. 5（September–October 2006）, pp. 1–19。

23 John Sutton, "The Auto-Component Supply Chain in China and India: A Benchmarking Study," Unpublished paper, London School of Economics, 2005。

24 Jean-François Huchet這麼描述了中國在一九九〇年代中期的政策：「中國的技術取得策略相當明確：該國允許外國企業進入國內市場，交換條件是對方必須透過聯合生產或聯合投資達成技術轉移。」見Huchet, "The China Circle and Technological Development in the Chinese Electronics Industry," in Barry Naughton, ed., *The China Circle: Economics and Electronics in the PRC, Taiwan, and Hong Kong*（Washington, DC: Brookings Institution Press, 1997）, p. 270。

25 見同上，以及Kenneth L. Kraemer and Jason Dedrick, "Creating a Computer Industry Giant: China's Industrial Policies and Outcomes in the 1990s," Center for Research on Information Technology and Organizations, UC Irvine, 2001。

26 Dic Lo and Thomas M. H. Chan, "Machinery and China's Nexus of Foreign Trade and Economic Growth," *Journal of International Development*, vol. 10, no. 6（1998）, pp. 733–49。

27 見Dani Rodrik, "The Real Exchange Rate and Economic Growth," *Brookings Papers on Economic Activity*, 2（2008）。

28 Josh Lerner, *Boulevard of Broken Dreams: Why Public Efforts to Boost Entrepreneurship and Venture Capital Have Failed—and What to Do About It*（Princeton: Princeton University Press, 2009）, p. 42。勒納記錄了公共資助與軍方合約在協助矽谷起步當中扮演的角色，為一般認為史丹福大學周圍的那些高科技新創公司全然是自

由市場產物的迷思提供了平衡論點。

8 熱帶地區的貿易基本教義

1 James E. Meade, *The Economic and Social Structure of Mauritius*（London: Methuen & Co., 1961）, p. 3。

2 同上，p. 26。

3 Arvind Subramanian, *Trade and Trade Policies in Eastern and Southern Africa*, International Monetary Fund, Occasional Paper 196, Washington, DC, 2001。

4 見Arvind Subramanian and Devesh Roy, "Who Can Explain the Mauritian Miracle? Meade, Romer, Sachs, or Rodrik?" in Rodrik, ed., *In Search of Prosperity: Analytic Narratives on Economic Growth*, p. 228。關於國內團體與外國投資人合夥的個案研究，見R. Lamusse, "Mauritius," in Samuel M. Wangwe, ed., *Exporting Africa: Technology, Trade, and Industrialization in Sub-Saharan Africa*（London and New York: UNU/INTECH Studies in Technology and Development, Routledge, 1995）, chap. 12。

5 當然，不免還是有些例外。Peter T. Bauer是其中的首要人物，主張小政府。見Bauer, *Economic Analysis and Policy in Under-developed Countries*（Cambridge: Cambridge University Press, 1957）。

6 有關威廉森本身對於華盛頓共識如何發展出來及其演變過程的陳述，見Williamson, "A Short History of the Washington Consensus," Peterson Institute for International Economics, Washington, DC, September 2004, available online at http://www.iie.com/publications/papers/williamson0904-2.pdf。

7 Jeffrey D. Sachs and Andrew M. Warner, "Economic Reform and the Process of Global Integration," *Brookings Papers on Economic Activity*, 1（1995）, pp. 1–95。

8「因此，我們反對低所得『發展陷阱』的概念，因為即便是最貧窮的國家，也可以採用開放貿易政策（以及相關的市場政策），」薩克斯與華納寫道（同上，p. 52, n. 73）。

9 我自己對薩克斯與華納的研究所提出的批評，可見於Francisco Rodríguez and Dani Rodrik, "Trade Policy and Economic Growth: A Skeptic's Guide to the Cross-National Evidence," in Bernanke and Rogoff, eds.,

Macroeconomics Annual 2000。

10 這是我後來與薩克斯幾次談話之後得出的解讀。

11 薩克斯與華納認為屬於進口關稅與配額的「開放」政策，就當今的標準來看其實保護程度高得驚人——由於程度很高，因此根本沒有幾個國家是因其進口關稅或進口數量限制而被歸類為「封閉」國家。此一分類其實是奠基於另外兩項指標：外幣的黑市溢價，以及國家壟斷出口的指標；前者比其他因素都更能夠衡量總體經濟的失衡，後者涵蓋的對象僅限於非洲國家。詳見Rodríguez and Rodrik, "Trade Policy and Economic Growth"。

12 Anne O. Krueger, "Trade Policy and Economic Development: How We Learn," *American Economic Review*, vol. 87, no. 1（March 1997）, p. 11。

13 因此，美國財政部的一名高階經濟學家即可告誡墨西哥政府應該更努力降低犯罪率，「因為這麼高的犯罪與暴力程度可能會嚇跑外國投資人」。見Dani Rodrik, "Trading in Illusions," *Foreign Policy*（March–April 2001）, p. 55。

14 我當時發表的論文是Rodríguez and Rodrik, "Trade Policy and Economic Growth"。後來其他人從事的研究顯示，對製造品或高技術產品課徵關稅確實能夠促成經濟成長。見Sybille Lehmann and Kevin H. O'Rourke, "The Structure of Protection and Growth in the Late 19th Century," *Review of Economics and Statistics*（即將刊登）；以及Nathan Nunn and Daniel Trefler, "The Structure of Tariffs and Long-Term Growth," *American Economic Journal—Macroeconomics*（即將刊登）。

15 舉例而言，一般常說東亞的出口補貼抵銷了進口保護的效果，造成近乎自由貿易的狀況。同樣的，東亞及其他地方的價格「扭曲」極少受到直接比較。若是加以直接比較，即可明顯看出東亞政府並非站在正義的一方。有一本為經合組織撰寫的著作被修正主義者奉為圭臬，書中計算了幾個國家的價格扭曲指數，藉此客觀比較其貿易體制。這些國家當中包括臺灣這個典型的出口導向國家以及墨西哥這個首要的內向發展國家。只要仔細檢視這份經合組織研究當中的證據，即可發現臺灣在製造業當中的平均干預程度似乎高於墨西哥。見Ian M. D. Little, Tibor Scitovsky, and Maurice Scott, *Industry and Trade in Some Developing Countries*（London:

Oxford University Press, 1970）, Table 5.2。

16 投入與產出都以國際價格衡量。這種現象稱為「生產負附加價值」。

17 Enrique Cardenas, Jose Antonio Ocampo, and Rosemary Thorp, *An Economic History of Twentieth-Century Latin America*, Vol. 3: *Industrialization and the State in Latin America: The Postwar Years*（London: Palgrave, 2000）, p. 16。一九九〇年後的成長率取自世界銀行的世界發展指標線上資料庫。

18 見Barry P. Bosworth and Susan M. Collins, "The Empirics of Growth: An Update," *Brookings Papers on Economic Activity*, 2（2003）, Table 1。

19 Kalpana Kochhar, et al., "India' s Pattern of Development: What Happened, What Follows?" *Journal of Monetary Economics*, vol. 53, no. 5（July 2006）, pp. 981–1019。

20 John Williamson, "Did the Washington Consensus Fail?" Outline of Speech at the Center for Strategic and International Studies, Washington, DC, November 6, 2002, online at http://www.iie.com/publications/papers/paper.cfm?ResearchID=488。「破損的品牌」一詞出自Moisés Naím, "Washington Consensus: A Damaged Brand," *Financial Times*, October 28, 2002。英國首相布朗在二〇〇九年初正式宣告華盛頓共識已死。

21 Sachs and Warner, "Economic Reform," p. 44。

22 見Dani Rodrik, "Growth Strategies," in Philippe Aghion and Steven Durlauf, eds., *Handbook of Economic Growth*, Vol. 1A（Amsterdam: North-Holland, 2005）。

23 薩克斯較為晚近的世界觀可見於Jeffrey D. Sachs, et al., "Ending Africa' s Poverty Trap," *Brookings Papers on Economic Activity*, 1（2004）。

24 Anoop Singh, et al., *Stabilization and Reform in Latin America: A Macroeconomic Perspective on the Experience Since the Early 1990s*, IMF Occasional Paper, Washington, DC, February 2005, p. xiv。

25 Anne O. Krueger, "Meant Well, Tried Little, Failed Much: Policy Reforms in Emerging Market Economies," Remarks at the Roundtable Lecture at the Economic Honors Society, New York University, New York, March 23, 2004。

26 Arvind Panagariya, "Think Again—International Trade," *Foreign Policy*（November–December 2003）。

27 Hernando de Soto, *The Mystery of Capital*（New York: Basic Books, 2000）。

28 Muhammad Yunus, *Banker to the Poor: Micro-Lending and the Battle Against World Poverty*（New York: Public Affairs, 2003）。

29 William Easterly, *The White Man's Burden: Why the West's Efforts to Aid the Rest Have Done So Much Ill and So Little Good*（New York: Penguin, 2006）。

30 這種做法稱為「成長診斷架構」，係由Ricardo Hausmann、Andres Velasco與我發展而成。這種架構後來應用在許多不同情境當中。見Hausmann, Rodrik, and Velasco, "Growth Diagnostics," in Joseph Stiglitz and Narcis Serra, eds., *The Washington Consensus Reconsidered: Towards a New Global Governance*（New York: Oxford University Press, 2008）。有些國家的應用方式可見於網路上，網址為http://ksghome.harvard.edu/~drodrik/Growth_Diagnostics_Index.html。

31 換句話說，會導致國內幣值遭到高估。見Rodrik and Subramanian, "Why Did Financial Globalization Disappoint?" pp. 112–38。

32 Atul Kohli, "Politics of Economic Liberalization in India," *World Development*, vol. 17, no. 3（1989）, pp. 305–28。

33 Dani Rodrik and Arvind Subramanian, "From 'Hindu Growth' to Productivity Surge: The Mystery of the Indian Growth Transition," *IMF Staff Papers*, vol. 52, no. 2（2005）。

34 這項計畫由我的哈佛同事Ricardo Hausmann所率領。關於南非問題的背景與討論，見Dani Rodrik, "Understanding South Africa' s Economic Puzzles," *Economics of Transition*, vol. 16, no. 4（2008）, pp. 769–97。為這項計畫所提出的所有論文可見於http://www.cid.harvard.edu/southafrica/。

35 如欲獲得進一步瞭解，見Ricardo Hausmann, Dani Rodrik, and Charles F. Sabel, "Reconfiguring Industrial Policy: A Framework with an Application to South Africa," Center for International Development, Working Paper No. 168, Harvard University, May 2008。我們也許誇大了這些構想的新奇性。米德本身就曾明白指出政府與

私部門對話的重要性。他提議的產業發展公司，部分目的就是要激發我們希望為南非促成的那種策略合作。見Meade, *The Economic and Social Structure of Mauritius*, p. 30。

36 參見貿易與工業部部長Rob Davis在二〇〇九年六月三十日發表於開普敦的國會預算表決致詞：網址為http://www.politicsweb.co.za/politicsweb/view/politicsweb/en/page71656?oid=134655&sn=Detail。

37 Alexander Hamilton, *Report on Manufactures*, Communication to the House of Representatives, December 5, 1791。

9 世界經濟的政治三難問題

1 見卡法友的訪談：http://www.pbs.org/wgbh/commandingheights/shared/pdf/int_domingocavallo.pdf。

2 這段敘述取自Dani Rodrik, "Reform in Argentina, Take Two: Trade Rout," *The New Republic*, January 14, 2002, pp. 13–15。

3 卡法友後來聲稱罪魁禍首是危機發生前幾年間的寬鬆財政政策。見注釋1提及的訪談。從狹隘的經濟觀點來看，他的說法很可能沒錯。在足夠的財政緊縮、物價下跌與撙節措施之下，阿根廷的經濟應可償還外債並且維持金融市場信心。問題在於這是不是管理經濟的明智做法。預期政治體系會純粹為了滿足外國債權人而在必要的時候（也就是時機早已頗為艱困的時候）施行這些激烈措施，顯然不盡合理，甚至也不是可取的想法。

4 Thomas L. Friedman, *The Lexus and the Olive Tree*（New York: Anchor Books, 2000）, pp. 104–06。

5 在一九〇五年做出的一項著名判決中（*Lochner v. New York*），美國最高法院推翻了紐約州一項為麵包店員工訂定工時上限的法律。大法官指出，紐約州的這項法令是「一項違法干預，限制了員工與雇主針對他們認為最適當的條件簽訂勞動契約的個人權利」。見Michael J. Sandel, *Democracy's Discontent: America in Search of a Public Philosophy*（Cambridge, MA: Harvard University Press, 1996）, p. 41。直到一九三〇年代，在小羅斯福威脅把大法官全部換成支持勞動權的法界人士之後，聯邦最高法院才改弦易轍，在一九三七年支持為女性訂定最低工資的法律（West Coast Hotel Co. v. Parrish）。這項判決促成了後續各種規範雇傭實務的立法，包括訂定工時上限。見Rodrik, *Has Globalization Gone Too Far?* Institute for International Economics, Washington,

DC, 1997, p. 36。

6 Dani Rodrik, "Democracies Pay Higher Wages," *Quarterly Journal of Economics*, vol. 114, no. 3（August 1999）, pp. 707–38。

7 "Transcript of First Presidential Debate," September 9, 2008, at http://www.cnn.com/2008/POLITICS/09/26/debate.mississippi.transcript/#cnnSTCText。

8 Scott A. Hodge and Andre Dammert, "U.S. Lags While Competitors Accelerate Corporate Income Tax Reform," *Fiscal Fact No. 184*, Tax Foundation, August 2009, http://www.taxfoundation.org/files/ff184.pdf。

9 Michael P. Devereux, Ben Lockwood, and Michela Redoano, "Do Countries Compete Over Corporate Tax Rates?" *Journal of Public Economics*, vol. 92, nos. 5–6（June 2008）, pp. 1210–1235。

10 Michael J. Trebilcock and Robert Howse, *The Regulation of International Trade*, 3rd ed.（New York: Routledge, 2005）, p. 517。

11 在二〇〇六年的一項類似案例中，世貿組織也否決了歐盟限制基因改造食品與種子的規定，同樣認為歐盟的科學風險評估不夠充分。

12 Emma Aisbett, Larry Karp, and Carol McAusland, "Regulatory Takings and Environmental Regulation in NAFTA' s Chapter 11," Unpublished paper, University of California at Berkeley, February 10, 2006。

13 關於所有以北美自由貿易協定第十一章之規定提起訴訟的案例，見Public Citizen Web site: http://www.citizen.org/documents/Ch11CasesChart-2009.pdf。

14 Luke Peterson and Alan Beattie, "Italian Groups Challenge Pretoria Over BEE," *Financial Times*, March 9, 2007。

15 由於這些加工出口區通常都會為出口廠商提供差別補助，因此極易被視為違反世貿組織的補貼規則。有些開發中國家由於這些限制補貼的規定延遲生效而因此獲益。

16 有一篇文章對世貿組織的專利規則所造成的成本提出了先見之明的觀點，見Arvind Subramanian, "Putting Some Numbers on the TRIPs Pharmaceutical Debate," *International Journal of Technology Management*, vol. 10, nos. 2–3（1995）。

17 Richard R. Nelson, "The Changing Institutional Requirements for Technological and Economic Catch Up," Unpublished paper, Columbia University, June 2004。

18 Henrik Horn, Petros C. Mavroidis, and André Sapir, "Beyond the WTO? An Anatomy of EU and US Preferential Trade Agreements," Bruegel Blueprint 7, Bruegel Institute, Brussels, 2009。

19 進一步闡釋以及更多的案例請見Dani Rodrik, *One Economics, Many Recipes: Globalization, Institutions and Economic Growth*（Princeton: Princeton University Press, 2007）, chap. 4。

20 Robert O. Keohane, Stephen Macedo, and Andrew Moravcsik, "Democracy-Enhancing Multilateralism," *International Organization*, 63（Winter 2009）, pp. 1–31。另見Robert Howse, "Democracy, Science and Free Trade: Risk Regulation on Trial at the World Trade Organization," *Michigan Law Review*, 98（June 2000）。

21 在少數幾個案例中（例如二〇〇六年的美國—秘魯貿易協定），勞工團體得以透過將勞動標準條款納入雙邊或區域貿易協定當中而「平衡」這些利益。不過，這麼做卻可能導致問題惡化，原因我將在後續章節探討。一如美國跨國企業，美國工會施加的壓力也不太可能有助於其他國家的利益。

10 全球治理是否可行？是否值得追求？

1 分別是African Development Bank與World Tourism Organization。

2 見http://voxeu.org/index.php?q=node/2544。

3 見Jeffrey Garten, "The Case for a Global Central Bank," Yale School of Management, posted online, September 21, 2009, at http://ba.yale.edu/news_events/CMS/Articles/6958.shtml。

4 Carmen Reinhart and Kenneth Rogoff, "Regulation Should Be International," *Financial Times*, November 18, 2008（http://www.ft.com/cms/s/0/983724fc-b589-11dd-ab71-0000779fd18c.html?nclick_check=1）。

5 David Epstein and Sharyn O' Halloran, *Delegating Powers: A Transaction Cost Politics Approach to Policy Making Under Separate Powers*（Cambridge and New York: Cambridge University Press, 1999）。

6 Anne-Marie Slaughter, *A New World Order*（Princeton and Oxford: Princeton University Press, 2004）。

7 John G. Ruggie, “Reconstituting the Global Public Domain—Issues, Actors, and Practices,” *European Journal of International Relations*, 10（2004）, pp. 499–531。

8 國際法當中也有一項類似的辯論，探討是否有可能在沒有全球政府的情況下建立全球層次的有效法律規範與實踐。舉例而言，見Jeffrey L. Dunoff and Joel P. Trachtman, eds., *Ruling the World?: Constitutionalism, International Law, and Global Governance*（Cambridge and New York: Cambridge University Press, 2009），以及Eric Posner, *The Perils of Global Legalism*（Chicago: University of Chicago Press, 2009），還有前述Anne-Marie Slaughter的著作。Posner簡明闡述了反對「全球法治」的論據，指稱只要沒有法律制度——立法者、執行者與法院——法律就不可能控制行為。

9 Joshua Cohen and Charles F. Sabel, “Global Democracy?” *International Law and Politics*, 37（2005）, p. 779。

10 同上，p. 796。

11 Peter Singer, *One World: The Ethics of Globalization*（New Haven: Yale University Press, 2002）, p. 12。

12 Amartya Sen, *Identity and Violence: The Illusion of Destiny*（New York: W. W. Norton, 2006）。

13 Amartya Sen, *The Idea of Justice*（Cambridge, MA: Harvard University Press, 2009）, p. 143。

14 見Cohen and Sabel, “Global Democracy,” and Charles F. Sabel and Jonathan Zeitlin, “Learning from Difference: The New Architecture of Experimentalist Governance in the EU,” *European Law Journal*, vol. 14, no. 3（May 2008）, pp. 271–327。

15 Stephen Castle, “Compromise with Britain Paves Way to Finance Rules in Europe,” *New York Times*, December 2, 2009（http://www.nytimes.com/2009/12/03/business/global/03eubank.html?_r=1&sudsredirect=true）。

16 要求希臘向國際貨幣基金尋求協助的決定在歐盟內部引起了相當程度的爭議，因為希臘和另外兩國不同，不僅是歐盟成員國，也是歐元區的成員國。德國總理梅克爾在這一點上的堅持終於勝過法國總統薩柯奇與歐洲央行總裁特里謝的反對。

17 見“After Severe Recession, Stabilization in Latvia,” IMF Survey online, February 18, 2010, http://www.imf.org/external/pubs/ft/survey/so/2010/CAR021810A.htm。

18 談判這些國際協定的國家監管者當然也有他們本身的利益，而且他們參與協定有一部分的目的也是為了抗衡國內的政治壓力。見David Andrew Singer, *Regulating Capital: Setting Standards for the International Financial System*（Ithaca, NY: Cornell University Press, 2007）。

19 Colleen E. H. Berndt, "Is Fair Trade in Coffee Production Fair and Useful? Evidence from Costa Rica and Guatemala and Implications for Policy," Mercatus Policy Series, Policy Comment No. 11, George Mason University, June 2007。

20 Andrew Chambers, "Not So Fair Trade," *The Guardian*, December 12, 2009.（http://www.guardian.co.uk/commentisfree/cif-green/2009/dec/12/fair-trade-fairtrade-kitkat-farmers）。

21 見 "Toy Makers Seek Standards for U.S. Safety," *New York Times*, September 7, 2007（http://www.nytimes.com/2007/09/07/business/07toys.html?_r=2）。

22 Nick Hornby, *Juliet, Naked*（New York: Penguin, 2009）。

23 這段描述參考自Keith Hampton, "Netville: Community On and Offline in a Wired Suburb," in Stephen Graham, ed., *The Cybercities Reader*（London: Routledge, 2004）, pp. 256–62。我得知這項研究是因為以下這部著作：Nicholas A. Christakis and James H. Fowler, *Connected: The Surprising Power of Our Social Networks and How They Shape Our Lives*（New York: Little, Brown, 2009）。

24 我在此處概述的這些資料取自世界價值觀調查資料庫，網址為http://www.worldvaluessurvey.org/services/index.html。

11 設計資本主義3.0

1 有一篇論文針對歐洲與美國看待不平等的態度差異進行了詳細的統計分析，見Alberto Alesina, Rafael Di Tella, and Robert MacCulloch, "Inequality and Happiness: Are Europeans and Americans Different?" *Journal of Public Economics*, vol. 88, nos. 9–10（August 2004）, pp. 2009–42。

2 這項論點提出於Roberto Mangabeira Unger, *Democracy Realized: The Progressive Alternative*（London and New

York: Verso, 1998）。

3 關於民主與非民主國家的比較經濟績效，有一批非常龐大的文獻。這批文獻指出，民主經濟體在若干層面的表現通常都會優於威權政體：民主經濟體比較善於調整因應外部衝擊，能夠提供比較高的穩定性與可預測性，而且能夠產生比較良好的社會指標與分配結果。長期成長績效的結果比較沒有那麼明顯的差異，但晚近的證據顯示民主國家在這方面也有優勢。見 José Tavares and Romain Wacziarg, "How Democracy Affects Growth," *European Economic Review*, vol. 45, no. 8（August 2001）, pp. 1341–1379; Dani Rodrik, "Participatory Politics, Social Cooperation, and Economic Stability," American Economic Review, Papers and Proceedings（May 2000）; Dani Rodrik, "Democracies Pay Higher Wages," *Quarterly Journal of Economics*（August 1999）; Dani Rodrik and Romain Wacziarg, "Do Democratic Transitions Produce Bad Economic Outcomes?" *American Economic Review, Papers and Proceedings*, vol. 95, no. 2（May 2005）, pp. 50–55; and Elias Papaioannou and Gregorios Siourounis, "Democratization and Growth," *Economic Journal*, vol. 118, no. 10（2008）, pp. 1520–51。

4 二〇〇九年十二月，三個國家（幾內亞、尼日與馬達加斯加）因為在民主實踐方面缺乏進展而被排除於這份名單之外。茅利塔尼亞在舉行民主選舉之後又重新被列入。

5 一個典型例子就是開發中國家的農業保護。這種農業保護的成本主要落在國內的消費者與納稅人身上。

6 以經濟學的語言來說，全球氣候是「純」共有財，開放經濟從個別國家的角度來看則是私有財，帶有影響其他人的若干外部效果。

12 明智的全球化

1 Antoine Bouët, "The Expected Benefits of Trade Liberalization for World Income and Development," Food Policy Review No. 8, International Food Policy Research Institute, Washington, DC, 2008。這些估計提及解放貿易帶來的標準利益，卻忽略了我們先前提過的次佳考慮，那些次佳考慮可能會使得若干產品的貿易限制對低所得國家產生經濟效益。

2 按照經濟定律，租稅以及其他限制經濟活動的措施如果很小，造成的效率損失就趨近於零，而且會隨著租稅或限制措施的平方而增加。

3 《防衛協定》目前僅在相當狹隘的條件下允許暫時提高貿易限制。該協定要求國家必須認定增加進口「會導致或恐怕導致國內產業遭遇嚴重損害」，進口增加與該項損害之間的因果關係必須明確，而且該項損失如果有多重肇因即不可歸因於進口。此外，防衛措施必須適用於目標產品的所有出口國。不過，防衛措施不能適用於開發中國家的出口品，除非該國的目標產品在進口比重上超過特定門檻。採用防衛措施的國家通常必須提供「等值的讓步」以補償受影響的出口國。

4 這項討論乃是基於Dani Rodrik, *Has Globalization Gone Too Far?* 以及Rodrik, "The Global Governance of Trade As If Development Really Mattered," United Nations Development Program, New York, 2001。

5 當前的協定指出：「會員國必須由該國主管機關依據先前以合乎一九九四年關貿總協第十條規定所制定並公布的程序進行調查之後，始可申請實施防衛措施。此一調查應包括對所有利害關係人的合理公告、公聽會或其他適當做法，可讓進口國、出口國及其他利害關係人提出證據與自身觀點，包含回應他方說法的機會，並且針對防衛措施是否合乎公共利益提出本身觀點及其他證據。主管機關應發布報告，闡明所有相關事實與法律爭點的調查結果與合理結論。」

6 豪斯的論點提出於風險監管的情境當中，但可適用於更廣泛的範圍。Robert Howse, "Democracy, Science, and Free Trade: Risk Regulation on Trial at the World Trade Organization," *Michigan Law Review*, vol. 98, no. 7（June 2000）, p. 2357。

7 Julian M. Alston, Daniel A. Sumner, and Heinrich Brunke, "Impacts of Reductions in US Cotton Subsidies on West African Farmers," Oxfam America, June 21, 2007（http://www.oxfam america.org/publications/impacts-of-reductions-in-us-cotton-subsidies-on-west-african-cotton-producers/）。

8 可惜的是，杜哈回合談判的擁護者模糊了這項議題，試圖為此一回合造成的全球貧窮衝擊呈現過度樂觀的前景。富裕國家取消補貼將會提高農業商品的國際價格。這點對於鄉下的貧窮生產者而言（例如西非的棉農）雖是好消息，對於都市地區那些不自己種植糧食的貧窮消費者而言卻是壞消息。因此，這種措施對貧窮造成的衝擊各自不同，取決於受影響的貧窮人口是以都市居民還是鄉間居民為主。見Dani Rodrik, "Food Prices

and Poverty: Confusion or Obfuscation?" http://rodrik.typepad.com/dani_rodriks_weblog/2008/05/food-prices-and.html。

9 "The Global Crisis Response and the Role of US-EU Cooperation," Remarks by Mark Sobel, Assistant Secretary of U.S. Department of Treasury for International Monetary and Financial Policy to the European Forum of Deposit Insurers at the Fédération Bancaire Française, June 29, 2009(http://www.treas.gov/press/releases/tg196.htm)。另見Marcus Walker and Stephen Fidler, "IMF Chief Urges Coordinated Finance Rules," *Wall Street Journal*, January 30, 2010, p. A11。

10 見Christine Harper and Simon Kennedy, "Politicians Can' t Wait for Bankers Urging Caution on Regulation," Bloomberg News Service, February 1, 2010(http://www.bloomberg.com/apps/news?pid=20601170&sid=aBY2eGclTyqg)。

11 Alistair MacDonald, "U.S. Enters Europe' s Fund Debate; Washington Joins U.K. in Lobbying EU for Less Stringent Regulations," *Wall Street Journal*, July 27, 2009, p. C3。

12 二〇〇九年十二月，巴塞爾委員會通過一套改革方案，除了其他各種措施之外，並將逐步取消使用歐洲銀行賴以滿足其資本適足要求的「混合」資本。該套方案也提議了銀行槓桿與流動性的新規則、反抗景氣循環的資本緩衝，以及能夠反映出交易對手信用風險的新式風險權數。不過，銀行在資本、槓桿與流動性方面必須遵守的量化限制並沒有明確訂出。其中有些提議在二〇一〇年七月提出的廣泛方案當中又規定得更加完善。見Patrick Jenkins, "Bank Capital Rules Face Overhaul," *Financial Times*, December 17, 2009。

13 Simon Johnson, "Was the G20 Summit Actually Dangerous?" September 26, 2009, http://baselinescenario.com/2009/09/26/was-the-g20-summit-actually-dangerous/#more–5085。

14 同上。

15 銀行業者一旦面臨更嚴格的規範，確實都會立刻提出這項論點。巴克萊銀行董事長在二〇〇九年十月接受《金融時報》訪問，即指出「監管機構對於紅利以及資本適足要求的全球緊縮措施如果施行得太過嚴格，而其他國家（例如美國）則是寬鬆為之」，那麼可能就會對英國的金融部門造成負面影響。「監管套利的風險真實存在，」他接著表示：「這是個全球金融體系，是可以替代的。所以，我非常重視公平的競爭環境。」見 http://www.ft.com/cms/s/0/47fd0f82-bc23-11de-9426-00144feab49a.html。

16 這些構想最早概述於Dani Rodrik, "A Plan B for Global Finance," *The Economist*, March 12, 2009。

17 關於這種稅是否也會抑制破壞穩定的短期投機行為，經濟學家仍然辯論不休。這種稅如果適用於全球，無疑會減少外匯短期交易。但我們不清楚如此究竟會縮減破壞穩定的流動還是會促進穩定的流動。此外，小額租稅絕對無力阻止像亞洲金融危機期間所發生的那種國家擠兌風潮，因為對於龐大資本利得的預期將會淹沒這種稅的效果。不容置疑的是，由於稅基龐大，這麼一種稅必可調動大量資源。就一般考慮的稅率來看，這種稅最糟也只會導致微不足道的效率成本。

18 Nicholas Dorn, "Financial Market Systemic Regulation: Stability through Democratic Diversity," VoxEU.org, December 18, 2009, http://www.voxeu .org/index.php?q=node/4411。

19 同上。

20 見Dani Rodrik, "The IMF Needs Fresh Thinking on Capital Controls," Project Syndicate column, November 11, 2009（http://www.project-syndicate.org/commentary/rodrik37），以及Arvind Subramanian and John Williamson, "Put the Puritans in Charge of the Punchbowl," *Financial Times*, February 11, 2009（http://www.ft.com/cms/s/0/a0c04b34-c196-11de-b86b-00144feab49a.html?nclick_check=1）。

21 這些數據摘自Michael A. Clemens, Claudio E. Montenegro, and Lant Pritchett, "The Place Premium: Wage Differences for Identical Workers Across the U.S. Border," Unpublished paper, Harvard Kennedy School of Government, July 2008。

22 我在下列文章探討了這些構想：Dani Rodrik, "Globalization for Whom?" *Harvard Magazine*（July–August 2002）（http://harvardmagazine.com/2002/07/globalization-for-whom.html），以及Rodrik, "Feasible Globalizations," in Michael Weinstein, ed., *Globalization: What's New?*（New York: Columbia University Press, 2005）。我的哈佛同事普里切特在他的*Let Their People Come: Breaking the Gridlock on Global Labor Mobility*（Washington, DC: Center for Global Development, 2006）當中又對這些構想提出進一步的闡述。關於法律學

者對這些議題的觀點，見Joel P. Trachtman, *The International Law of Economic Migration: Toward the Fourth Freedom*（New York: Upjohn Institute, 2009）。

23 完全達到商品自由貿易所帶來的全球利益將會在一千億美元左右，見注1提及的Bouët著作。至於勞工流動性帶來的利益，此處的估計取自World Bank, Global Economic Prospects 2006, Washington, DC, 2005。

24 見Devesh Kapur and John McHale, "Sojourns and Software: Internationally Mobile Human Capital and High-Tech Industry Development in India, Ireland, and Israel," in Ashish Arora and Alfonso Gamberdella, eds., *From Underdogs to Tigers: The Rise and Growth of the Software Industry in Some Emerging Market Eocnomies*（New York: Oxford University Press, 2005, pp. 236–74，以及Annalee Saxenian, *Local and Global Networks of Immigrant Professionals in Silicon Valley*（San Francisco: Public Policy Institute of California, 2002）。有一份研究詳細檢視了印度僑民對該國政治與經濟發展的影響，見Devesh Kapur, *Diaspora, Development, and Democracy: The Domestic Impact of International Migration from India*（Princeton and Oxford: Princeton University Press, 2010）。

25 關於這個問題的討論，見http://rodrik.typepad.com/dani_rodriks_weblog/2007/05/the_new_york_ti.html。

26 世界銀行（《二〇〇六年全球經濟展望》）估計認為，先進國家如果實施一項增加外來勞工的方案，增幅達接收國勞動人口的三%，那麼先進國的工資將會下滑〇．五%。Terri Louise Walmsley與L. Alan Winters在更早之前從事的另一項研究，則是計算指出美國的實質工資會下滑〇．六%至〇．八%。見Walmsley and Winters, "Relaxing the Restrictions on the Temporary Movements of Natural Persons: A Simulation Analysis," CEPR Discussion Paper No. 3719, London, 2003。George Borjas使用標竿彈性分析外來勞工的工資效應（負〇．三），結果也得出類似的估計：-0.3 × 3% = –0.9%。見George J. Borjas, "The Analytics of the Wage Effects of Immigration," Harvard Kennedy School of Government, August 2009。

27 我先前提及的模擬，假設了這些效益絕大部分都會流向外國人民。不過，工作簽證可以採取特定的管理方式，而將部分效益留在勞工輸入國裡。這裡的問題是誰能夠從母國與地主國之間的工資差額獲利。舉例而言，假設地主國政府對有意引進外籍勞工的國內企業或勞工承包商拍賣數量有限的工作簽證。這麼一來，大部分的

「經濟租」就會由地主國政府獲得，而不是勞工本身。只要發揮想像力，善加設計簽證發放方案，即可達成各式各樣的分配結果。

28 Paul Krugman, "Chinese New Year," *New York Times*, December 31, 2009。

29 見Dani Rodrik, "The Real Exchange Rate and Economic Growth," *Brookings Papers on Economic Activity*（Fall 2008）。

30 為了注重細節的讀者，我以下再提出進一步的解釋。進口關稅或出口補貼有助於改善貿易餘額。不過，這種效果可能會受到（實質）匯率上漲而抵銷（除非政府主動干預，否則必定會抵銷）。只要可貿易商品的國內需求對實質匯率的上漲出現正面反應（促使可貿易商品的相對價格下跌），此一上漲就不會完全抵銷原本的關稅或補貼政策所產生的刺激效果。因此，產業政策一旦結合實質匯率上漲，即可促進可貿易商品的生產，又不至於影響貿易餘額。見Dani Rodrik, "Growth After the Crisis," in *Globalization and Growth: Implications for a Post-Crisis World, Commission on Growth and Development*, Washington, DC, 2010。

31 升值幅度為二五%左右。見Dani Rodrik, "Making Room for China in the World Economy," VoxEU.org, December 17, 2009, http://voxeu.org/index.php?q=node/4399。

32 這兩者的關聯在於中國政府必須買進美元以避免人民幣升值。

33 Martin Jacques, *When China Rules the World: The End of the Western World and the Birth of a New Global Order*（New York: Penguin, 2009）。

34 Stephen S. Cohen與Bradford DeLong對於美國喪失相對經濟地位可能會對全球經濟穩定造成的影響表達了擔憂。見他們的著作：*The End of Influence: What Happens When Other Countries Have the Money*（New York: Basic Books, 2010）。

誌謝

多年來，許許多多的朋友、評論家與同謀共犯都曾遇到我向他們提出本書這些論點的早期版本，他們的回應也協助形塑了我的想法。這些評論未必都能讓我避免他們當中比較審慎的人在我的想法中所發現的錯誤，但我希望他們的意見至少讓我在陳述自己的觀點之時能夠對這些差別更加敏感。

我要感謝以下這些人（但首先必須向我可能遺漏的對象致歉）：Daron Acemoglu、Philippe Aghion、Abhijit Banerjee、Jagdish Bhagwati、Nancy Birdsall、George Borjas、François Bourguignon、Susan Collins、Avinash Dixit、Bill Easterly、Barry Eichengreen、Ron Findlay、Jeff Frankel、Richard Freeman、Jeff Frieden、Gene Grossman、Ricardo Hausmann、Gerry Helleiner、Elhanan Helpman、Peter Kenen、Bob Keohane、Tarun Khanna、Robert Lawrence、

Frank Levy、Justin Lin、Jose Antonio Ocampo、Lant Pritchett、Jim Robinson、John Ruggie、Jeffrey Sachs、Mike Spence、T. N. Srinivasan、Nick Stern、Joe Stiglitz、Arvind Subramanian、Larry Summers、Robert Unger與Andres Velasco。我也要特別感謝Avinash Dixit——一位「狐狸」的典範，在我眼中永遠代表經濟學界的標竿。

前述名單當中，有三個人在本書的撰述過程扮演特別重要的角色。Jeff Frieden、Robert Lawrence與Arvind Subramanian閱讀了全書的稿件，不但訂正了許多事實或判斷上的錯誤，也為我提供非常珍貴的意見回饋。除了許多有用的建議之外，Jeff Frieden還幫助我避免誤用棒球的比喻以及誤譯拉丁文。

我當初把本書前兩章的初稿寄給我在W. W. Norton出版社的編輯Drake McFeely之後，我必須承認自己對他一開始的回應頗感失望：「請你暫時停筆，我們先談談。」我心想，那兩章可是寫得很不錯呀！不過，事實證明Drake是對的，而他針對大大小小各種議題為我提出的委婉修正，以及Brendan Curry的詳細建議，都使本書改善了許多——即便在我眼中也是如此！能夠和他們合作實在是一大榮幸。本書從一開始提出的寫作計畫到最後成品的每個修改版本，都受到Wylie Agency版權代理公司的Scott Moyers仔細閱讀。他為我提供許多的支持與良好的判斷。

言詞不足以表達我對家人的感激：我的太太Pınar Doğan是我最大的支柱，能有她陪伴我度過此生實在是莫大的幸運；我的兒子Deniz雖然年紀還太小，無法對本書提出確切意見，但仍然全心愛我；我的女兒Odile早在懂事之前就已開始畫起供給與需求曲線；還有我的女兒Delphine雖然沒機會設計本書的封面，卻也沒有因此怪罪我。我的兄弟İzel總是支持著我，還有Nita以及他們的整個家族。這麼多年來，我內心一直懷念著我的父親Vitali Rodrik，這份懷念也總是鞭策著我更加努力。最後但也同樣重要的是，我要表明我有多麼深深受益於我的母親Karmela Rodrik。如果說我的文筆還過得去，那麼她絕對知道這是從哪兒來的。我深愛你們大家。

我將本書獻給我的岳父Çetin Doğan。在我寫下這些文字的同時，他仍因子虛烏有的捏造罪名而與數十位同袍身陷獄中。希望在本書出版之前，他就能夠及早獲得司法還予清白。

藍書系
知識共同體 17

全球化矛盾：民主與世界經濟的未來

The Globalization Paradox: Democracy and the Future of the World Economy

作者	丹尼・羅德里克（Dani Rodrik）
譯者	陳信宏
執行長	陳蕙慧
總編輯	張惠菁
責任編輯	莊瑞琳、吳崢鴻、洪仕翰
封面設計	廖韡
排版	藍天圖物宣字社
行銷總監	陳雅雯
行銷企劃	尹子麟、余一霞、張宜倩
社長	郭重興
發行人兼出版總監	曾大福
出版	衛城出版／遠足文化事業股份有限公司
發行	遠足文化事業股份有限公司
地址	23141 新北市新店區民權路 108-2 號九樓
電話	02-22181417
傳真	02-86671065
客服專線	0800-221029
法律顧問	華洋法律事務所 蘇文生律師
印刷	盈昌印刷有限公司
初版	2016 年 2 月
初版二刷	2020 年 11 月
定價	390 元

全球化矛盾：民主與世界經濟的未來 / 丹尼.羅德里克(Dani Rodrik)著；陳信宏譯. -- 初版. -- 新北市：衛城出版：遠足文化發行, 2016.02
面； 公分. --（藍書系；17）
譯自：The globalization paradox : democracy and the future of the world economy
ISBN 978-986-92113-3-8（平裝）
1.國際經濟 2.國際經濟關係 3.全球化
552.1 104029280

填寫本書線上回函

ACRO POLIS
衛城出版

Email acropolis@bookrep.com.tw
Blog www.acropolis.pixnet.net/blog
Facebook www.facebook.com/acropolispublish

● 親愛的讀者你好，非常感謝你購買衛城出版品。
我們非常需要你的意見，請於回函中告訴我們你對此書的意見，
我們會針對你的意見加強改進。

若不方便郵寄回函，歡迎傳真回函給我們。傳真電話 —— 02-2218-1142

或是到「衛城出版 FACEBOOK」填寫回函
http://www.facebook.com/acropolispublish

● 讀者資料

你的性別是 □ 男性 □ 女性 □ 其他

你的職業是 ______________________ 你的最高學歷是 ______________________

年齡 □20歲以下 □21～30歲 □31～40歲 □41～50歲 □51～60歲 □60歲以上

若你願意留下 e-mail，我們將優先寄送 ______________________ 衛城出版相關活動訊息與優惠活動

● 購書資料

● 請問你是從哪裡得知本書出版訊息？（可複選）
□ 實體書店 □ 網路書店 □ 報紙 □ 電視 □ 網路 □ 廣播 □ 雜誌 □ 朋友介紹
□ 參加講座活動 □ 其他 __________

● 是在哪裡購買的呢？（單選）
□ 實體連鎖書店 □ 網路書店 □ 獨立書店 □ 傳統書店 □ 團購 □ 其他 __________

● 讓你燃起購買慾的主要原因是？（可複選）
□ 對此類主題感興趣
□ 覺得書籍設計好美，看起來好有質感！
□ 議題好熱，好像很多人都在看，我也想知道裡面在寫什麼
□ 其他 __________
□ 參加講座後，覺得好像不賴
□ 價格優惠吸引我
□ 其實我沒有買書啦！這是送（借）的

● 如果你覺得這本書還不錯，那它的優點是？（可複選）
□ 內容主題具參考價值 □ 文筆流暢 □ 書籍整體設計優美 □ 價格實在 □ 其他 __________

● 如果你覺得這本書讓你好失望，請務必告訴我們它的缺點（可複選）
□ 內容與想像中不符 □ 文筆不流暢 □ 印刷品質差 □ 版面設計影響閱讀 □ 價格偏高 □ 其他 ________

● 大都經由哪些管道得到書籍出版訊息？（可複選）
□ 實體書店 □ 網路書店 □ 報紙 □ 電視 □ 網路 □ 廣播 □ 親友介紹 □ 圖書館 □ 其他 ______

● 習慣購書的地方是？（可複選）
□ 實體連鎖書店 □ 網路書店 □ 獨立書店 □ 傳統書店 □ 學校團購 □ 其他 __________

● 如果你發現書中錯字或是內文有任何需要改進之處，請不吝給我們指教，我們將於再版時更正錯誤

請沿虛線剪下

廣　告　回　信
臺灣北區郵政管理局登記證
第 1 4 4 3 7 號

請直接投郵•郵資由本公司支付

23141
新北市新店區民權路108-2號9樓

衛城出版 收

● 請沿虛線對折裝訂後寄回，謝謝！

ACROPOLIS 衛城出版

藍書系
知識共同體

ACRO
POLIS
衛城
出版

ACRO
POLIS
衛城
出版